GASTRONOMIE, La Revolution Française de L'Aliment

가스트로노미
프랑스 미식혁명의 역사

나가오 켄지 著 / 김상애 譯

BnCworld

- 감사의 글 -

다음 분들의 협력이 있었기에
본 원고를 완성할 수 있었습니다.
이 자리를 빌어 깊은 감사의 마음을 전합니다.

카와타 카츠히코(河田勝彦) 씨
본 원고의 집필을 권해주셨을 뿐만 아니라
소장하신 19세기 프랑스의 귀중한 자료의 사용을
흔쾌히 허락해주셨습니다.

히라이 세이지(平井政次) 씨
본 원고 전체를 훑어보신 후,
적절한 조언을 해주셨습니다.

장상원 씨
월간 파티시에의 발행인으로서
본 원고를 발표하고, 책으로 엮을 수 있게 해주셨습니다.

김상애 씨
월간 파티시에에 연재할 때 정확하고
아름다운 한국어로 번역해주셨습니다.

GASTRONOMIE, La Revolution Française de L'Aliment

가스트로노미
프랑스 미식혁명의 역사

La France est la mère-partie des Amphitryons;
sa cuisine et ses vins font le triomphe de la
gastronomie. C'est le seul pays du monde pour
la bonne chère; les étrangers ont la conviction
de ces vérités.

— Antonin Carême

프랑스는 앙피트리옹의 모국이며,
프랑스 요리와 와인은 가스트로노미의 큰 승리이다.
프랑스야말로 미식에 걸맞은 나라이며, 외국인들도
그 진리에 대해서는 의심하지 않는다.

— 앙토넹 카렘

CONTENTS

프롤로그·앙토넹 카렘의 수수께끼 ---------------------------- 009

제1장 가스트로노미 이전
  Ⅰ. 미식(美食)의 요람기(搖籃期) ------------------------------- 020
  Ⅱ. 중세의 식탁 --- 025
  Ⅲ. 프랑스 식(食)의 르네상스 -------------------------------- 032
  Ⅳ. 가스트로노미의 선구자들 -------------------------------- 037
  Ⅴ. 오트 퀴진의 발전 ------------------------------------- 043
  Ⅵ. 레스토랑의 출현과 가스트로노미의 탄생 --------------------- 048

제2장 프랑스 혁명과 가스트로노미
  Ⅰ. 혁명의 파리 --- 058
  Ⅱ. 사람은 먹지 않고 살 수 없다 ----------------------------- 065
  Ⅲ. 혁명은 지나가고 가스트로노미는 남다 ---------------------- 072
  Ⅳ. 나폴레옹과 가스트로노미 -------------------------------- 079
  Ⅴ. 탈레랑의 식탁외교 ------------------------------------ 086
  Ⅵ. 탈레랑派 vs. 캉바세레스派 ------------------------------ 091

제3장 그리모와 사바랭
  Ⅰ. 구르망 --- 100
  Ⅱ. 기인(奇人), 그리모 드 라 레니에르 ------------------------ 107
  Ⅲ. 앙피트리옹 --- 116
  Ⅳ. 재인(才人) 브리야 사바랭과 『미각의 생리학』 ---------------- 124
  Ⅴ. 두 개의 가스트로노미 ---------------------------------- 133
  Ⅵ. 『식통연감』 --- 139

제4장 앙토넹 카렘

I. 파티시에	150
II. 건축가	159
III. 엑스트라	170
IV. 메트르 도텔	178
V. 요리사의 왕	187
VI. 카렘의 죽음, 그리고 전설의 시작	196

제5장 가스트로노미의 변모

I. 환상도시 파리의 실상	208
II. 그리모의 재고(再考), 그 빛과 그림자	215
III. 가스트로노미를 계승하는 사람들	222
IV. 저널리즘의 역할	236
V. 드 퀴시, 자냉, 몽스레	243
VI. 발자크, 뒤마, 졸라	253

제6장 파괴와 창조의 세기로

I. 가스트로노미와 세기말	264
II. 에스코피에의 등장	271
III. 에스코피에의 철학	278
IV. 가스트로노미의 여행자	284
V. 선택된 가스트로놈의 왕	291
VI. 누벨 퀴진, 화려한 혼미	299

에필로그	305
인용문헌	330

− 프롤로그 −

　가스트로노미라는 개념을 이해하기 위해서는 무엇보다도 18세기에서 19세기에 걸친 프랑스, 특히 파리의 역사를 아는 것이 중요하다. 왜냐하면 가스트로노미는 19세기 초 파리에서 탄생했고 그 후 30년간 비약적으로 발전했으며, 그 배경에는 그 시대 파리의 특유한 역사적 상황이 존재했기 때문이다.
　가스트로노미의 성립부터 성숙에 이르기까지의 과정에는 유·무명과 관계 없이 수많은 사람이 참여했는데, 그 중심 인물로 분명히 기록되어야 할 사람은 가스트로노미 문학의 효시로 인정받는 『식통연감』의 저자 그리모 드 라 레니에르와, 약 2세기가 지난 오늘날까지도 그 명성이 눈부시게 빛을 발하는 희대의 요리사 앙토넹 카렘. 이 두 사람이다.
　서로 다른 분야의 인물인 이 두 사람의 공통점은 격동하는 시대의 파도에 농락되어 파란만장한 생애를 보낼 수밖에 없었지만, 실은 그렇게 격동하는 시대였기 때문에 천성의 재능을 발휘하고 가스트로노미 세계에서 큰 업적을 남길 수 있었다는 역설 같은 사실이다. 특히, 카렘은 그 특이한 시대가 낳은 예외적인 서자(庶子)로서의 일면을 갖고 있는 듯이 보인다.
　프랑스 근대사 속에서 가스트로노미가 걸었던 발자국을 따라가는 이 소론을 시작하기에 앞서 우선, 카렘의 전설적인 일화를 소개하면서 가스트로노미와 시대의 관계를 알아보려고 한다. 본서의 주제는 모두 그 속에 묻혀 있기 때문이다.

앙토넹 카렘의 수수께끼

1

1790년대 초 프랑스 파리. 어둠이 짙어지던 멘느 거리를 허술한 옷차림의 소년이 망연자실한 표정을 한 채 걷고 있었다. 나이는 열 살을 조금 넘긴 듯 보였다. 혁명의 여파가 아직도 짙게 남아 있는 거리 풍경은 어느 곳이나 그을리고 지저분했고, 때때로 흙먼지를 일으키며 달리는 이륜마차가 소년의 야윈 몸에 부딪칠 정도의 기세로 지나쳐갔다. 자신도 모르게 몸이 움츠러드는 소년. 그러나 이맘때의 파리 거리에선 이런 위험이 드물지 않았다. 소년의 눈에 드리워진 그림자는 다른 이유 때문에서였다.

앞으로 어떻게 해야만 하는 것일까? 그것보다, 과연 오늘 밤은 어디에서 보내야만 하는 것인가? 줄곧 소년의 머리를 뱅뱅 맴돌고 있던 것은 오로지 이 생각뿐이었다.

곰곰이 돌이켜 생각해보면 항상 밤늦게 귀가해 술만 줄기차게 마시던 아버지가 낮에, 그것도 해가 하늘 높이 떠 있을 때 돌아와 소년에게 산책을 권할 때부터 이상한 예감이 들었다. 이곳저곳에 발을 옮기며 쾌활하게 행동하는 아버지의 모습 어딘가가 부자연스러워 소년의 마음은 불안해 견딜 수 없었다. 늦은 오후가 되자 아버지는 갑자기 "배가 고프지 않니? 우리 뭘 좀 먹을까?"라며 소년과 함께 멘느 문(門)의 큰 주춧돌에 걸터앉았고, 옆구리에 낀 조잡한 자루에서 굳은 빵과 차가워진 익힌 고기를 꺼내 소년에게 주었다. 이런 일은 예전에는 한 번도 없던 일이었다. '정말 이상하다!'라는 생각이 들었지만 소년에게는 달리 어떻게 할 방도가 없었다. 그저 조용히 아버지가 주는 것을 받아먹었을 뿐이다. 집은 가난했고 형제는 많았기에 소년은 항상 배가 고팠다. 불길한 예감은 서서히 확신으로 변해가고 있었지만 어쨌든 이 순간만은 이런 음식을 먹을 수 있다는 것 자체로 행복했다.

그래서 식사가 끝나고 일어선 아버지가 거리 한복판에서 묘한 표정으로 이렇게 말하는 것을 들어도 소년은 전혀 놀라지 않았다.

"이것으로 작별이다. 아들아. 너도 알고 있겠지만 우리는 가난한 곳에서 태어나 이렇게 힘겹게 살아가고 있다. 너를 키울 여유가 없단다. 하지만 세상은 너를 버리지 않을 거다. 너의 꿈을 펼칠 수 있는 장소가 틀림없이 있겠지. 그 다음은 지혜만 있다면 얼마든지 그 꿈을 갈고 닦을 수 있다. 그리고 그 지혜를 너는 가지고 있다. 자, 가거라. 하느님이 너에게 부여해주신 것들을 가지고서."

그리하여 소년은 사람들이 오가는 길 한복판에 그대로 홀로 남겨지게 되었다.

얼마나 방황하면서 걸은 걸까? 이미 주변은 캄캄하게 어두워져 있었다. 거리를 오가는 사람들도 많지 않았다. 그렇지 않아도 당시의 파리 거리 곳곳에는 위험이 도사리고 있었다. 혁명 후 세상은 혼란으로 가득했고 사람들의 마음은 여유 없이 거칠었다. 콩코드 광장에서 매일 반복되는 단두대 처형은 이제 완전히 구경거리로 변해 있었고, 옳고 그름에 관계없이 단지 재미있는 구경거리로 인간의 목이 잘려지는 것을 보기 위해 많은 일반 시민들이 처형장 주변에 무리를 지어 몰려들었다. 그 곳에 뿌려지는 피는 단지 비린내 나는 빨간 액체에 지나지 않았고, 죽음은 언제 어디서나 흔히 있을 수 있는 대수롭지 않은 일에 불과했다. 거리에는 폭력이 난무하고 사람들은 그것을 비난하기는 커녕 찬미하기에 이르렀다. 특히 잘 곳조차 마땅히 없었던 빈곤층 여자와 아이들이 표적이 되어 위협받았다.

소년의 불안과 공포는 괜한 것이 아니었다.

조금이라도 안심할 수 있는 곳을 찾기 위해 큰길에서 좁은 골목으로 접어들었다. 하지만 높은 돌담으로 둘러싸인 골목은 큰길보다 더 어두웠고 소년의 마음은 한층 더 불안해졌다.

그때 갑자기, 어디선가에서 흘러나오는 고소한 냄새가 소년의 코를 자극했다. 아버지와 마지막 식사를 하고 헤어진 지 이미 많은 시간이 흘러 있었다. 그때까지 불안에 휩싸여 다른 것은 아무것도 생각하지 못했던 소년은 이제야 자신이 배가 고프다는 것을 깨달았다. 이것은 틀림없이 라구(삶은 고기_편집자 주)의 냄새이다.

눈을 찡그려 골목의 어두운 안쪽을 자세히 들여다보니 완만하게 굽어진 곡선의 끝에 희미한 빛이 보였다. 소년은 그 불빛을 향해 거의 본능적으로 걸음을 옮겼다.

곧이어 도착한 곳은 좁고 허름한 가르고트(대중식당_편집자 주) 문 앞. 튼튼하게 생긴 목재 문에는 기름과 먼지로 더럽혀진 작은 창문이 나 있었다. 좀 전의 불빛은 그곳에서 새어 나온 것이었다. 창문 너머로는 술꾼 아버지를 둔 소년에게는 친숙한 욕설 섞인 왁자지껄한 소리가 들려왔다. 사람들의 마음이 아무리 삭막해졌다 하더라도 평화로울 때처럼 배는 고파지기 마련이다. 혁명 후 파리의 뒷골목에는 그런 서민의 식욕을 충족시켜주는, 요리점이라고는 할 수 없는 가르고트가 여기저기에 생겨나 나름대로 번성하고 있었다.

소년은 문 앞에 잠시 서 있었다. 주머니를 뒤질 필요도 없이 단 한 푼의 돈도 없다는 것을 알고 있었다. 어떻게 할까 망설이고 있는 사이 갑자기 문이 열렸고 가게 안에서 대여섯 명의 남자들이 나왔다. 문 옆에 우두커니 서 있던 소년의 모습은 안중에도 없다는 듯 큰 소리로 떠들며 골목을 나가 그대로 큰길을 향해 멀어져 갔다. 순식간의 일이었다.

소년은 열려진 문을 통해 안을 들여다보았다. 가게 안은 램프의 흐린 조명으로 모든 게 희미했다. 하지만 키 작고 약간 뚱뚱한 중년 남자가 안쪽에 서 있는 것은 또렷이 보였다. 그 남자는 귀찮은 듯 소년이 있는 쪽으로 다가왔다. 흰색이었을 법한 더러운 반소매 셔츠와 헐렁한 바지를 입고 불룩 나온 배에는 지저분한 앞치마를 두르고 있었다. 이 가게 주인이 틀림없다. 문을 닫으러 온 것이다. 문의 손잡이를 잡는 순간 소년의 존재를 알아차렸다.

두 사람은 눈이 마주쳤다.

소년의 몸이 움츠러들었다. 틀림없이 야단맞고 내쫓기겠다고 생각했던 것이다. 하지만 가게 주인은 그러지 않았다. 대신 퉁명스런 어조로 이렇게 물었다.

"뭐야, 배가 고픈 거야?"

때가 때인 만큼 파리에는 굶주림에 떠도는 아이들이 드물지 않았다. 주인은 소년이 그런 아이들 중 하나라는 것을 알아차렸다.

소년은 말없이 고개만 끄덕였다.

"어쨌든 안으로 들어와. 뱃속을 채울 만한 게 있겠지."

십여 명이 들어가면 가득 찰 만큼 비좁은 공간에 거의 부서질 듯한 테이블이 두 개, 테이블에는 각각 네 개의 의자가 놓여 있었다. 단순한 카운터의 반대편에 주방이 있고 주인 혼자 요리를 하며 음식을 나르고 있는 듯했다. 방금 한 무리가 돌아간 후여서 다른 손님은 없었다. 소년은 주인이 권하는 대로 의자에 걸터앉았다.

남아 있던 것들로 요기를 하자 주인이 소년에게 물었다.

"오늘 밤 잘 곳은 있나?"

소년은 고개를 저었다.

"그러면 여기서 묵고 가거라."

소년은 자신의 귀를 의심했다. 불과 몇 시간 전까지 세상이 꺼질 듯 절망적이었는데 이번에는 식사뿐 아니라 묵을 곳까지 제공해준다는 것이다. 하늘과 땅을 순식간에 오르락거린 소년은 어떻게 대응하면 좋을지 몰라 당황해했다. 이것이 과연 자신에게 실제로 일어나고 있는 일일까?

그러나 소년의 놀라움은 그것으로 끝나지 않았다. 주인은 계속해서 이렇게 말했다.

"괜찮다면 내일부터 우리 가게에서 일해보지 않겠니? 처음에는 잡다한 일이 많을 거다. 우리도 일손이 모자라 곤란해 하고 있었거든. 어떠니?"

소년은 아무 말도 못하고 그저 주인 얼굴만을 빤히 쳐다볼 뿐이었다. 생각지도 못했던 뜻밖의 제안에 말을 잃었다. 선량한 주인은 한숨을 내쉬었다.
"싫으냐?"
소년은 당황하여 고개를 크게 내저었다.
"그래, 그렇다면 오늘 밤은 어서 자거라. 다락방이 비어 있으니 거기서 자면 될 게다. 오늘은 푹 쉬어야 한다. 내일부터 일이 고되니 말이다."
주인은 이렇게 말하고 소년을 방으로 안내하기 위해 일어섰다. 그러다 문득 생각난 듯 소년에게 물었다.
"그런데, 네 이름은 뭐니?"
소년은 반사적으로 의자에서 일어나 긴장한 기운이 역력한 얼굴로 그날 밤 처음으로 입을 열었다.
"카렘. 마리 앙토넹 카렘입니다."

2

'왕의 요리사이며 요리사의 왕'이라고 불렸던 앙토넹 카렘이 요리 세계에 들어서는 계기가 된 이 유명한 에피소드에는 실은 몇 개의 수수께끼가 있다.
가난 때문에 부모로부터 버려진 불쌍한 한 소년이 타고난 재능과 끊임없는 노력으로 그 난관을 극복하고 결국에는 프랑스 요리계를 대표하는 유명한 요리사가 되었다는 거짓말같은 이야기. 이런 드라마틱한 성공 스토리를 외면하는 것은 적어도 카렘에 대해 일정한 분량을 할애하는 책의 저자라면 꽤 어려운 것임에 틀림없다.
미식가로 알려진 19세기 프랑스 문호 알렉상드르 뒤마는 만년의 대저 『요리 대사전』의 카렘 항목에서 이 에피소드를 소개하고 있다. 또한 2003년에 『궁정 요리사 앙토넹 카렘』이라는 카렘의 전기를 발표한 이안 켈리도 그 책 제2장의 서두부분에서 동일한 에피소드를 다루고 있다. 게다가 라루스의 『미식 사전』에는 같은 에피소드가 마치 기정 사실인 것처럼 아무런 주석도 달지 않은 채 게재되어 있다. 이런 사례는 이외에도 많다.

그렇게 잘 알려진 에피소드임에도 불구하고 앞에서 서술한 바와 같이 이 이야기에는 많은 수수께끼가 있다.

예를 들면 카렘의 형제 수.

뒤마는 "아버지에게는 15명의 아이가 있었다."라고 썼는데 켈리의 책에서는 "카렘은 24명의 형제 중 16번째 아이로 태어났다."라고 쓰여 있어, 그 수가 크게 늘어 있다. 프리실라 퍼거슨은 뒤마의 기술을 언급하면서 형제 수에 대해서는 "25명의 자식 중 한 명으로 태어났다."라고 하는 1843년에 출판된 『식탁의 고전』속에 수록된 카렘 자신에 의한 「회상기」의 기술을 인용하고 있다. 그러나 이 회상기는 카렘이 죽은 후 10년이나 지나고 발표된 것으로, 카렘이 스스로 쓴 것인지 의문이 남는다. 어쨌든 영세민이 아무리 많은 아이를 가졌다 해도 25명이라는 수는 너무 많은 것처럼 생각된다. 그러나 25명 설(說)은 현대에서도 압도적인 다수파를 차지하고 있다.

카렘의 형제 수는 사실 몇 명이었던 것일까?

수수께끼는 그뿐만 아니다. 카렘이 아버지에게 버림받은 시기도 그렇다.

켈리가 "1792년 가을"이라고 명기하고 있는 반면에 뒤마는 카렘의 출생일을 1784년 6월 7일이라면서 아버지가 "11세의 카렘을 시문 근처로 밥을 먹이기 위해 데려갔다."라고 쓰고 있다. 이 기사대로라면 그 시기는 1795년, 혹은 1796년이다. 아무리 기록이 불확실하다고 해도 3, 4년이라는 차이는 너무 큰 것처럼 보인다. 덧붙여서 카렘의 출생 연도에 대해서도 켈리는 1783년이라고 하고 있기 때문에, 그가 유기된 시기는 9살이 되는 셈이다.

왜 이러한 불일치가 생기는 것일까?

물론 뒤마의 저서과 켈리의 저서 사이에는 150년 가까운 시간적인 간격이 있고, 그 세월 동안에 발견된 자료나 판명된 사실도 적지 않게 있었을 테니 켈리의 저술에는 뒤마가 알지 못했던 연구 성과가 반영되어 있다고 하는 견해가 가능할지도 모르겠다. 하지만 그렇다면 켈리가 참조했다고 생각되는 근년의 연구자가 저술한 모든 자료에 켈리와 같은 견해가 제시되어 있어야 하는데 유감스럽게도 그렇지 않다.

　탄생일을 예로 들어보겠다.

　뒤마가 1784년 6월 7일을 카렘의 탄생일이라고 한 것은 이미 쓴 바와 같은데 1836년에 출판된 『만국 인명록』 카렘 항목에는 출생일이 1784년 6월 8일로 되어 있어, 왠지 하루 어긋나 있다. 그리고 현대의 요리 역사가나 연구자들 중에는 이 6월 8일 설을 취하는 이가 많다. 그러나 몽마르트르 묘지에 있는 카렘의 묘비에 새겨져 있는 탄생일은 그것보다 1년 빠른 1783년 6월 8일이다. 도대체 어떻게 된 걸까?

　카렘은 1833년 1월 12일에 죽었다. 이건 확실하다. 그러나 태어난 날은 명확히 알려져 있지 않다.

　폴 메츠너는 자신의 저서에서 카렘의 출생일에 대하여 다음과 같이 썼다.

　"카렘의 출생일에 대해서는 견해가 일치되지 않는다. 그의 묘비에 새겨진 날짜는 1783년 6월 8일이다. 공식 기록에 의하면 사망한 날은 1833년 1월 12일이며 그때 카렘의 나이는 49세 6개월이었다. 이것을 근거로 1980년에 『파리의 앙토넹 카렘 : 1783-1833』을 저술한 루이 로딜은 카렘의 탄생일을 '1783년 6월 초 10일간'이라고 하고 있다. 1784년을 출생 연도로 하는 자료도 많고 그중 일부는 1784년 6월 8일을 카렘의 출생일로 하고 있다."

　카렘은 도대체 언제 태어난 것일까? 이것은 수수께끼이다.

　아버지에게서 버려졌다는 것은 사실일까? 그리고 그것은 언제였던 것일까? 이것도 수수께끼이다.

　그러나 더 본질적인 최대의 수수께끼는 다른 데 있다.

그것은 이런 수수께끼들이 왜 나타났을까, 라는 수수께끼이다.

카렘의 소년기의 에피소드에 얽힌 수많은 수수께끼에는 도대체 어떤 의미가 숨겨져 있는 것일까?

이 의문에 대한 답변을 찾아보고 싶다. 처음 본서를 쓰려고 한 계기도 그 점에 있었다.

3

프랑스는 미식의 나라이다.

이 말에 반론을 제기할 수 있는 사람은 적을 것이다. 사실, 가스트로노미는 프랑스라는 나라의 속성 중 하나라고 해도 과언은 아니다. 프랑스의 가스트로노미는 19세기 초 30년간 비약적으로 발전했다. 그 시기는 카렘이 요리의 무대에 등장해 화려한 활약을 보인 시기와 거의 겹쳐 있다. 이 부합은 굉장히 흥미롭다.

물론 프랑스 요리의 가스트로노미가 19세기에 들어 갑자기 생긴 것은 아니다. 17세기에는 바렌느나 마샤로, 18세기에는 므농이나 라 샤펠 등 유명한 요리사가 속속 등장하고, 누벨 퀴진이라는 이름이 등장하여 요리 세계에 큰 변혁을 가져왔다. 거기서 그들에 의해 만들어진 세련된 오트 퀴진(고급 요리)이 가스트로노미의 기반이 된 것은 확실하다.

그러나 여기서 생각해보지 않으면 안 되는 것은 이 19세기 초 30년간이라는 시기는 프랑스, 특히 파리에 있어 어떤 시대였던 것일까, 라는 것이다. 이 시기에 파리에서는 도대체 어떤 일이 일어났던 것일까? 그리고 그것과 가스트로노미의 발전 사이에는 어떤 관계가 있는 것일까?

또한 18세기의 마지막 30년간에도 주목해보자. 이 시기에 프랑스에서는 무슨 일이 있었던 것일까? 그것이 그 후의 가스트로노미 발전에 어떤 영향을 끼쳤던 것은 아닐까?

본서의 목적 중 하나는 이러한 의문에 대답하는 것이다. 앞에서 소개한 카렘의 유년기 에피소드에 대한 수수께끼도 실은 이 의문의 연장 선상에 있다고 말할 수 있을지도 모른다. 이렇게 말하는 것은 요리 역사에 찬연히 빛나는 카렘 같은 유명한 인물에 관한 사항조차도, 심하게 격동하는 역사 앞에서는 진실이 묻혀 잘 보이지 않는다는 좋은 사례이기 때문이다.

변화하는 세계의 거친 물결 속에서는 카렘의 출생연도나 소년기에 어떤 사건이 있었던가 같은 건, 확실히 중요하지 않을 것이다. 아니, 그렇게 말한다면 카렘의 존재 자체가 하찮고 사소한 것이라고 말할 수 있을지도 모른다.

그러나 보통 사람들의 생활에 큰 영향을 주고 민중에게 실로 중요한 의미를 가진 역사라는 것은 실은 바로 이런 하찮고 사소한 일이 쌓인 것에 불과하다. 그 쌓임 속에서 인간 생활의 실상인 문화가 싹트고, 줄기를 뻗고, 잎이 무성해지고, 꽃을 피울 수가 있는 것이다. 그것은 때때로 역사가에 의해 쓰여지지 않았던 또 하나의 역사인 것이다. 가스트로노미의 역사를 기록하려는 의미도 바로 여기 있다.

18세기 프랑스 역사에서 가장 큰 사건은 말할 것도 없이 프랑스 혁명이다. 혁명은 프랑스 사회의 가치관을 근본적으로 뒤집을 수밖에 없었다. 당연히 음식문화에도 큰 영향을 미치지 않았을 리 없다.

상상해보자. 1789년 7월 14일에 바스티유 습격을 계기로 혁명이 일어나, 그때부터 수년간 파리는 소란의 극치에 있었다. 카렘이라는 소년이 멘느 문 근처의 거리에서 아버지에게 버림받고 가르고트 주인의 도움으로 요리의 세계에 들어섰다는 것은 바로 그런 시대에 있었다는 것이다.

미증유의 혼란 속에서는 가난한 한 소년의 진실 같은 건 역사 속에 아주 간단히 묻혀버린다. 그것은 확실히 그렇다. 그러나 한편 결코 묻혀버리지 못하는 진실도 엄연히 존재한다. 이것 또한 사실이다.

가스트로노미가 프랑스의 문화이며 어떤 문화도 역사와 관계없이 존재할 수 없는 이상, 하찮은 역사를 세심히 따라가다 보면 지금까지 보이지 않았던 진실이 보이게 되는 것은 아닐까?

  본서는 그런 식으로 수많은 자료와 기록을 마주하면서 작은 진실을 주워 모으는 것으로, 역사의 구석에서 소소하게 언급돼왔던 파리의 가스트로노미 발전 과정을 재구성하려는 하나의 시도이다.

제1장
가스트로노미 이전

중세 귀족의 식탁. 테이블 위에 포크가 없는 것에 주목해보자.
포크가 아직 없었던 시대로 사람들은 손으로 요리를 집어 먹었다.

I. 미식(美食)의 요람기(搖籃期)

1

동물의 기본적인 특성인 본능 중에서 먹는 것에 대한 욕망, 즉 '식욕'이 가장 본질적이라는 것을 부정할 사람은 아마도 없을 것이다. 먹는 행위 없이는 어떤 동물도 그 생명을 유지할 수 없다. 먹을 것을 획득하는 수단이나 방법은 동물의 종류나 생태에 따라 다르겠지만 살아남기 위해서는 어떤 방식으로든지 먹을 것을 확보하지 않으면 안 된다.

인간 또한 동물인 이상 그 본능에서 벗어날 수 없다.

아주 먼 옛날부터 인류는 어떤 때는 이동하면서, 또 어떤 때는 일정한 장소에 정착해서 동물을 사냥하거나 식물을 채집하며 식량을 확보했다. 문명이라고 부를 수 있는 것이 싹트기 시작할 무렵부터는 동물의 사육이나 식물의 재배도 행해지게 되었다.

그러나 이 단계에서 '미식(美食)'의 개념은 생겨나지도 않았다. 왜냐하면 그 옛날, 먹는다는 것은 단지 '식욕'이라고 하는 본능에 기초한 생물적 필요성을 만족시키기 위한 것이었기 때문이다. 먹는 것에 대한 즐거움을 찾는 것이 목적이 아닌, 단순히 굶어 죽지 않기 위해 먹을 뿐이었다. 물론 '맛'도 중요하지 않았다. 물론 맛있는 것보다 좋은 건 없지만, 맛이 없어도 입에 넣어서 신체적으로 해가 없는 것이라면 무엇이든지 상관없었다. 어쩌면 미각 자체가 요즘처럼 발달하지 않았을 수도 있다.

그렇다면 과연 언제부터 사람들은 단순히 배를 채우는 수준에 만족하지 않고 먹는 것의 '질(質)'을 따지게 되었을까?

그 질문에 답하는 것은 그렇게 간단하지만은 않다. 아니, 솔직히 '대답하는 것은 불가능하다'라고 단정 짓는 것이 나을지도 모르겠다. 그 대답을 얻기 위해서는 유사(有史) 이전으로 거슬러 올라가지 않으면 안 되며, 그렇게 오래된 시대의 기록이 남아 있을 리 만무하기 때문이다.

그러나 역사적으로 거슬러 올라갈 수 있는 가장 오래된 시대라면 적어도 그곳에는 먹은 것에 관한 무언가의 문화적 흔적, 즉 양질의 먹을 것을 찾았던 의식의 단편들을 쉽게 찾을 수 있다.

예를 들어 고대 이집트에서 왕가의 식탁은 매우 사치스러웠다고 알려져 있으며 히에로글리프Hieroglyph[1]로 쓰여진 레시피도 남아 있다.

또한 기원전 2세기경, 그리스에서는 산문가 아테나이오스Athenaios(이집트 태생의 그리스 산문 작가_편집자 주)에 의해 『현자의 연회』라는 책도 쓰여졌다. 이 책은 라렌시스가 개최한 연회에 관해 아테나이오스가 티모그라테스에게 한 이야기를 모은 것으로, 권력자들이 연회에 나온 요리의 식재료나 먹는 방법 등에 관해 다양한 의견들을 내놓고 있다.

고대 로마에서는 식(食)에 관한 관심이 한층 뚜렷이 드러난다.

폭군 네로 시대를 퇴폐적으로 그린 페트로니우스Petronius(로마의 정치가, 소설가_편집자 주)의 『사티리콘Satyricon(세계 문학사에서 현존하는 가장 오래된 소설_편집자 주)』을 살펴보자. 엔콜피우스를 포함한 세 명의 남성이 방랑하면서 얻은 다양한 경험을 해학적이면서도 풍자적인 필체로 그린 기원 1세기경의 이 책 안에는 '트리말키오의 연회'라고 이름 붙여진 유명한 에피소드가 있다.

트리말키오는 해방노예, 즉 노예의 신분에서 해방된 로마시민이면서 신흥부자였다. 겉은 온통 금붙이로 휘감아 그럴듯하지만 본성은 타고난 천박함과 무식함을 감추지 못한 채 권력욕만 넘쳐나는 속물로 묘사되어 있다. 이 트리말키오가 엔콜피우스 일행을 대접하기 위해 대연회를 열게 되는데, 식당으로 안내된 엔콜피우스

---

[1] 고대 이집트에서 사용된 문자. 오랫동안 해독불가로 전해져왔으나, 1822년에 로제타 스톤의 연구를 토대로 프랑스인 샹폴리옹에 의해 처음으로 해독되었다.

의 놀란 심정이 이렇게 묘사되어 있다.

"사람들은 그곳이 한 개인의 식당이라고는 꿈에도 생각하지 못할 것이다. 그곳은 마치 팬터마임을 위한 무대와 같다."

테이블에 내놓은 것들 또한 호화스러웠다.

"쟁반 위에는 코린트풍의 동(銅)으로 된 당나귀가 놓여 있고, 그 등에 올려진 두 개의 바구니 한쪽에는 그린 올리브가, 또 다른 한쪽에는 블랙 올리브가 가득 차 있었다. 그 바구니 사이에 두 개의 큰 접시가 놓여 있었는데, 각각의 접시 가장자리에는 트리말키오의 이름이 새겨져 있고, 여기에 은으로 된 누름돌이 놓여 있었다. 접시와 접시를 연결한 다리는 튼튼하게 고정되어 있고 다리 위에는 양귀비 씨와 꿀을 뿌린 겨울잠쥐가 곁들여져 있었다. 은으로 된 망사 위에는 따뜻한 소시지, 그리고 그 밑에는 서양 자두와 석류가 쌓여 있었다." [001]

놀랄 일은 이뿐만이 아니었다. 흥을 돋우는 공연이 차례차례 베풀어져 엔콜피우스의 혼을 빼놓을 정도였다. 음악이 울리고 음악에 맞춰 무희들이 춤을 추고 술은 넘쳐난다. 마지막에는 줄타기 곡예까지 등장시키며 대단한 엔콜피우스 역시도 주눅 들게 만들었다.

이 장면에서 엿볼 수 있는 것은 식(食)이 식욕을 채우는 본래의 목적에서 벗어나 손님을 초대하는(척하며 실제로는 트리말키오 자신의 눈요기) 수단으로 이용되고 있다는 것이다. 이것은 아마도 고대 로마의 귀족이나 대부호 등 특정계층의 공통되는 경향이라고 해도 별 무리가 없을 것이다. 특히 흥미진진한 것은 손님을 즐겁게 하는 것을 목적으로 먹는 것과 음악, 곡예 등의 공연을 함께 곁들인 것이다. 이것은 후에 중세의 왕이나 귀족의 향연에서의 앙트르메Entremets(서양 요리에서 메인 디시 중간, 또는 고기 요리와 함께 나오는 채소 요리, 또는 달콤한 디저트_편집자 주)를 연상시킨다.

2

이집트에서도 그리스에서도 로마에서도, 식사 그것을 목적으로 하는 향연이 이미 있었다는 것은 지금까지 설명한 대로이다. 그러나 이 향연은 왕이나 귀족, 또는 대부호들이라고 하는 특권층만을 위한 것이었다. 서민은 여전히 이런 즐거움과는 무관했다. 그렇지만 '살기 위해 먹는다.'라고 하는 식(食) 본래의 취지에서 '즐기기 위해 먹는' 2차적인 행위, 또는 그런 의식이 파생된 것은 시간의 흐름에 따라 사람들이 소수의 강자와 다수의 약자 두 분류로 나뉘어지고, 그 결과 부(富)의 소유에도 편차가 생기는 사회적인 변화가 전제되었다는 것은 명확한 일이다.

부자들은 살기 위해 먹는 것에 대한 걱정을 하지 않아도 되기 때문에 자연스레 먹는 것에 대한 다른 관심, 즉 미각이나 겉모양, 타인에게 끼치는 영향력에 관심이 높아지게 되었다. 이렇게 생겨난 고대의 '향연을 전형으로 하는 식문화'가 무르익어간다.

여기서 고대 로마의 식생활에 관해 조금 더 자세하게 살펴보자.

옛날에는 아침, 점심, 저녁 이렇게 세 끼가 일반적이었지만 머지않아 그리스 문화의 영향 등을 받아 조식Ientaculum과 정오 가까이에 먹는 두 번째 조식Prandium, 그리고 늦은 오후의 점심Cena으로 변화했다.

조식은 초기에는 하층계급에서는 빵만으로, 상류계급에서는 여기에 달걀이나 치즈, 과일 등이 첨가되었다. 이후 점차 식재료가 증가했고 빵의 질도 향상되었다.

두 번째 조식은 기본적으로 조식의 연속으로 내용도 같았고 때로는 남은 음식을 그대로 먹기도 했다.

늦은 오후의 점심이 하루 식사의 중심이었다. 상류층에서는 하루의 업무를 오전 중에 끝내고 두 번째 조식을 먹은 다음 목욕을 하고 그 뒤에 늦은 점심Cena을 즐기는 것이 일반적인 풍습이었다. 상류층의 늦은 점심은 태양이 높이 떠 있는 한낮에 시작되어 느릿느릿 장시간에 걸쳐 이어졌으며 때론 심야까지 계속되는 경우도 드물지 않았다. 둥근 식탁을 U자형으로 둘러싸듯이 배치한 식사용 긴 의자Lectus triclinaris에 기대고 앉아 식사를 하거나 술을 마신다. 이런 식사 형태는 현대적 감각으로는 상당히 이상하게 생각될 것이다.

20세기의 명요리사로 알려진 레이몽 올리비에Raymond Oliver는 식탁의 역사를 테마로 한 저서 중에서 고대 로마의 식사 스타일에 관해 다음과 같이 썼다.

"가장이 초대하는 만찬에는 손님은 네다섯 명이고, 가장의 부인과 가족, 또는 친척이 함께했다. 식사는 5시에 시작되어 8시에 끝이 났다. 그리고 가족들은 물러가고 뒤이어 여자, 악사, 소년들을 불러들였다. (중략) U자형의 중앙에 다양한 요리를 장식한 테이블이 옮겨진다. 테이블은 접시를 여러 단 쌓아 만들었는데, 한 차례 다 먹고 나면 새로운 요리를 가득 쌓은 테이블이 운반된다. (중략) 그들의 식사는 1부와 2부로 나뉘는데, 2부는 식사를 하면서 점차 파티로 바뀌게 된다. (중략) 식사가 끝나갈 즈음 여자들의 옷을 벗기기 시작한다. 그리고 바카스Bacchus(술의 신으로 그리스 신화에서는 디오니소스, 로마 신화에서는 바카스라 불린다_편집자 주) 앞에서 건배를 하며 아프로디테Aphrodite(그리스 신화에 나오는 미와 사랑의 여신. 로마 신화의 베누스에 해당한다_편집자 주)에게 희생을 바친다." 002

이것만으로도 로마인들이 식사에서 추구하는 즐거움은 요리 그 자체의 질에 있는 것이 아닌, 식사에 동반되는 분위기, 또는 부수적인 자유분방하면서도 향락적인 열정에 있었다는 것을 알 수 있다. 여기에서도 확실히 미식의 조짐은 있었으나 그것은 아직 꽃봉오리조차 맺지 못한 단계였다.

하지만 음식에 대한 의식을 크게 높일 수 있었다는 점에서 로마인들의 공적은 간과할 수 없다. 잘 알려진 『아피키우스Apicius』라고 하는 집대성된 레시피책이 5세기경에 나온 것도 이러한 상황에 따른 것으로, 이런 음식에 대한 관심과 애정이 오랜 시간 이어져 내려오면서 19세기 프랑스에서 가스트로노미로서의 결실을 맺게 되는 것이다.

그럼, 로마 시대 이후의 식(食)의 문화적 발전을 연대에 따라 대략적으로 살펴보기로 하자.

II 중세의 식탁

1

5세기 후반 고대 로마제국의 멸망 전후에 유럽은 격동의 시대를 맞는다.

앵글로색슨족이나 고트족 등 이른바 게르만계의 이주민들이 동쪽으로부터 서쪽으로 진출, 유럽 각지에 점차적으로 지배체제를 확립해갔다. 사람들의 이동은 반드시 문화의 확산을 가져온다. 로마 문화는 게르만족 문화에 침식되어 어쩔 수 없이 변질되었다. 게다가 8세기에는 서아프리카로 세력을 확장하던 우마이야 왕조(이슬람 칼리프 왕조_편집자 주)가 바다를 건너 이베리아 반도로 진출, 스페인에 왕국을 건설한 서고트족을 멸망시키고 이슬람 지배하에 놓았다. 여기에 이슬람 문화가 유입된 것은 말할 필요도 없다.

'식(食)'은 또한 문화의 큰 요소 중 하나이다. 유럽의 다양화된 문화 속에서 식에 관련된 생각이나 관습도 당연히 다양화될 수밖에 없었다.

이 다양화를 통솔하면서 커다란 요점이 된 것이 기독교였다. 성립 후 상당 기간 여러 종파로 나뉘어 다툼과 혼돈을 거듭하던 기독교는 로마 황제에 의해 정식으로 국교로 인정되며 4세기부터 5세기에 걸쳐 여러 차례 열린 공회의를 통해 다듬어져 교리를 가진 종교로 성립되었다. 로마제국의 붕괴와 동서분열 후에도 신흥세력의 이슬람교와 대립하면서도 세력을 확장해갔고, 게르만계 민족이 지배하는 유럽 구석구석에 이르기까지, 때론 그 민족이 오래전부터 믿어오던 독자적인 종교와 융합하는 형태로 보급되고 침투되었다.

중세의 빵굽기. 반죽을 가마에 넣고 있는 사람이 주인이며, 어깨 너머로 보고 있는 사람이 견습생이다.

    식(食), 즉 먹는 것도 당연히 기독교 교리의 영향을 벗어날 수 없었다. 이것이 현저히 나타나는 것이 중세이다.

    그리고 중세의 식생활에 가장 큰 영향을 끼친 기독교의 교리가 '단식(斷食, Fast)'이다.

    기독교에 있어 단식은 그리스도가 악마의 유혹을 물리치면서 40일간에 걸쳐 황야를 떠돌아다니며 '그 사이에 아무것도 먹지 않고 마시지 않았다.'라고 하는 성서의 기록에 기초한 불굴의 신앙심에 관한 증거로, 모든 기독교 신도들에게 요구되는 중요한 기본적인 교리이다.

    유럽에서도 중세 시대가 되면 국가들이 여러 패로 나뉘어 싸우는데, 정신세계는 로마를 중심으로 한 기독교에 완전히 지배되었다. 따라서 단식은 왕이든 농민이든 간에 상하를 막론하고 지켜야만 하는 계율로 모든 계층에 해당되었다.

    하지만 단식이라고 하더라도 그 기간 중에 어떤 것도 먹고 마셔서는 안 되는 것은 아니었다. 단식에도 여러 종류가 있었는데, 그 종류에 따라 먹을 수 있도록 허용된 음식이 있었다. 또한, 어린이나 노약자 등은 단식의 종류에 상관없이 면제되는 특권도 있었다.

단식의 기간이 가장 길고, 따라서 사람들에게 부담을 안겨준 것이 사순절(四旬節)이다. 사순절이라고 하는 것은 부활제 직전의 40일간(단, 일요일은 제외)으로, 이것은 물론 그리스도의 황야의 단식을 모방한 것이다. 그 외에도 로마의 지시에 의한 공식적인 단식일과 교구의 성직자가 독자적으로 정하는 단식일 등 단식의 제도는 시대에 따라 또는 지역에 따라 복잡하게 변화되어, 프랑스의 중세사학자 브뤼노 로리우Bruno Laurioux에 의하면 1413년 캉브레Cambrai(프랑스 북부 노르파드칼레 지방에 있는 도시_편집자 주) 주교구에서는 1년간 무려 93일의 단식일이 있었다고 한다. 002 결국 1년 중 4분의 1이 단식일이었다는 계산이 나온다.

그 정도로 먹는 것이 제한되었기 때문에 사람들의 식생활에 끼치는 영향도 적지 않았다. 오히려 이 시대의 식(食)은 단식을 중심으로 형성되었다고 말해도 좋을 정도이다.

그렇다면 단식 기간 중 먹을 수 있는 것과 먹을 수 없는 것에는 어떤 것들이 있었을까?

그것은 앞서 말한 대로 단식의 종류에 따라 다소 차이가 있지만 기본적으로 육류는 금지되었다. 육류에 준하는 것, 즉 달걀이나 유제품도 인정되지 않았다. 어류는 허용되었다. 왜냐하면 어류는 물속에서 사는 것으로, 물은 신성하고 깨끗하게 여겨졌기 때문이다. 물론 채소나 과일, 잡곡, 씨앗 등은 자유로이 먹을 수 있었다.

그러나 중세 유럽 사람들에게 육류나 유제품은 없어서는 안 되는 식품이었다. 고기를 거의 입에 대지 않았던 고대 로마 사람들과 달리 후에 지배를 한 게르만족은 육류를 매우 즐겼기 때문이다.

당연히 단식 기간 중 기독교 교리를 벗어나지 않으면서 육류를 먹기 위한 다양한 방법이 고안되었다. 그 눈물겨운 노력 중 걸작인 것이 '비버의 꼬리'이다. 중세 문헌에는 단식 기간에 먹기 위한 비버의 꼬리에 관한 기록을 여러 차례 발견할 수 있다. 13세기의 토마 드 캉탱프레Thomas de Cantimpre의 저서에는 "이 동물은 물속에 꼬리를 담가놓지 않으면 오래 살 수 없다."라고 쓰여 있다. 그렇기 때문에 어류와 마찬가지로 먹어도 되는 이유를 갖고 있었다. 그러나 꼬리 이외에는 먹을 수 없었다. 왜냐하면 '육류'이기 때문이다." 003

이렇게 백(白)을 흑(黑)이라고 하는 이치에 닿지 않는 뻔한 거짓말로 육류에 대한 갈망을 잠시 동안 채울 수 있었다고 해도 기독교의 신앙과 단식 기간의 육류에

피터 브뤼겔(Peter Brueghel)의 '사육제와 사순절의 싸움(1559)'. 이러한 테마가 그림으로 그려질 정도로 당시의 사람들에게 사순절 단식에 대한 부담은 컸다. 매우 일상적인 마을의 전경이지만 잘 살펴보면 그림의 좌측에는 사육제에서 춤을 추며 마음껏 먹어대는 사람들이, 그림 우측에는 신앙심 깊은 가난한 사람들의 절제된 생활이 그려져 있다. 그리고 가운데에는 우물을 둘러싸고 초라한 돼지와 사순절의 심볼인 싱싱한 물고기가 서로 마주하고 있으며, 놀고 즐기며 타락된 나날이 거의 끝나가고 곧이어 청빈과 참고 견뎌야 하는 단식일이 다가옴을 암시하고 있다.

대한 욕구는 끊임없이 사람들의 마음을 갈등하게 만들었다.

그러한 갈등을 완화시켜주면서 가라앉혀주는 역할을 한 것이 오늘날의 중세식 문화사의 연구에 때때로 단식과 대적되며 언급되는 향연Feast(饗宴)이다.

2

브리지트 앙 헤닛쉬Bridget Ann Henisch는 그의 저서 『단식과 향연Fast and Feast(1976)』에서 "중세의 1년은 흑과 백의 사각 체스판을 닮아 있다. 즉 1년은 단식과 향연의 시기에 따라 상황이 결정되는데, 어떤 것이나 시간의 구별과 제한이 있고 그 중요성과 가치는 서로 독립된 것이었다. 그리고 단식과 향연의 정신적 피로를 달래기 위해서는 계절과 마찬가지로 서로 번갈아가며 이어지지 않으면 안 되었다." [004]라고 쓰고 있다.

단식은 1년에 걸쳐 행해졌지만, 그 시기는 아무렇게나 정해진 것이 아닌, 단식을 해야만 하는 때가 있었다. 예를 들어 사순절의 단식은 부활제라고 하는 축제에 앞서 실시된다. 기독교에는 이처럼 1년에 많은 축제일이 있었는데, 대부분의 단식일은 이것과 짝을 이루고 있다. 그중에서도 큰 축제일인 성탄절, 부활절, 성령 강림절 직전과 여기에 9월을 더한 연 4회의 단식일은 '사계절의 대제(大齋)'라고 불리며 특히 엄격한 규율이 적용되었다. 이외의 큰 축제에 맞춰 행해진 단식은 소제(小齋)라고 불리었는데 대제 정도는 아니었지만 역시 단식의 의무가 부과되었다.

이러한 단식에서는 그 기간이 끝나면 그것이 곧 축제의 시작이므로 고기를 먹느라 난리를 떠는 것이 일상이었다. 또한 사순절처럼 장기 단식에서는 그 직전에도 향연이 여러 차례 열리기도 했는데, 이것은 그 뒤에 이어질 힘들고 우울한 기간에 대한 심리적 준비의 역할이라고 할 수 있었다.

사순절 직전의 며칠간은 '사육제(카니발)'라고 부르는데 광란의 한때를 보내는, 현재까지도 이어져오고 있는 풍습으로 단식 제도가 없었다면 이 또한 생겨나지 않

이동 가마로 빵을 파는 행상인. 중세에는 귀족이나 부유층을 제외하고 개인이 가마를 갖고 있는 집이 드물었다. 서민은 영주의 집이나 전문 가마터에 반죽을 갖고 가서 돈을 내고 빵을 구웠다. 또는 그림과 같이 빵 행상인으로부터 구운 빵을 구입하기도 했다.

앉을 것이다. '마르디그라(살찐 화요일, 사순절이 시작되기 하루 전, 반드시 화요일이 됨_편집자 주)'와 '재의 수요일(사순절의 첫날_편집자 주)'이라고 불리는 극명한 이름의 대비에서도 사람들의 단식에 대한 각오와 체념이 묻어난다.

단식은 기독교 교리에서 생겨난 것이므로 계급의 구별 없이 모든 기독교인들에게 그 실행의 의무가 주어졌다. 서민들의 잔치는 기껏해야 많이 먹고 마시며 떠들고 노는 정도였지만, 왕을 시작으로 귀족계층 사이에서는 단식에서 해방된 것을 즐기는 것만이 아닌, 자기들의 권력을 과시하고 지배력을 높이기 위한 정치적 장치로 이용되기도 했다.

중세는 군웅할거(群雄割據, 여러 영웅이 각기 한 지방씩 차지하고 위세를 부림_편집자 주)의 시대였다. 권세가 있는 귀족이 영지와 성을 통치하고 군림했다. 안정된 지배를 하기 위해서는 무력만이 아닌, 신용 있는 인맥을 구축해 능력 있는 인사를 거느리고 규율 있는 정치를 할 필요성이 있었다.

그렇기 때문에 이러한 요구를 바탕으로 열리는 연회에도 일정한 규율에 따라 양식화된 스타일이 도입되어야만 했다. 이렇게 지배층의 연회는 자연스레 의례적으로 흘러갔다. 참석자의 앉는 순서나 요리가 차려지는 방식, 여기에 식사 매너가 중요한 요소가 되었으며 이것이 시대를 거치면서 다듬어졌고 정식화되었다.

연회에 초대받은 참석자의 매너에 관해 오딜 르동Odile Redon 등이 펴낸 『중세의 가스트로노미 La Gastronomie au Moyen Age(1991)』에는 조바니 벨칸비가 저술한 재미있는 에피소드가 소개되어 있다.

"『신곡』으로 유명한 단테가 나폴리 왕궁에 초대되어 로베르트 왕과 식사를 하고 있을 때의 일이다. 옷차림에 전혀 관심이 없던 단테는 가벼운 복장을 하고 저녁식사에 참석했다. 그 옷차림을 보고 연회 담당 신하가 마련한 것은 끝자리의 좌석이었다. 허기가 졌던 단테는 대충 챙겨먹은 다음 바로 자리에서 일어나 집에 돌아가 버렸다. 위대한 문학가에 무례를 범한 것을 알게 된 로베르트 왕은 곧바로 사자(使者)를 보내 다시 단테를 연회에 초대했다. 이번에는 단테도 연회에 어울리는 말끔한 복장으로 참석했다. 그러자 단테에게 주어진 좌석은 최상급의 장소, 즉 로베르트 왕의 옆 좌석이었다. 그리고 식사가 시작되자 단테는 와인이나 소스, 고기의 비곗살 등을 자신의 윗옷에 쏟아부었다. 이 행동에 놀란 로베르트 왕은 단테에게 왜 이런 행동을 하느냐고 물었다. 그러자 단테는 새치름한 얼굴로 이렇게 대답했다.

'각하, 제가 처음 왔을 때는 테이블 구석에 자리를 내주더군요. 그것은 제 옷차림이 남루했기 때문입니다. 다음에 제대로 챙겨 입고 왔을 때는 좋은 좌석에 안내되었습니다. 제 자신은 동일 인물임에도 불구하고 말입니다. 즉, 여러분들이 경의를 표하고 있는 것은 제 자신이 아닌 제가 입고 있는 옷이 되겠죠. 그러니까 저는 그 경의에 어울리는 제 옷에 이렇게 음식을 대접하고 있는 것입니다.'" 005

III 프랑스 식(食)의 르네상스

1

　중세의 대향연이 권력을 과시하는 데 이용되었다는 측면은 앙트르메의 융성을 봐도 알 수 있다.
　현재 '앙트르메Entremets'라는 용어는 대체적으로 큰 케이크에 사용되고 있으나, 본래는 문자 그대로 '메met(=요리)'에 '들어가기entre' 위한 특별한 흥취를 가리키는 단어였다. 중세의 연회는 장시간에 걸쳐 요리가 끝도 없이 나왔고 초대된 손님은 이것을 계속 먹어치우는 매우 단순한 것이었다. 하나의 요리가 끝나고 다음 요리가 나올 때까지 손님이 질릴 정도로 기다려야 하는 경우도 적지 않았고, 그 시간적인 공백을 메우면서 손님을 싫증나지 않게 하기 위해 연회 담당자는 갖가지 공연을 준비했다. 그것이 바로 앙트르메의 시작이다.
　요리 중간에 악사가 음악을 연주하거나 여흥을 돋우는 것은 로마 시대에도 존재했다. 그러나 중세의 앙트르메가 로마 시대와 다른 것은, 특히 권력 있는 귀족이 개최하는 대규모의 연회에서 참석자들의 눈을 즐겁게 하는 것에 무엇보다 중점을 두었다는 것이다. 시대가 흐르면서 점점 그 경향은 더욱 심해졌고 급기야 초대 손님을 놀라게 하는 앙트르메도 등장했다. 어느 연회에서는 '백조의 기사전설'을 테마로 한 앙트르메가 손님들 몰래 준비되었다. 메인 식탁이 가득 찰 정도로 준비된 앙트르메의 중앙에는 백조를 안고 있는 기사가 천연덕스럽게 놓여져 있었다. 식사가 진행되면서 천을 덮어쓰고 테이블 밑에 숨어 있던 가정부들이 손과 발을 사용해 열심히 기사를 움직였다. 이렇게 과장된 앙트르메는 근대에 와서 철폐되기는 했지만 그 잔재는 테이블을 거하게 장식하는 장식과자로 전수되어 앙토넹 카렘의 화려한 피에스몽테로 이어졌다는 것을 명심해둘 필요가 있다.
　프랑스에서 중세의 요리 세계가 후세에 영향을 끼친 또 다른 한 가지 큰 사건은 요리서의 등장이다.

　로마 시대의 아피키우스처럼 그때까지 레시피책이 없었던 것은 아니다. 그러나 요리를 체계적으로, 또한 요리사를 육성하기 위한 의도로 편찬된 책은 14세기 후반까지 존재하지 않았다.

　이러한 요리책의 효시라고 할 수 있는 것이 타이유방Taillevent으로 알려진 기욤 티렐Guillaume Tirel이 썼다는 『고기 담당 요리사Le Viandier(1390년경)』이다. '썼다는'이라고 표현한 것은 실은 『고기 담당 요리사』의 저자가 티렐이라고 하는 명확한 증거가 없기 때문인데, 티렐은 발루아 왕조의 필립 6세나 샤를 5세 등의 요리사를 지낸 궁정요리사로, 저자라고 하지 않더라도 적어도 어떤 형태든지 이 책에 관련되어 있을 것으로 여겨진다. 1390년이라고 하면 아직 구텐베르그에 의해 활판인쇄기가 발명되기 전으로, 당연히 『고기 담당 요리사』도 손으로 직접 쓰인 책이었다.

　이 책의 출현은 요리기술의 전달이라고 하는 측면에서 상당히 획기적인 일이었다. 또한 요리사의 이름을 후세에 남기는 시초가 되는 사례였다. 게다가 궁정요리사의 존재도 티렐 이후, 요리사(史)의 최전선으로 화려하게 장식하게 된다.

　『고기 담당 요리사』는 레시피를 매우 간단하게 게재했고 여기에 얼마간의 설명만을 첨가한 것으로 요리의 종류도 적었고 재료의 분량도 없는 등 요리서로서는 상당히 엉성한 것이었다.

　하지만 이 책이 당시의 귀족사회에 호의적으로 받아들여졌다고 하는 것은 복사본이 여러 권 만들어졌고, 실제로 바다 건너 영국에서도 이것에 대적할 만한 『폼 오브 커리Forme of Cury(1390년경)』라고 하는 요리서가 나온 것만으로도 충분히 알 수 있다.

　『고기 담당 요리사』나 『폼 오브 커리』의 레시피에서 당시 어떤 요리가 만들어졌는지 알 수는 있지만 그것이 어떤 맛이었는지, 또는 어떤 식으로 제공되었는지는 알 길이 없다.

  맛에 관해서는 식재료가 지금과 상당히 다르고 사람들의 미각이나 기호도 달랐다고 여겨지므로 아마도 현대의 우리들이 상상력을 발휘하기에는 한계가 있을 것이다.

  그러나 어떻게 먹었는지에 관해서는 프랑스에 매우 상태가 좋은(또 다른) 책이 남겨져 있다.

2

  『르 메나지에르 드 파리Le Mesnagier de Paris(1393년경)』는 파리의 부유한 중노인 한 사람이 나이 어린 신부를 맞이하면서 가사 전반에 관한 마음가짐과 처세술을 가르치기 위해 쓴 가사지침서이다. 이 중에 음식에 관련된 내용이 상당한 분량으로 실려 있다. 그 내용도 시장에서 식재료를 사는 법을 시작으로 조리에 관련된 일반적인 지식, 기본 레시피와 요리법, 어류의 날과 육류의 날(단식일과 그 외의 날)의 요리, 병든 사람을 위한 수프를 만드는 방법에 이르기까지 실로 꼼꼼하게 기록되어 있다.

  이러한 책은 대체 어떤 시대적 배경으로 생겨나게 되었을까? 적어도 『르 메나지에르 드 파리』의 작가는 왕도 귀족도 아닌 일반시민이다. 이것은 결국 이 시대에 이미 특권적 계급 이외의 계층까지 '음식에 신경을 쓰는' 개념이 확산되어 있었다는 것을 나타내는데, 중세 봉건사회에서 어떻게 이런 일이 가능했던 것일까?

  이것을 명백하게 풀기에 앞서 14세기에서 15세기에 걸쳐 이탈리아에서 번성했던 큰 문화적 조류인 르네상스에 대해 살펴보자.

  르네상스의 무대는 기본적으로 이탈리아였다. 당연히 이것은 주변 국가들에게도 크고 작은 영향을 미쳤다. 당시 아직 문화적으로 후진국이었던 프랑스에서도 이 새로운 바람을 불어넣고자 다양한 움직임을 보였다. 특히 상류계급에서는 일상생활의 다양한 분야에 르네상스의 영향이 조금씩 스며들었다.

이러한 조류는 문화의 한 분야를 차지하던 '식(食)'에도 밀려왔다. 전형적인 예로 자주 인용되는 것이, 1533년 카트린 드 메디치와 앙리 왕자(후에 프랑스 왕 앙리 2세)의 결혼에 의해 프랑스 요리가 발전하게 된 에피소드이다. 카트린은 시집을 오면서 많은 요리사와 파티시에를 데려왔다. 그들은 르네상스의 조류에서 배양된 가장 최신의 요리와 식재료를 가져왔다. 그 요리를 맛본 프랑스의 궁정인들은 세련된 맛에 감탄하며 중세의 촌스러운 프랑스 요리를 버리고 새로운 옷을 기쁘게 몸에 걸쳤다. 그리고 그것이 널리 보급되면서 프랑스 요리의 혁명을 가져왔다.

이것은 지금도 많은 사람들이 믿고 있는 프랑스 요리사(史)의 유명한 이야기이지만, 프랑스 요리역사 연구가인 바바라 휘턴Barbara Wheaton은 "실제로는 거짓이다."라고 말한다. 그 증거로 그녀는 두 가지 사실을 내세운다. 하나는, "프랑스에서 오트 퀴진 Haute cuisine(고급 요리)이 탄생한 것은 17세기이며 또한 그곳에서 이탈리아의 영향은 거의 발견할 수 없었다."라는 것과 또 다른 하나는, "16세기 전반에 카트린의 요리사가 프랑스 요리의 발전에 공헌했다는 증거가 전혀 없다. 16세기 프랑스 요리는 매우 보수적이었고 전체적으로 중세의 전통이 그대로 남아 있는 것이었다." 006 라고 한다.

그러나 카트린이 프랑스의 식문화에 대해 어떤 공헌도 하지 않았다는 것은 아니다. 그것은 휘턴도 인정하고 있다. 단, 그것은 요리 자체가 아니라 먹는 방법에 대한 공헌이었다. 카트린이 프랑스 궁정에 대해 영향력을 가지게 된 것은 실제로 남편인 앙리 2세가 사고로 죽게 된 1559년 이후이다. 그녀는 어린 자식들을 대신한 섭정으로 권력을 휘둘렀고 그녀의 기호에 맞는 화려한 연회를 개최했다.

카트린의 요리사들이 프랑스 요리에 새로운 바람을 불어넣은 것은 아니라 해도 그녀가 개최한 연회가 앙시앙 레짐Ancien regime(프랑스 혁명 이전의 구체제_편집자 주)의 식탁을 세련되게 발전시키는 데 일조했다는 것은 의심할 여지가 없는 사실이다.

여기서 『르 메나지에르 드 파리』로 되돌아가 보자.

이 실용서의 저자는 일반 시민이었다. 그러나 물론 농민이나 기술자는 아니었다. 막대한 재력을 가진 재력가였다.

중세도 후반에 들어 사회의 경제현황이 서서히 변화되어간다. 인구가 급증하고 육로나 바닷길을 통한 무역이 활발해지면서 자연히 상업 활동이 활발해지고 그 결과 일반 시민 중 사업수단을 발휘해서 부를 축적하는 사람들이 나타났다. 이러한 중세에 재력을 가진 신흥세력의 등장에 입각, 중세 요리의 흐름에 대해 일본의 모리모토 히데오(森本 英夫)는 그의 저서 『중세 프랑스의 식(食)』 중에서 『르 메나지에르 드 파리의 식단을 읽다』라는 장(章)에 다음과 같이 분석하고 있다.

"분명 프랑스 요리의 역사적인 발전의 흐름을 생각하면, 프랑스 요리에서 귀족성을 없애는 것은 불가능할 것이다. 이것은 어디까지나 귀족의 문화로 봐야 하는 측면을 가지고 있기 때문이다. 귀족 자신의 힘을 과시하기 위해 개최한 연회나 축연이 요리나 예법 발전에 크게 공헌해온 것은 부정할 수 없다. 그러나 경제가 많이 발전했고 일부 도시민이 경제적으로 귀족과 대등, 아니 그들을 뛰어 넘는 재력을 축척하는 시기가 왔다고는 하지만 이 도시민과 귀족 사이에는 친척관계 이외에는 메울 수 없는 사회신분상의 깊은 골이 있었던 것도 사실이다. 도시민에게 있어 귀족과 대등하거나 그 이상의 우위에 설 수 있는 수단의 하나가 경제력을 이용한 사치였다." [009]

앙시앙 레짐 하에서 프랑스 요리는 변함없이 중세의 영향을 받고 있었다. 카트린 드 메디시스가 귀족의 연회를 한층 세련되게 만든 것은 확실하지만 『고기 담당 요리사』 이외에는 요리책다운 요리책이 없었다. 그러나 이러한 상황에서도 요리를 둘러싼 환경은 조금씩 변화할 조짐을 보이고 있었다.

귀족에 맞설 경제력을 가진 새로운 계층이 등장하고 귀족의 풍습을 따라 하기 좋아하면서 이것은 당연히 식생활 분야에도 영향을 끼쳤다.

궁정이나 귀족에 의한 연회가 느리지만 조금씩 착실하게 세련된 모양으로 발전해가는 한편, 이와 나란히 새로운 부유계층에 의한 사치가 식(食)에 응집되어 그 욕구가 급속히 높아지게 되었다. 그 부유층이야말로 부르주아Bourgeois(성직자와 귀족에 대하여 제3계급을 형성한 중산 계급의 시민_편집자 주)이다.

식(食)에 대한 사치는 이미 귀족의 특권이 아닌, 귀족과 부르주아가 서로 뒤엉켜 그 쾌락을 음미하고 즐기는 것으로 방향을 전환한 것이다.

바야흐로 가스트로노미의 탄생은 바로 그곳에 있었다.

Ⅳ. 가스트로노미의 선구자들

1

17세기에 들어서면서 프랑스 요리 세계에 큰 변화가 일어난다.

그 변화의 배경에는 새로운 시대에 어울리는 새로운 발상과 기술을 가진 수많은 요리사들의 존재가 있었다. 『고기 담당 요리사』를 썼다고 알려진 기욤 티렐, 일명 타이유방은 확실히 새로운 시대의 효시라고 할 수 있는 인물이지만, 그가 이 책에 관여한 이유는 자신의 의지라기보다는 실은 그를 고용하고 있던 주인의 의향을 반영한 것이라 여겨진다. 즉 궁정이 타이유방과 『고기 담당 요리사』를 필요로 했던 것이다. 과연 무엇 때문이었을까?

궁정이나 또는 지방을 다스리는 귀족들이 자신들의 권세를 과시하는 수단의 하나로 호화롭고 사치스러운 연회를 활용했다는 것은 앞서 설명한 바 있다. 그 연회에서 요리는 으레 따르게 마련인 것이었다. 아니, 요리 그 자체가 연회의 성공과 실패를 결정짓는 가장 본질적인 요소였다고 해도 지나치지 않을 것이다. 아무리 눈부시고 화려하게 연출된 연회라 할지라도 가장 중요한 요리가 변변치 못하다면 그것은 분명 손님들의 흥을 깨는 것과 마찬가지일 것이다. 지배를 강화하기 위한 수단으로써의 기능을 제대로 발휘하지 못하게 되는 것이다.

    그렇기 때문에 손님들을 충분히 만족시키는 요리를 준비하는 것은 주인에게나 군주에게나 무엇보다 중요했다. 그것을 위해 가장 필요한 것은 바로 요리를 만드는 요리사였다. 그것도 단순히 요리 기술만 숙련된 자가 아닌, 손님들의 멤버 구성이나 숫자를 살펴가며 메뉴를 정하고 재료를 조달, 다른 요리사들을 동원해서 지시하고 실수 없이 완벽하게 식탁을 차리는 것이 가능한, 문자 그대로 총감독이라고 할 수 있는 요리사가 필요했다. 연회에 있어 연출가이면서 지휘관으로서의 역할을 담당하는 요리사를 메트르 도텔 Maître d'hôtel이라고 불렀다. 뛰어난 재능을 가진 메트르 도텔을 거느리고 있다는 것은 연회를 주최하는 군주들의 사회적 지위와 직접적인 연관이 있었다.

    이것이 샤를 5세 시대의 지배자들이 타이유방을 거느린 이유이며, 또한 그에게 『고기 담당 요리사』를 집필하게 한 이유이다. '이렇게 대단한 요리서를 저술한 요리사가 나에게 고용되어 있다.'라고 하는 것은 그 시대의 지배층에게 있어 자신을 과시할 수 있는 가장 큰 선전인 셈이었다.

    이러한 경향은 15세기부터 16세기를 거쳐 17세기까지 지속적으로 이어졌다.

    뛰어난 메트르 도텔은 그를 고용한 귀족들에게 있어 귀중한 자산이었다. 그 시대 요리사의 신분은 일반적으로 직인(職人)과 동일하게 높지 않았다. 그러나 권력 있는 귀족에게 고용된 일류 메트르 도텔은 신분적으로도 후한 대접을 받았다. 그중에는 귀족에게만 허락되는 '검을 소지하는' 특권을 가진 요리사도 있을 정도였다.

    이러한 초기의 메트르 도텔 중에서 특히 그 이름이 널리 알려진 요리사가 바로 프랑수아 바텔François Vatel이다. 그러나 바텔의 이름이 후세까지 전해지게 된 것은 그의 요리에 대한 공적 때문이 아니다. '장렬하다'고 표현할 수 있는 그의 최후가 사람들의 가슴에 바텔이라는 이름을 오래도록 남게 했다.

루이 14세의 통치하에서 가장 큰 세력을 거머쥔 정치가 니콜라 푸케Nicolas Fouquet. 그의 요리사로 귀족사회에서 이미 유명했던 바텔은 푸케의 실각과 함께 콩데 공(公) 밑으로 자리를 옮기게 되고, 평소 공이 거처하던 샹티이성Chateau de Chantilly의 메트르 도텔로 능력을 발휘하고 있었다.

1671년 4월, 루이 14세는 많은 신하와 귀족들을 거느리고 샹티이성을 방문한다. 콩데 공은 당연히 왕과 그의 무리를 대접하기 위해 대연회를 개최할 채비를 했고, 그 일부를 바텔에게 맡기게 된다. 비극은 그 연회를 배경으로 일어났다.

사건이 상세하게 오늘날까지 전해지는 것은 세비녜 Sévigné 부인이 그녀의 며느리에게 보낸 두 통의 편지에 사건 내용의 일부가 쓰여 있었기 때문이다. 부인은 당시의 연회에 참석했던 친구로부터 전해 들은 이야기를 소개하고 있다.

"1671년 4월 24일. 금요일 저녁 무렵. 드 라 로슈프코 씨 저택에서.

이곳을 방문했을 때 알게 된 사실을 당신은 어떻게 생각할까요. 나는 아직 몸을 제대로 가누지 못하고 있습니다. 어떻게 전해야 할지도 잘 모르겠어요. 바텔, 위대한 바텔. 푸케 씨의 메트르 도텔로 미각에 관한 한 누구보다도 뛰어났고 빛났던, 그의 능력은 일국의 통치자에 필적할 만했던 그 분. 내가 아는 그 분이 자신이 요리를 맡고 있는 연회에 필요한 생선이 제시간에 도착하지 않자 이렇게 불명예스러운 일은 없다고 하면서 그가 가지고 있던 칼로 가슴을 찌르고 말았어요."

"1671년 4월 26일. 일요일. 파리.

바로 조금 전, 샹티이성을 방문했던 몰리유로부터 가엾은 바텔의 일을 들었습니다. 그가 자살했다는 것은 금요일에 썼었지요. 목요일 저녁에 도착한 왕을 위해 저녁식사를 준비하게 되었습니다. 그러나 바텔이 준비했던 저녁식사는 손님의 수가 예상 외로 많았던 까닭에 두 개의 테이블에 로스트비프가 부족하게 되었답니다.

'이 무슨 불명예스러운 일인가. 나는 이렇게 치욕적인 일은 견딜 수 없어!'

바텔은 몇 번이나 이런 이야기를 했다고 하네요. 그는 콩데 공의 의전 담당관이었던 구르빌에게 말했어요.

'머리가 이상해질 것 같아요. 벌써 12일간 한숨도 자지 못했어요.'

구르빌은 콩테 공에게 그 일을 전했고, 공은 바텔의 방을 직접 찾아가 이렇게 그를 달랬습니다.

'바텔, 모든 것이 완벽하게 진행되고 있다네. 전하의 식사는 이것 이상으로 훌륭할 수는 없을 거야.'

한밤중이 되었고 날씨 탓에 불꽃놀이가 실패하고 말았어요. 이 불꽃놀이에는 1만 6천 프랑이나 들었다고 하더군요.

오전 4시. 바텔이 모두가 잠들어 조용해진 성을 걷고 있을 때, 한 명의 심부름꾼이 왔죠. 그 남자는 생선이 든 바구니를 겨우 두 개만 들고 있었어요.

'아니 이럴수가…….' 바텔은 울부짖었죠.

'정말 이것뿐인가?'

'그렇습니다.'라고 그 남자는 대답했습니다. 바텔은 그곳에 서서 기다려봤지만 심부름꾼은 다시 오지 않았습니다. 더 이상 생선을 손에 넣을 수 없다고 생각한 그는 구르빌에게로 가서 '저는 이렇게 모욕적인 일을 당하고는 더는 살 수 없습니다.'라고 고했습니다. 구르빌은 그를 달래기 위해 웃음을 지었지만 바텔은 즉시 자신의 방으로 돌아가 문에 칼자루를 고정시키고 그곳에 자신의 가슴을 찔러 넣었습니다. 바로 그때 생선을 가득 실은 마차가 도착했습니다." [008]

2

바텔의 죽음은 가스트로노미의 형성에 있어 어떤 의미를 가지는 것일까?

그는 세비녜 부인도 편지에서 극찬한 것처럼 분명 뛰어난 요리사였으며 메트르 도텔이었다. 그러나 그의 요리에 관해서는 어떤 것도 알 수 없다. 기록이 전혀 남아 있지 않기 때문이다. 바텔은 요리서를 남기지 않았다. 세비녜 부인의 편지집이 출판되지 않았다면 바텔의 이름이 후세에 전해지는 일도 아마 없지 않았을까 싶다.

중요한 것은 바텔이 명예를 위해 죽음을 택했다는 것이다. 궁정이나 귀족들은 자신들의 권력을 강화하기 위한 수단으로 화려한 연회를 활용했고, 그것을 실수 없이 준비하는 능력 있는 요리사를 우대했다. 또한 요리사들도 이러한 주인에게 충성할 수 있는 것을 영예로 생각했고 메트르 도텔로서 연회의 일부를 책임지는 것을 자긍심으로 여기며 임했다.

그렇기 때문에 그 임무를 다하지 못했을 경우 부담 역시 높은 자긍심만큼이나 컸음에 틀림없다. 바텔의 죽음은 중세의 기사를 연상시킨다. 아마 바텔 자신도 자신을 요리사라기보다는, 자신이 충성을 다하는 주인을 위해 목숨을 거는 기사라고 생각한 것은 아닐까? 영예의 증거인 검을 자해의 수단으로 고른 것이 그것을 상징적으로 표현하고 있다.

그리고 이것이 바텔이 프랑스 요리사에 찬란하게 빛나고 있는 이유이다.

바텔이 활약한 17세기는 가스트로노미와 밀접한 관련이 있는 오트 퀴진 Haute Cuisine(고급 요리)의 씨앗이 뿌려진 시대이다.

중세부터 발전한 요리는 17세기에 들어서면서 두 가지 관점에서 큰 전환점을 맞게 된다.

하나는 바텔처럼 요리사 자신의 의식 변화이다. 타이유방의 시대에는 궁정요리사라고 하더라도 주인과는 절대복종의 관계였으며 요리에 대한 자세 역시도 수동적이었다. 바텔은 콩데 공의 위로에도 귀를 기울이지 않고 중요한 연회를 남겨두고 죽음을 택했다. 그의 너무도 강한 자기주장은 타이유방에게는 상상조차 하기 힘든 일이었을 것이다. 사실 세비녜 공작부인은 편지에서 "그의 만용에 대해 어떤 이들은 비난하고 또 어떤 이들은 칭찬했다." [008]라고 쓰고 있다.

그리고 또 다른 하나는 새로운 요리기술의 도입과 부연(敷衍)이다.

바텔의 자살 20년 전인 1651년, 프랑스에서 한 권의 요리서가 출판된다. 책이름은 『프랑스 요리사 Le Cuisinier François』, 저자는 프랑수아 피에르 François Pierre, 일명 라 바렌 La Varenne이다.

라 바렌은 뒥셀 Duxelles 공작의 조리담당 Ecuyer de cuisine으로서 궁정요리사 중 한 명이었는데, 그가 『프랑스 요리사』를 집필한 것은 주인의 지시가 아닌, 자기 자신의 의지에 의한 것이었다. 자신이 그 시대의 유행을 이끌어가는 요리사라는 긍지, 여기에 그것을 세상에 널리 알리고 싶다는 자기표현의 의지가 라 바렌으로 하여금 펜을 들게 한 것이다.

스티븐 메넬 Stephen Mennell은 『모든 양식의 음식 All Manners of Food (1985)』에서 라 바렌의 『프랑스 요리사』의 새로움에 관해 "『프랑스 요리사』는 중세 음식과의 확실한 단절과 근세 프랑스 요리의 분명한 실마리라고 하는 두 가지 요소를 처음으로 제시한 책으로 널리 알려져 있다." 009라고 말하고 있다.

『프랑스 요리사』의 내용은 어딘가 중세 요리와는 달랐을 것이다. 그리고 어딘가 새로웠을 것이다.

프랑스 요리역사 연구가인 바바라 휘턴 Barbara Wheaton은 그의 저서 『과거를 맛보다 Savoring the Past (1983)』에서 "그런 조짐을 볼 수 있다."라고 쓰고 있다. 『프랑스 요리사』의 첫머리에 실린 라 바렌이 뒥셀 공작에게 바치는 글을 보자.

"저는 각하를 모시고 있던 지난 10년간 먹는 것을 섬세하고 풍부하게 만드는 비결을 발견했습니다. 그리고 긴 세월 동안 각하 밑에서 수행을 통해 쌓은 것들을 글로 응집, 각하의 조리담당자로서 부끄럽지 않은 책을 집필하게 되었습니다." 010

이 책에 게재된 레시피는 메넬이나 휘턴도 말하듯이 중세의 흔적을 적잖이 남기고 있다. 그럼에도 불구하고 그 속에서 근세 요리에 대한 싹을 인정하고 있는 것도 사실이다. 그 전형이 부이용 Bouillon의 설명에 나타난다.

라 바렌은 중세와 마찬가지로 사회의 풍습에 따라 '보통의 날'과 '단식일'을 위한 두 종류의 부이용을 준비하는데, 이것을 리에종Liaison이나 파르스Farce, 허브 등과 조합하여 풍부한 종류의 소스나 다른 요리의 베이스로 만들었다(2).

조리가 끝난 기본 요리를 보관해두었다가 필요할 때마다 분량만큼을 꺼내 그것을 조합해가며 풍부하고 다양한 요리를 만들어내는 방식은 요리 세계의 조직화와 간소화라고 하는 두 가지 혁신을 가져왔다. 그리고 라 바렌 이후의 17세기 요리사들은 이 새로운 경향을 자신들의 가치를 높이는 명확한 의도와 자존심이라고 여기며 '누벨 퀴진Nouvelle cuisine(새로운 요리)'이라고 불렀다.

V. 오트 퀴진의 발전

1

라 바렌의 누벨 퀴진은 순식간에 동시대의 요리계를 점령했다. 물론 이 새로운 요리 시스템은 라 바렌이 독자적으로 만들어낸 것은 아니다. 아마도 그에 앞서 수많은 궁정요리사들의 실제 경험에서 고안된 생각들이 조금씩 쌓여 형성되었을 것이다. 라 바렌의 공적은 이 쌓인 것들을 책이라고 하는 형태로 묶어 세상에 선보인 점이다. 그리고 그 실현에 한층 더 큰 기여를 한 것이 인쇄술의 발전이다.

15세기 중반에 구텐베르그에 의해 발명된 활판인쇄술은 17세기에는 완전히 사회적으로 빼놓을 수 없는 기술로 정착됐다. 중세에 손으로 쓰인 책으로 세상에 나왔던 『고기 담당 요리사』와 같은 요리서도 이윽고 인쇄된 서적으로 출판되자 몇 번이나 판(版)을 거듭하며 많은 부수가 넓은 지역으로 퍼져나가 수많은 사람들에게

---

(2) 부이용이라는 것은 고기를 삶아 우려낸 육수로 여러 종류의 크림스프나 소스에 기본으로 사용된다. 리에종은 소스의 농도를 맞출 때 사용하는 재료로 예전에는 빵가루가 사용되었다. 파르스는 파테 등의 속을 채우는 속재료이다.

소개되는 계기가 되었다.

처음부터 인쇄를 전제로 하여 쓴 『프랑스 요리사』는 뒤셀 공작에게 바치기 위해 쓰인 것으로, 원래 특정 독자들을 위해 출판을 의도한 것은 아니었다. 사실 이 서적은 초판 발행 이후 여러 차례의 재판(再版)을 통해 현대에서 일컫는 '베스트셀러'라고 불릴 정도의 인기를 얻었다.

라 바렌의 성공은 곧이어 수많은 추종자들을 낳았다. 단순히 흉내내는 것에 지나지 않는 책들이 여기저기서 출현하는가 하면, 라 바렌이 제창한 누벨 퀴진을 한층 뛰어넘는 시각과 기술이 더해져 그 발달사에 새로운 페이지를 장식하며 누벨 퀴진의 발전에 기여한 요리서도 있었다.

1656년 출판된 피에르 드 륀Pierre de Lune의 『요리사Cuisinier』 후반에는 달걀 요리나 샐러드, 파트Pate(밀가루로 만든 반죽_편집자 주), 잼 등의 조리법이 기재되어 있는데, 이것은 퀴진Cuisine(부엌)이 아닌 오피스Office라 불리는 배선실에서 만들어지는 것으로, 이때부터 퀴진과 오피스의 역할분담이 명확해진 것을 알 수 있다. 이것도 누벨 퀴진의 특성 중 하나인 조직화의 한 예이다.

L.S.R이라고 하는 수수께끼의 저자에 의해 1674년 발행된 『뛰어난 향응술L'Art de Bien Traiter』은 어떤 의미에서는 대단히 도전적인 요리서였다. 메넬의 말을 빌자면, "L.S.R은 책의 머리말에서 '오래된 저자'의 요리 방법, 급식 방법이 예스럽고 세련되지 못하다고 비난하며, 새로운 방법이 뛰어나다고 선언했다." 009는 것이다. 주목해야 할 것은 여기서 L.S.R이 '오래된 저자'라고 언급한 것이 타이유방 등의 중세 요리사가 아닌, 정확하게 라 바렌을 지칭하고 있다는 것이다. 이 야심찬 저자는 라 바렌의 이름을 들어 "어리석고 혐오스러운 가르침'으로 '오랜 시간 동안 무지하고 배우지 못한 사람들을 기만해왔다.'라고 공격했다." 006 또 여기서 그치지 않고 그것을 다그치듯 『프랑스 요리사』에 게재된 레시피가 얼마나 어이없는 것인가에 대해 실제로 예를 들어 비난하고 있다.

앞선 시대 사람들의 공적을 비판함으로써 자신들의 이익을 얻으려고 하는 태도는 L.S.R.뿐만이 아닌 17세기 요리서의 저자들에게 공통적으로 나타나고 있다. 이러한 현상은 라 바렌의 『프랑스 요리사』에 의해 처음으로 공론화된 누벨 퀴진이 평가와 엄격한 비판에 노출되면서 짧은 시간에 더욱 새로운 방향으로 나아가게 되는 것을 의미한다. 『프랑스 요리사』의 등장에 의한 충격과 영향은 그만큼 대단한 것이었다.

2

1691년에 초판이 나온 프랑수아 마시알로François Massialot의 『궁중요리사와 부르주아 Le Cuisinier Royal et Bourgeois』도 이러한 흐름 중 하나였지만, 여기서 처음으로 부르주아Bourgeois(중세 유럽의 도시에서 성직자와 귀족에 대하여 제삼 계급을 형성한 중산 계급의 시민_편집자 주) 계급이 대상이 되었다는 것은 상당히 큰 의미가 있다.

3장 '프랑스 식(食)의 르네상스'의 마지막에서도 언급했듯이 중세 후기부터 프랑스 사회에서는 부르주아가 점차 세력을 얻기 시작한다. 부르주아는 앙시앙 레짐 Ancien regime (프랑스 혁명 이전의 구체제_편집자 주)에서 제1신분(성직자)도, 제2신분(귀족)도 아닌 제3신분에 속하는 층이었다. 농민이나 상인들과 신분이 동일해야만 하는 그들이 왜 귀족과 어깨를 나란히 할 정도의 힘을 가지게 된 것일까? 그것은 오로지 경제력이 만들어낸 결과였다. 14세기 이후 상업의 발전과 함께 자영상인들 중에서 막대한 부를 축척한 이들이 출현하게 된다. 이렇게 성공한 상인, 즉 대(大)부르주아라고 불리던 시민들은 귀족 신분은 돈으로 살 수 없었지만 귀족 행세를 하고 그들의 생활을 쫓으며 아낌없이 돈을 쏟아부었다. 화려한 저택과 그에 어울리는 살림살이, 옷차림 등 귀족처럼 보이기 위한 모든 요소에 탐욕스러웠다. 식탁에 관해서도 예외는 아니었다.

식탁은 귀족 취미를 가장 쉬운 형태로 모방할 수 있는 것 중 하나였다. 14세기

말『르 메나지에르 드 파리Le Mesnagier de Paris』의 저자가 '식(食)'에 집착한 이유가 바로 이 때문이다.

그 본보기가 된 귀족의 식탁은 17세기 중반에 이르러 중세의 낡은 스타일에서 벗어나 급속도로 다듬어지고 있었다. 부르주아층의 음식에 관한 의식도 함께 높아져 궁정 등 귀족의 영역에서 교육받아온 오트 퀴진, 즉 고급요리가 부르주아 사이에도 서서히 침투하기 시작했다.

마시알로의『궁중요리사와 부르주아의 요리사』는 종래의 귀족계급에 이러한 신흥세력인 부르주아까지를 타깃으로 하는 절묘한 타이밍에 출판되었다. 이 서적에는 누벨 퀴진을 발전시키는 조리법, 매너법이 더해져 당시까지의 라 바렌이나 L.S.R.의 책과는 구별되는 특징이 있었다.

첫머리에 '모범적인 식탁'이라는 제목의 장이 있는데, 여기서 마시알로는 많은 메뉴를 소개하고 있다. 초기의 판(版)에서는 각각의 메뉴에 실제 그 식탁이 차려졌던 궁정이름과 날짜, 장소가 기재되어 있으며 그 장소가 실로 다양하다. 또한 이 책에는 당시 궁정요리사의 요리서에 첨부되는 '헌사(저작물을 남에게 기증할 때 그 책에 쓰는 글_편집자 주)'가 없다.

이런 것들을 근거로 휘턴은 책에서 "마시알로는 특정인 밑에서 일했던 고용 요리사가 아니었을지도 모른다." 006 라고 추측하고 있다.

이 내용에 관해서는 흥미로운 설이 있다.

17~18세기에 걸쳐 연회를 주최하는 궁정이나 귀족의 요청에 따라 고액의 보수를 받고 요리 기술을 제공하는, 탁월한 능력을 지닌 '파리의 우수요리사 Les Meilleurs Cuisiniers de Paris'라고 불리는 프리랜스 집단이 존재했다는 것이다.

18세기의 일기(日記) 작가인 프랑수아 바르비에François Barbier는 그 수수께끼의 요리사 집단이 주방을 도맡아 관리하던 슈와지Choisy의 저택(루이 15세가 애첩 퐁파두르 부인과 만나기 위해 건축한 곳_편집자 주)에서의 만찬회 기록 중 외부에서 요리사를 고용하는 것에 대해 "이런 특별한 고용은 연회를 관리 감독할 사람도 없고 경비가 상당히 많이 든다."라는 것과 "왕을 비롯해 귀족들은 자신이 고용하고 있는 사람들을 통해 식사를 해야만 한다."라고 하는 두 가지 이유에서 이의를 제기한 후 "그렇지만 이것은 편의적으로 번거롭지 않은 방법이면서 게다가 고용 요리사의 실력이 뛰어나지 못한 반면 그들은 파리의 우수한 인재들이다." [011]라고 마지못해 덧붙여 인정하고 있다.

   휘턴은 마시알로 역시도 어쩌면 이 요리사 집단의 일원이었을지 모른다는 가능성을 시사하고 있다.

   어찌 되었든 간에 이렇게 영향력 있는 프리랜스 요리사가 17세기부터 18세기에 걸쳐 존재했다고 하는 것은 중세 이후 발달해온 길드 guild(수공업자나 상인들이 상호부조와 보호 및 직업상의 권익 증진을 위해 결성한 조합_편집자 주)의 구속력이 한계를 드러내기 시작함과 동시에 요리사의 독립성이 높아진 것을 의미한다. 특정 장소와 지위에 구속받지 않는 요리사에 의해 진화해가는 누벨 퀴진의 조류도 단시간에 널리 보급되었고 이것이 오트 퀴진, 즉 고급 요리의 발전에도 큰 역할을 하게 된다.

VI. 레스토랑의 출현과 가스트로노미의 탄생

1

18세기에 들어서도 요리의 혁신은 계속된다. 이 시기에 뛰어났던 요리사와 그의 저서로는 므농Menon의 『부르주아의 여자요리사 La Cuisinière Bourgeoise(1746)』, 프랑수아 마랭François Marin의 『코뮈의 혜택, 또는 요리예술Les Dons de Comus, ou L'Art de la cuisine (1739)』 등을 들 수 있으나, 그중에서도 특히 그 이름을 널리 알

(좌) 라 바렌의 『프랑스 요리사(Le Cuisinier François)』 속표지. 1651년 최초의 판(版). '뒥셀(Duxelles) 공작님의 조리담당자(Ecuyer de cuisine)'라고 쓰인 타이틀을 읽을 수 있다. (우) 라 샤펠의 『현대의 요리사』 제1권의 속표지. 1742년 발행된 제2판(版). 모두 5권으로 이루어져 있는데, 제5권 마지막에 마시알로를 비난하는 내용이 담겨 있다.

리고 저서 또한 인기를 얻은 것이 뱅상 라 샤펠Vincent la Chapelle의 『현대의 요리사Le Cuisinier Moderne(1735)』였다. 이 서적은 1735년에 영문판이 먼저 출간되었고, 2년 후에 프랑스어판이 발행되는 조금 다른 경로를 밟고 있다. 이는 그만큼 당시 유능한 인재의 활동 범위가 점차 넓어지고 있었다는 것을 말해준다.

라 샤펠은 꽤나 유명한 요리사였다. 그는 영국 등 외국에서의 경험도 풍부했고 다양한 나라, 다양한 귀족영주 아래에서 요리사로 일했다. 『현대의 요리사』의 영문판을 런던의 한 출판사에서 출판했을 때는 영국의 체스터필드 백작에게 고용되어 있었다. 머지않아 백작과 함께 네덜란드 하그로 건너갔고, 그곳에서 백작이 혼례를 성사시킨 오랑주 왕자에게 프랑스어판을 헌사했다.

라 샤펠의 행동 중 흥미로운 것은 『현대의 요리사』의 프랑스어판 제5권(1742)의 마지막 부분에 일부러 '궁정과 부르주아의 요리사'에 관한 주의서Remarques sur le Cuisinier Royal & Bourgeois'라는 페이지를 만들고, 마시알로의 서적에서 15종에 이르는 레시피를 옮겨 실으면서 각각에 신랄한 비판의 말들을 쏟아붓고 있다는 점이다. 예를 들어 '가토 로얄 Gâteau Royale'에 대해서 "도대체 왜 누아 드 보 앙 쉬프리즈에 가토 로얄이라는 이름을 붙인 것일까? 만드는 방법 또한 틀렸다." [012] 등의 방식으로 비난하고 있다.

라 샤펠은 마시알로에 대해 상당히 좋지 않은 감정을 가졌던 것으로 보이나, 사실 라 샤펠의 『현대의 요리사』에 게재되어 있는 레시피의 많은 부분이 마시알로의 『궁정과 부르주아의 요리사』에서 무단으로 사용한 것이기 때문에 실소를 자아낸다. 휘턴Wheaton과 메넬Mennell이 인용하고 있는 하이만 부부의 라 샤펠과 마시알로 레시피의 비교연구에 의하면, 최초의 영문판 『현대의 요리사』의 레시피 중 28%를 『궁정과 부르주아의 요리사』에서 표절한 것으로 드러났다.

그럼에도 불구하고 『현대의 요리사』의 인기가 높았던 것은 휘턴에 따르면 같은 책에 게재되어 있는 "고전적인 프랑스 요리의 레퍼토리의 대부분은 마시알로의 최신판과 비교해보면 낡게 보이며 뚜렷이 알 수 있는 모양으로 제시되어 있다." 006 는 것 때문이었다. 요리명이나 소재에 차이가 있어도 그 기법은 현대 요리와 통하는 것이 있다는 것이다.

므농의 『부르주아의 여자요리사』 역시 부르주아를 대상으로 한 점에서 새로운 시대를 선도했다고 볼 수 있으나 더욱 혁신적이었던 것은 요리서의 역사 가운데 처음으로 요리하는 여성을 대상으로 쓰였다는 것이다. 이 시대에는 프랑스는 물론 유럽 사회에서 직업상의 남녀차별이 심했고, 궁정 등의 대규모 조리장에서 여성이 메트르 도텔Maitre d'hotel(연회 등에서 여러 역할을 담당하는 요리사_편집자 주)과 같은 지위를 차지하는 것은 상상할 수도 없었기에 여성이 요리사로 활동할 수 있는 곳이라고 한다면 고작 부르주아 가정의 부엌과 같은 사적인 장소에 제한되어 있었다. 이러한 여자요리사를 주인공으로 한 므농의 저서는 요리세계의 신조류를 상징하는 획기적인 것이라고 할 수 있겠다.

이러한 누벨 퀴진Nouvelle cuisine(새로운 요리)의 급속한 발전이 많은 사람들에게 호의적으로 받아들여질 수 있었던 배경에는 요리에 국한되지 않고 건축이나 섬유 등 다양한 분야에서 기술혁신이 연이어 실현되던 18세기 특유의 사회적 현상이 있었고, 그에 따라 사람들의 생활에 대한 의식 역시도 필연적으로 변화해가고 있었다.

요리에 관해 이야기하자면, 의식의 변화를 표현하는 몇 개의 단어를 들 수 있다.

우선 '과학'. 1687년 뉴턴의 『프린키피아』의 간행은 유럽에 과학 시대의 도래를 알렸다. 역설이나 추측으로 이론을 세우는 것이 아닌, 관찰과 관측으로 현상이 일어나는 이유를 설명하는 뉴턴의 방법론은 후에 실증주의로 빛을 발하지만 그러한 학술적인 성과와는 별도로 과학을 예찬하는 과학만능주의라고도 할 수 있는 생각을 일반민중 사이에 유행시켰다. 당연한 일이지만 요리의 기술에 있어서도 과학을 도입하려는 시도가 많아졌다.

다음으로는 '건강'. 과학이 사람들의 마음속에 침투하자 생활이 넉넉한 유한(有閑)계급을 중심으로 자신의 신체를 '과학적으로' 관리하려는 경향이 나타났다. 그것과 동시에 지나칠 정도로 자기의식이 강해졌고 누구든 많든 적든 간에 건강상 문제가 있다고 생각하게 되었다. 또한 하루하루의 생활에 급급하지 않아도 되는 귀족이나 부르주아 중에서는 건강에 불안을 느낄 정도의 건강하지 않은 상태가 지적(知的)으로나 문화적으로나 진보적 현대인의 증표라고 하는 잘못된 생각을 가진 사람들이 적지 않았다. 라 샤펠이나 므농 등의 요리서에 '건강Sante'이라는 단어가 눈에 띄기 시작한 것은 그만큼 '건강에 좋은 요리'에 대한 욕구가 높아졌다는 것을 의미하고 있다.

마지막으로 '개인(個人)'. 18세기에는 계몽주의의 시대였다. 볼테르나 장자크 루소라는 이상가가 그들의 방대한 저서에 인간의 자유나 권리에 관해 논했고 사람들로부터 열광적인 지지를 받았다. 또한 디드로는 『백과전서Encyclopedie』를 출판해 그때까지의 귀족이나 대(大)부르주아 등 일부 상류계층의 전유물이었던 '지식'을 민중에게 풀어놓았다. 이러한 계몽운동은 점차 사회적으로 퍼져나갔고 프랑스 혁명의 이상적 기반을 닦는 데 일조하게 되는데, 그때까지의 앙시앙 레짐Ancien regime(프랑스 혁명 이전의 구체제_편집자 주) 체제에 얽매여 답답함을 느끼던 사람들에게 '개인'으로 돌아가는 회귀를 촉진시키는 계기가 되기도 한다. 이것은 '식(食)'의 영역에도 적용되었다. 식사 장소로 개인적인 공간을 추구하는 경향이 강해진 것이다.

머지않아 18세기 후반에 들어서자, 이 세 가지 키워드가 결합되어 새로운 요구에 의해 지금까지는 없었던 상업이 등장한다.

레스토랑이 바로 그것이다.

2

파리에 최초로 등장한 레스토랑에 관해서는 여러 설(說)이 있다.

옛 문헌에서는 프랑스 요리의 융성에 관해 논한 아브라함 하이워드Abraham Hayward의 1852년 저서 『식사의 예술 또는 가스트로노미와 가스트로노마The Art of Dining; or Gastronomy and Gastronomers』에서 다음과 같은 설을 소개하고 있다.

"파리에서의 최초의 레스토랑은 프리 가(街)의 '샹 도와조Champ d'Oiseau'로 1770년 영업을 시작했다."

이 저서는 1835년 잡지에 발표된 논술을 후에 단행본으로 엮은 것으로 레스토랑의 기원을 언급한 글로서는 가장 오래되었다고 할 수 있다.

약 150년 후에 이것과 동일한 설을 장 로베르 피트Jean Robert Pitte가 『프랑스의 가스트로노미Gastronomie Francaise(1991)』에서 소개하고 있다.

"1765년 루브르 궁전 근처의 프리 가에서 샹 도와조라고 불리는 한 블랑제blulanger(제빵업자)가 '위에 부담을 느끼는·모든 이들이여, 내게로 오라. 나, 그대들을 낫게 할 것이다.'라는 라틴어로 쓰인 간판을 내걸고 '레스토랑'이라고 이름 붙인 수프와 일인분의 양(羊)의 종아리고기 화이트 소스 조림을 제공했다." 014

피트는 이것에 덧붙여 그(샹 도와조)는 이 장사 때문에 트레퇴르Traiteur(출장 요리, 또는 그 요리사 _편집자 주_)들로부터 고소당했지만 승소하여 새로운 상업의 빛을 발했다고 하는 메넬의 저서를 인용하고 있다. 한편 휘턴은 『과거를 맛보다』에서 레스토랑의 기원에 관해 "18세기 파리에서 푹 익힌 고기 요리는 트레퇴르의 대표적인 전유물이었다. 1765년, 블랑제라고 하는, 트레퇴르가 아닌 인물이 자기소유의 건물에서 일반 대중을 상대로 '레스토랑'을 유료로 제공하는 장사를 시작해 트레퇴르의 기득권을 침범하기 시작했다."라고 쓰고 있으며 피트의 기록과는 차이를 보이고 있다.

이와 비슷한 논술은 레스토랑의 기원을 다룬 동서고금의 많은 서적에서 찾을 수 있다. 서적에 따라 연대가 1865년이거나 1867년이거나 1770년 등이고 장소 또한 프리 가였다가 바이욜 가였다가, 재판에 대해서도 블랑제의 승소였다가, 패소였다는 등 그 기록은 제각각이다. 기술은 일치하지 않지만 적어도 기본적인 사항은 공통된 것처럼 보인다. 하지만 가게 이름(또는 주인 이름)이나 장소, 설립연도, 재판 결과는 본래 동일해야 하는 사항임에도 불구하고 이렇게 다르다는 것은 반대로 확실한 근거가 되는 1차 자료가 존재하지 않는다는 것을 의미한다. 결국, 블랑제이든 샹 도와조이든 그런 어중간한 인물들에게 '레스토랑의 창시자'라고 하는 명예를 안겨주어도 될 것인가 하는 것이 의문으로 남겨질 수밖에 없다.

레베카 스팽Rebecca Spang이 최근 몇 년간의 연구에서 이 의문에 명확한 해답을 주고 있다. 스팽의 저서 『레스토랑의 창조The Invention of the Restaurant(2000)』는 이름 그대로 레스토랑의 탄생과 발전을 타깃으로 풍부한 자료와 세밀한 조사에 근거해 지금까지 대부분 확실치 않았던 사실을 내세우며 치밀한 논증을 덧붙이고 있다. 한마디로 레스토랑 연구의 결정판이라고 할 수 있다.

스팽은 우선 블랑제의 재판 1건에 관해 재판의 배경이 되는 트레퇴르와 레스토라퇴르Restaurateur(레스토랑 경영자) 길드 간의 싸움에 초점을 맞추고 이것을 "전혀 근거없다."라고 일축하고 있다. 게다가 재판 그 자체에 관해서도 "재판소, 경찰, 상업조합 어느 것에도 증거가 되는 기록은 남아 있지 않다."라고 밝히면서 '블랑제의 이야기'에 부정적인 견해를 나타내고 있다. [015]

게다가 스팽은 레스토랑의 진짜 창시자로 마튀랭 로즈 드 샹트와조Mathurin Roze de Chantoiseau라는 인물을 지목한다. 정체불명의 블랑제와는 달리 샹트와조는 실존 인물이지만 그의 이름은 역사에 길게 남지 않았다. 눈썰미가 뛰어난 사업가였던 샹트와조의 레스토랑은 시대에 걸맞는 새로운 비즈니스로 순식간에 많은 모방자들을 낳았고, 여기에 레스토랑이 탄생하고 불과 20년 정도 사이에 그 형태가 크게 변해버린 탓에 창시자인 샹트와조의 그림자는 완전히 뿌옇게 가려져버린 것이다.

18세기 후반 파리의 풍습을 묘사한 레티프 드 라 브르통(Restif de la Bretonne)의
『당시의 사람들(Les Contemporaines)』 제7권(1782)에 게재된 삽화

레스토랑이라고 하는 것은 본래 농축시킨 수프, 즉 부이용 Bouillon을 지칭하는 단어였다. 디드로가 편찬한 『백과전서』의 '레스토랑' 항목에 "의료용어. 활력과 정력을 더하기 위해 사용하는 치료약" 016이라고 기재된 것으로도 알 수 있듯이 본래 식품이라기보다는 약과 같은 것으로, 고기 등을 끓여 농축시킨 부이용에는 자양과 영양이 듬뿍 들어 있어 건강회복에 절대적인 효과가 있다고 여겨졌다. 때문에 아이디어가 탁월했던 샹트와조가 이것을 '레스토랑'이라고 이름 붙여 판매하기에 이른다.

이 장사가 눈길을 끈 것은 의학적 관점(과학)에 기초한 건강에 좋은 음식이라고 하는 당시의 유한계급의 요구에 부합되는 것이었기 때문이다.

오래지 않아 '레스토랑'이라고 하는 단어는 상품명에 국한되지 않고 이것을 제공하는 시설 그 자체를 가리키게 되었다. 이것은 파티스리 Patisserie(과자)를 판매하는 가게가 파티스리라고 불리게 된 것과 마찬가지이다.

그러나 레스토랑에서 오로지 부이용만을 팔던 시기는 그다지 오래가지 않았다. 그 인기를 알아챈 트레퇴르 등 다른 업종에서 레스토랑업에 앞다투어 뛰어들었고 이러한 레스토랑에서는 부이용 이외의 식사도 제공하게 되었기 때문이다.

레스토랑을 표방하는 새로운 형태의 요리시설(레스토라퇴르)은 손님마다 테이블을 두고 개별적으로 주문을 받으며 가격을 명시한 메뉴표를 준비해서 손님의 예산에 맞고 원하는 요리를 선택하게 한다고 하는 '개인'을 중시하는 스타일이었다. 여기에 궁정의 오트 퀴진을 도입한 이는 프로방스 백작(나중에 루이 18세가 됨)에게 고용되어 메트르 도텔로 일하던 앙투안 보빌리에 Antoine Beauvilliers였다. 보빌리에는 백작에게서 독립했고, 1782년 리셜 거리에 근대적인 의미의 최초의 고급 레스토랑 '라 그랑드 타베른 드 롱드르 La Grande Taverne de Londres'를 오픈, 순식간에 외식을 좋아하는 파리 부유층의 인기를 끌어모았다. 탄생한 지 10년 사이, 레스토랑은 혁명 직전의 파리의 거리에서 샹트와조의 의도와는 크게 벗어난 독자적인 길을 걷고 있었다.

18세기 후반의 레스토랑의 융성은 파리의 식탁지도를 완전히 바꿔버렸다. 그때까지는 외식이라고 하더라도 큰 테이블에 앉아 모르는 사람들과 합석하며 정해진 시간에 정해진 요리를 정해진 가격에 먹어야만 하는 테이블 도트Table d'Hote와 같은 장소밖에 없었다. 싸구려 식당Gargote이 있기는 했지만 귀족이나 부유한 부르주아가 찾는 그런 곳은 아니었다. 레스토랑은 이러한 특별한 계층이 바깥에서 개인적인 식사를 하게 하는 기회를 제공했다. 이것이 레스토랑이 단기간에 보급될 수 있었던 큰 이유이다.

그리고 한 가지 더, 18세기 후반에서 19세기에 걸쳐 레스토랑이 이룩한 큰 역할이 있다.

장사에 능통했던 보빌리에의 성공 이유 중 하나는 당시까지 귀족들만이 누리던 그 천상의 쾌락을 레스토랑이라는 공간에서 직접 재현한 것이다. 화려한 인테리어와 조명, 정중한 접객, 섬세한 서비스, 그리고 오트 퀴진을 완성하는 최고의 요리.

이렇게 파리의 고급 레스토랑은 19세기에 꽃을 피우게 되는 가스트로노미 발생의 최초 중심지가 된다.

제2장
프랑스 혁명과 가스트로노미

(Chez Véfour.) Propriétaire de Carpentras
en goguette avec son épouse.

(Chez Véry.) Un vieux célibataire
en partie fine avec son estomac.

(Au Rocher de Cancale.)
Toast au pays.
A la patrie! à l'infanterie et à la cavalerie!

32 sous par tête.
M. Godillard en partie complète avec sa dame,
son jeune homme et ses demoiselles.

레스토랑에서의 식사. 왼쪽 위가 베푸르(Véfour). 오른쪽이 베리(Véry).
왼쪽 아래는 로쉐 드 캉카르(Rocher de Cancale).
오른쪽 아래는 가족들이 모여서 '한 명 당 32수(화폐단위)의 식사'(Le Diable à Paris에서).

I. 혁명의 파리

1

1789년 7월 14일. 앙시앙 레짐 하에서 갖가지 불평등한 대접을 받던 파리 시민들이 결국 무기를 손에 들고 일어났다. 폭도로 돌변한 그들은 무기창고로 사용되던 바스티유 감옥을 습격하고 시청사를 덮쳐 바스티유의 사령관 드 뢰네와 시장 플레제이유를 학살했다. 프랑스 혁명의 발발이었다.

이날 파리의 혼란과 참상을 18세기 말의 이색 작가 레티프 드 라 브르통Retif de la Bretonne은 『파리의 밤 La Nuit de Paris』에서 이렇게 기록으로 남기고 있다.

"그때, 전방에서 군중들의 웅성거리는 소리가 들렸다. (중략) 아랑곳하지 않고 앞으로 걸어나가 보니, 아…, 이렇게 끔찍할 수가! 창끝에 달린 두 개의 머리가 보이는 것이 아닌가! 섬뜩한 심경으로 물어보았다. (중략) '저것은 플레제이유와 드 뢰네의 머릴세.'라고 정육점 주인이 대답했다." 017

프랑스 혁명의 역사적 검증은 다른 전문서에 맡겨두기로 하고 프랑스의 가스트로노미 발전에도 큰 영향을 미쳤다고 할 수 있는 이 대사건에 관해 그 개요를 간략하게 훑어보기로 하자.

앙시앙 레짐 하에서 사람들은 엄격한 신분제도에 억눌려 있었다. 제1신분의 성직자와 제2신분의 귀족은 이른바 특권 계층이었고, 수로 따지자면 압도적으로 많았던 제3신분(제1신분과 제2신분을 제외한 모든 시민)은 각종 면에서 당하는 불공평한 대접을 군말 없이 받아들여야만 했다. 그중에서도 제3신분에만 부과된 납세의무는 서민들에게 있어 큰 부담이었고 지배층에 대한 불만의 근원이 되었다.

때마침 프랑스의 재정은 그야말로 위기상황에 처해 있었다. 거듭되는 전쟁으로 경제가 피폐해진 이유도 있겠지만, 왕가의 지나친 사치에 의한 국비의 낭비도 그 원인 중 하나로 볼 수 있었기 때문에 서민들의 반감은 정점에 달했다. 국왕 루이

16세는 회유책으로 튀르고Turgot나 네케르Necker와 같은 시민들에게 인기 있는 정치가를 재무총감에 임명해 그 난국을 헤쳐나가려 했다.

제1신분과 제2신분의 면세특권 폐지를 포함한 새로운 정책이 제시되었지만, 성직자와 귀족들은 이것에 맹렬히 반발했고 그들의 저항에 부득이한 좌절을 맛볼 수밖에 없었다. 여기서 과세의 찬반을 결정하기 위해 세 신분으로부터 파견된 대표자에 의해 전국삼부회가 열리게 되었다.

그러나 여기에서도 의결방향을 둘러싸고 특권신분과 제3신분 간의 대립으로 40일을 낭비한 결과 어떠한 결론도 내리지 못했다. 기다림에 지친 제3신분의 의원들은 독자적으로 '국민회의'를 발족시켰고, 승인을 거부하던 국왕도 결국에는 마지못해 인정하기에 이른다. 귀족들은 제3신분 주도의 정세에 강한 위기감을 느꼈고, 위협을 가하기 위해 파리에 군병력을 집결시켰다. 일촉즉발의 긴장된 분위기가 파

십자가를 목에 늘어뜨린 성직자(제1신분)와 검을 찬 귀족(제2신분) 두 사람을 업고 지팡이를 힘든 듯 짚고 허리를 구부리고 있는 남루한 차림의 남자. 잘 살펴보면 남자가 지탱하고 있는 지팡이는 노동자들이 사용하는 공구(쇠지레)로 제3신분이라는 것을 알 수 있다.
제3신분의 과중한 부담을 희화화한 그림.

리 거리를 가득 메웠다. 그런 상황에서 재무장관 네케르가 돌연 파면되었다는 소식이 전해진다. 그것은 시민들의 쌓이고 쌓였던 격분의 방아쇠를 당기는 꼴이 되었다. 7월 14일, 바스티유 감옥습격을 시초로 발발하게 되는 프랑스 혁명의 총포뚜껑이 열린 것이다. 폭동의 여파는 순식간에 파리를 휩쓸었고 며칠 사이에 지방까지 퍼져나가 프랑스 전역으로 확대되었다. 이 움직임의 영향으로 국민의회는 8월 4일 봉건적 특권의 폐지를 선언, 같은 달 26일에는 인권선언을 채택하면서 앙시앙 레짐은 붕괴하게 된다.

글자 그대로 대지를 뒤흔드는 대사건이 왜, 어떻게 가스트로노미의 발전에 영향을 끼친 것일까? 그것을 생각하기 전에 프랑스 혁명이 일어나기 직전, 파리의 '식(食)'과 관련된 상황을 살펴보자.

18세기도 후반부로 치닫던 당시, 그때까지 없었던 새로운 외식 서비스인 레스토랑이 등장, 그 후의 파리의 식탁지도를 바꿨다고 하는 것은 앞서 설명한 대로이다. 레스토랑Restaurant이라고 하는 것은 당초에는 자양강장에 효과가 있는(있다고 하는) 특제 부이용에 붙여진 상품명으로, 그것을 판매하는 업자 또는 시설은 레스토라퇴르Restaurateur라고 불렸다. 레스토라퇴르는 대단한 인기를 얻었고 곧 모방하는 가게들이 줄지어 출현하게 된다. 그곳에서 제공하던 음식도 레스토랑에 국한되지 않고 손님의 취향에 맞춰 다양한 품목으로 증가하게 된다. 탄생한 지 20년도 되지 않는 단기간에 레스토라퇴르는 당초의 스타일에서 크게 달라져 현재의 레스토랑과 흡사한 형태로 바뀐다. 또한 여기에 오트 퀴진을 도입하는 가게가 나오자 부유층의 지지를 받았고, 1780년대 후반에는 귀족이나 부르주아를 시작으로 국내외의 부자들이 빈번히 드나드는 고급요리점으로 그 지위를 확고히 굳히게 된다.

프랑스의 권위 있는 사전인 『프랑스 아카데미 사전Dictionnaire de l'Academie Françoise』에서 '레스토라퇴르' 항목을 검색하면 1789년판에는 '미술작품 등의 복원사, 복구가'라는 낡은 의미밖에 실려 있지 않지만 1798년판에는 '식당경영자에게 붙여지는 명칭. 그 식당에서는 시간에 관계없이 건강하면서도 선택할 수 있는 식사를 할 수 있다. 식당 자체도 동일한 명칭으로 불린다.'라는 새로운 의미가 추가되어 있다. 9년만에 외식업으로서 레스토라퇴르라고 하는 단어를 사회적으로 인정하게 된 것이다.

그러나 레스토라퇴르처럼 고급식당에서 식사를 할 수 있는 것은 물론 극히 일부 부유층에 지나지 않았고 대다수의 서민들에게는 어차피 인연도 없는 것들이었다.

그렇다면 그들은 어떤 식사를 하고 있었을까?

여기서 유념해야 할 것은 당시 파리에서 생활하는 서민 대부분은 자신들의 집에 만족할 만한 식사 설비를 갖추고 있지 못했다는 것이다. 따라서 현대 가정처럼 바깥에서 식재료를 구입해서 부엌에서 조리를 하고, 가족이 그것을 식탁에서 먹는 형태는 거의 찾아볼 수 없었다. 요리를 위해 하인을 부릴 수 있는 부유한 귀족이나 부르주아와는 별도로 가난한 일반 가정에서는 집에 있는 것을 있는 상태 그대로 먹는 것이 보통이었다. 횟수도 하루 한 끼거나 많아야 두 끼. 식사를 하는 장소도 특별히 정해져 있지 않았다. 독신자라면 더욱 그러했는데, 대개 집에서 먹기보다는 카바레Cabaret나 가르고트Gargote⁽¹⁾라고 불리는 싸구려 식당과 같은 저렴한 곳이 그들이 식탁이었다.

어느 정도 경제적 여유가 있는 부르주아나 귀족도 요리사를 고용할 정도로 넉넉하지 않은 경우에는 외식을 하거나 만들어져 있는 요리를 배달시키기도 했다. 그 때문에 외식시설인 타블르 도트Table d'Hôte가 거리 곳곳에 마련되어 있었고, 또한 트레퇴르Traiteur라고 하는 기성 요리를 주문에 따라 배달하는 업자도 무수히

---

(1) 카바레는 서민들이 떼지어 모이는 음식점 중의 하나. 카바레를 운영하는 주인은 예전에는 파티시나 요리사와 같은 길드(동업자조합)에 속해 있었다. 특히 작은 규모의 카바레는 가르고트(싸구려 식당)라고 불렸다.

생겨나게 되었다.(2)

그러나 그 어떤 것이라도 이러한 계층은 가스트로노미와는 전혀 인연이 없는 사람들이었다.

2

프랑스 혁명과 가스트로노미의 관계로 돌아가자.

가스트로노미 발전에 있어 프랑스 혁명의 영향에 관해 연구서 등에서 자주 지적하는 두 가지 요인은 다음과 같다.

첫 번째는 길드의 폐지. 그리고 또 다른 하나는 유력한 귀족의 망명 등으로 요리사가 거리로 쏟아져 나오게 된 것이다.

우선 이 두 가지 요인에 관해 자세히 살펴보자.

길드라고 하는 것은 일반적으로 '중세부터 근세에 이르기까지 서유럽 도시들의 상공업자 사이에서 결성된 각종 직업별 조합'이라고 정의할 수 있다. 말하자면 '동업자 조합'인데, 프랑스의 앙시앙 레짐 하에서 이 조합은 왕권에 의해 보장받은 법률에 의해 규제와 허가가 이루어져 그 보호 아래 각각의 길드가입자에게 특정 제품의 제조판매를 독점할 수 있는 특권이 주어졌다. 예를 들어 파테 Pate(프랑스 요리 가운데 속을 넣은 페이스트리_편집자 주)나 타르트와 같은 식품이라면 이것을 제조, 판매할 수 있는 것은 파티시에의 길드에 가입한 업자에 제한되었고 그 이외의 업자는 참가할 수 없었다. 앞에서 소개한 레스토랑의 창시자인 블랑제가 트레퇴르로부터 고소당했다고 하는 이야기도 진위여부는 둘째치고서라도 끓인 고기를 파는 것에 대한 트레퇴르 길드의 전매권 침해를 둘러싼 에피소드와 다름없다.

---

(2) 타블르 도트는 정해진 시간에 정해진 요리를 제공하는 외식시설의 하나. 큰 테이블에 서로 모르는 고객이 같이 앉아 식사를 하는 것이 일반적이었다. 트레퇴르는 주로 삶은 고기 요리를 조리해 가게 앞에서 판매하거나 고객의 주문을 받아 배달하기도 했다. 타블르 도트에서 제공되는 요리도 기본적으로는 트레퇴르에서 사왔다. 자택에서 요리사를 고용할 만한 경제력이 없는 중류층 귀족이나 부르주아, 또는 식사가 제공되지 않는 호텔의 투숙객 등은 타블르 도트까지 가거나 트레퇴르를 이용해 식사를 하는 것이 일반적이었다.

길드가 특정업자의 이권을 지키기 위한 조직이었다고 해도 그 구성에 따라 다양한 수공업이 독자적인 발전을 이룬 것은 부정할 수 없는 사실이다. 길드마다 제품의 품질이나 규격, 가격 등이 엄밀히 정해져 있었고, 또한 도제(徒弟)제도에 의해 기술이나 기능의 전승도 각각의 육성시스템에 근거해 이루어졌으므로 뛰어난 기능이 바탕이 된 품질 유지와 동업자 간의 내부 협력에 큰 공헌을 했다.

그러나 반면, 내향적이면서 폐쇄적인 조직일 수밖에 없었던 길드는 18세기에 들어 경제환경의 변화와 기술혁신의 침투가 이루어지자 시대에 대응할 수 없는 이권집단으로 사회의 비판을 받게 되었다. 기득권 이익을 고집하던 길드 구성이 족쇄가 되고 신층상인의 신규사업 진출이 방해를 받는다는 불만이 터져 나오게 되었다.

1776년 재무총감인 튀르고는 법령을 내려 길드 대부분을 해산시켰다.

바로 이 '1776년'이라고 하는 연도에 주목해야 한다. '식(食)'에 관해 말하자면 파티시에나 트레퇴르, 로티쇠르Rôtisseur(로스트한 고기를 파는 곳, 또는 그 업자_편집자 주) 등은 모두 길드에 의해 이익이 보장되었다. 한편 신흥업종인 레스토라퇴르에는 원래부터 길드 자체가 존재하지 않았다. 이 레스토라퇴르가 1776년 이전에 이미 장사를 시작한 것은 확실하며 그중에서는 끓인 고기나 로스트한 고기를 파는 사람들도 분명 있었을 것이다. 그뿐만 아니라 그 인기를 실감한 트레퇴르가 레스토라퇴르에 진출, 또는 전업하는 사례도 있었다고 한다. 결국 튀르고의 법령은 그저 레스토라퇴르의 번영을 재촉한 것에 지나지 않는다.

물론 기성의 길드 구성원들은 이 법령에 반발, 저항했다. 제1신분, 제2신분의 특권계급도 이것에 동조했다. 기득권의 침해가 자신들의 신변에 영향을 끼칠 것을 염려한 것이다. 그들은 함께 길드의 부활을 도왔다. 그러나 한번 쏟아진 물은 처음처럼 채워질 수 없다. 이미 레스토랑(부이용) 이외의 먹을 것에도 손을 뻗쳐 많은 손님들을 확보하고 있던 레스토라퇴르들은 이미 무엇으로도 움직일 수 없는 확고한 지위를 확보하고 있었다.

불안정한 길드 문제 등에 상관없이 레스토라퇴르는 계속 증가했다. 계속 늘어나는 것뿐만 아니라 그 내용 역시도 한층 고급화되어 갔다.

길드가 프랑스 혁명 후인 1790년에 완전히 폐지되었을 당시, 레스토라퇴르는 이미 부유한 사람들이 사치스럽게 즐길 수 있는 공간과 최상의 요리를 제공하는 장소로 파리 거리를 수놓는 존재가 되어 있었다.

그러나 길드의 폐지는 혁명 이후 파리 가스트로노미의 발전을 가속화시켰을지는 모르지만 결코 불가결한 요인은 아니었다.

그렇다면 다른 한 가지 요인은 어떠한가? 프랑스 혁명에 의해 귀족이 망명 또는 투옥, 처형되는 쓰라림을 당하고 그 결과 고용되어 있던 요리사나 파티시에들이 실업으로 인해 거리에 쏟아져 나왔다. 그들은 재취업 장소로 레스토랑(레스토라퇴르)을 골랐고, 그에 따라 궁정이나 귀족의 전유물이었던 오트 퀴진이 일반에게도 퍼진 19세기 초반 가스트로노미의 발전에 기여했다고 하는 이 의견은 과연 가스트로노미의 발전에 중요한 요인이라고 할 수 있을 것인가?

이 의견 자체를 부정할 근거는 아무것도 없다. 사실 혁명 직후에 망명한 콩데 공 밑에서 메트르 도텔로 일한 로벨은 같은 해에 레스토랑을 개업해 큰 성공을 이뤘고 이후 레스토랑 개업을 부추기며 박차를 가하는 역할을 한다. 19세기 전후에 성공한 많은 레스토랑이 혁명 직후에 창업한 것도 눈여겨봐야만 한다.

그러나 여기서 잊지 말아야 할 것은 레스토랑은 혁명 이전에 등장했고, 1789년의 시점에서 이미 많은 식당들이 고급화되어 있었다는 사실이다. 레스토랑에 오트 퀴진을 도입한 것은 틀림없이 보빌리에가 최초이지만, 그 창업은 1782년이다. 같은 해인 1782년에 영국에서 출판된 『Travels in Europe, Asia, and Africa』라고 하는 가이드북의 파리 항목에는 다음과 같이 쓰여 있다.

"나는 자주 레스토라퇴르라고 불리는 곳에서 식사를 하는데, 그곳에서는 1/2야

드나 되는 긴 리스트에서 마음에 드는 두세 가지 요리를 선택할 수 있고 와인도 1타스 중에서 고른다. 모든 식사를 합친 비용은 18펜스 정도이다. 이 가게에서 궁정에서 입을 법한 복장을 한 높은 지위의 사람을 만난 적이 있는데, 그의 식사는 내 사치의 반 정도에 지나지 않았다. 테이블 냅킨이나 접시, 테이블보는 청결했고 반듯했으며 시끄럽거나 예절에 어긋나는 일로 방해받는 일도 없었다. 그러나 한편으론 가끔 가까이 앉은 사람에게 예의와 경의를 표시하지 않으면 안 된다." 019

이것을 봐도 혁명에 의해 오트 퀴진이 거리로 흘러들었다는 것은 가스트로노미의 발전에 큰 영향을 끼쳤지만 유일한 절대적 요인은 아니었다는 것을 알 수 있다.

II. 사람은 먹지 않고 살 수 없다

1

레스토랑은 프랑스 혁명의 소란 속에서도 그 수를 늘렸고 고급화의 길을 갈고 닦았는데, 이것은 일반적인 생각으로는 좀처럼 이해할 수 없는 일일 것이다.

파리에 사는 대부분의 시민들은 혁명 이전부터 하루 식량도 부족한 형편이었다. 그런 궁핍한 상태는 혁명으로 개선되기는커녕 오히려 악화되었다. 사회적 혼란 속에 물가는 치솟았고 식료품은 만성적 결핍 상태였다.

10월에 일어난 유명한 베르사유 행진(3)도 발단은 급등하는 빵가격에 저항하고

---

(3) 1789년 10월 5일, 빵을 시작으로 생필품의 결핍에 참을 수 없었던 파리 여성들은 시장을 기점으로 모이기 시작, 누구의 지시를 받은 것도 아닌데 결국 그 수는 7,000명까지 달해. 루이 16세가 살고 있는 베르사유 궁전을 향해 행진하기 시작했다. 손에 손에 무기를 들고, 대포까지 준비한 어마어마함에 궁전의 병사도 저지하지 못하고, 여성들은 궁전 안으로 들이닥쳤다. 그 결과 루이 16세는 인권선언을 승인할 수밖에 없었고, 여성들의 의견에 따라 파리 시내의 튈르리 궁전으로 거처를 옮기게 되었다.

'루이 16세의 인민과의 새로운 계약'이라고 이름 붙여진 이 캐리커처는 1792년 6월 20일의 국왕의 도망, 즉 바렌 사건을 풍자한 것. 뚱뚱하게 살찐 루이 16세가 와인을 들고 '국가만세'라고 중얼거리는 모습에 국민의 불신과 배신의 분노가 담겨 있다. 풍만은 굶주린 서민의 한을 표현한 상징적 존재였다. 이 사건을 계기로 국왕이나 왕비에 대한 반감은 급속도로 높아져 다음 해 처형으로 이어지게 된다. [Histoire-musée de la République française(1842)에서].

국왕에게 그 궁핍한 상태를 호소하기 위한 여성들의 목숨을 건 행동이 발단이 되었다. 파리는 심각한 굶주림에 끊임없이 허덕이고 있었다.

이러한 상황이 한창일 때, 어떻게 레스토랑과 같은 고급요리점이 번성할 수 있었을까? 그러한 가게의 존재를 허락하는 것 자체가 혁명의 이념에 반하는 것이 아닐까?

이 의문은 아마도 프랑스 혁명에 대한 현대인의 잘못된 인식에서부터 온 것이 아닌가 여겨진다. 봉건사회를 뒤집어 엎고 시민주권의 공화국을 수립하는 것을 목표로 한 이 혁명의 겉모습만 보자면 21세기에 살고 있는 우리들은 아무래도 러시아 혁명처럼 계급투쟁을 중심으로 한 노동자 계급주체의 정치운동을 상상해버리고 만다. 그러나 실제로 프랑스 혁명은 부르주아에 의한, 부르주아를 위한 혁명이었다.

분명히 바스티유 감옥을 공격했을 당시 실제로 움직인 부대의 대부분은 상퀼로트 sans-culotte (프랑스 혁명 때에 남루한 옷차림과 허술한 장비의 의용군_편집자 주)

라 불리는 노동자 등의 하층민들이었다. 그러나 이 폭동을 지휘한 것은 경제적으로 우위에 있으면서 제3신분으로 불공평한 대우를 받던, 불만을 축적해왔던 부르주아들이었다.

혁명이 일어난 시점에서는 파리 시민의 대다수(즉 프랑스 국민의 대다수)는 루이 16세의 왕정을 지지하고 있었다. 왕비 마리 앙투아네트가 '빵이 없으면 브리오슈를 먹으면 될 것을……'이라는 망언을 해서 서민의 반감을 샀다고 하는 유명한 에피소드도 실제로는 나중에 꾸며진 이야기[4]로, 혁명 초기에는 아직 국민적 인기가 식지 않았던 때였다.

사실 실권을 잡은 시민군이 최초로 지도자로서 바라보게 된 것은 미라보, 라파엣트 등 혁명에 이해를 표한 입헌군주파의 귀족이었다.

중심에서 혁명을 추진한 부르주아들의 목적은 어디까지나 세금이나 정치참가 등 자신들이 당하는 불평등의 시정이었지 왕권의 뒤바뀜이나 귀족의 추방은 아니었다. 더욱이 모든 사람들을 대상으로 한 부의 평등한 재분배 등 사회주의적 발상은 절대 없었다.

그렇기 때문에 부유한 부르주아들은 재력으로 누려온 지금까지의 쾌락을 혁명 중에도 손에서 놓으려 하지 않았다. 그들에게 있어 레스토랑에서의 사치스러운 식사는 쾌락 중에서도 가장 매력적인 것 중 하나였다.

이미 이야기한 바와 같이 가스트로노미는 궁핍한 서민들과는 전혀 무관한 공간에서 자라나고 있었던 것이다.

레스토랑(레스토라퇴르)의 존재가 서민들과 얼마나 동떨어졌는가에 대해서는 세바스티엥 메르시에 Sebastien Mercier가 『타블로 드 파리 Tableau de Paris』 제7권

---

[4] 이 말의 근원이 된 것은 장 자크 루소의 『고백』에 나오는 다음의 한 구절이라고 알려져 있다.
Enfin je me rappelai le pis-aller d'une grande princesse à qui l'on disait que les paysans n'avaient pas de pain, et qui répondit : Qu'ils mangent de la brioche. (Partie I, Livre VI, 1766년경)

(1788년)에서 이렇게 풍자하고 있다.

"당신은 레스토라퇴르에서 식사를 하고 싶다고 생각하는가? 너무 비싸기 때문에 결국 싫어질 것이다. 돈이 없는 이에게는 그곳에서 식사를 하는 것은 불안하기 짝이 없지만 그것과는 별도로 식사를 해도 건강은 전혀 회복되지 않는다[5]. (중략) 만약 살그머니 계산을 하면서 가격표에 주의를 기울이며 검토해놓지 않으면 또한 그곳에 나와 있는 요리를 어림짐작으로 주문하거나 하면 변변히 먹지도 못하고 24리브르나 값을 치러야 하는 궁지에 몰릴지도 모른다. 때문에 주머니에 많은 돈을 가지지 않았다면 주문하기 전에 대충 속으로 따져보면서 식욕을 억제하지 않으면 안 된다." 020

메르시에는 부유하지는 않았지만 중산층의 부르주아였다. 그런 메르시에가 신랄히 비판할 만큼 레스토랑에서 식사하는 것은 사치스러운 것이었다.

그러나 그런 사치 자체가 혁명의 중심세력이었던 부르주아들이 바라는 바이기도 했다. 특히 혁명을 계기로 상류계급을 거머쥔 프티 부르주아 중에는 옛날에는 꿈에서나 그려볼 수 있었던 사치를 맘껏 누려보자는 풍조마저 있었다. 혁명의 중추를 책임지는 정권상층부가 보빌리에Beaurillier나 로베르Robert, 메오Méot 등의 유명 레스토라퇴르에서 자주 회합을 가졌다는 사실이 이것을 잘 말해준다.

그러나 혁명 중 암묵적이었던 이러한 사치가 일상적으로 허용된 것은 아니었다. 구권력의 붕괴에 의해 신세력이 탄생하면서 그중에서 의견의 대립이 생겨나 권력투쟁으로 발전하는 것은 역사적 필연이라고 말해도 좋을 정도이며, 프랑스 혁명 역시도 그것을 피해갈 수 없었다. 바스티유 폭동에서 흘린 피가 채 마르기도 전에 그룹 간의 주도권 싸움이 시작된다. 1792년에 최종적으로 실권을 장악한 것은 당통Danton이나 로베스피에르Robespierre가 주도하던 급진적 공화주의의 자코뱅

---

[5] 레스토라퇴르의 원래의 의미인 '회복시키는 사람'에 비유한 메르시에 풍의 비아냥이다.

Jacobins 파(派)로 그 지지층은 부르주아가 아닌 상퀼로트였다. 왕권은 부정되었고 1793년에는 국왕 루이 16세와 왕비 마리 앙투아네트가 연달아 처형되었다. 오래지 않아 자코뱅파 내부에서도 대립이 표면화되었고 과격파의 로베스피에르가 당통 무리의 동료들을 숙청하면서 권력을 독점한다. 공포정치Terreur의 시작이다. 특별한 이유 없이도, 반혁명분자로 비춰지는 것만으로도 체포되어 가차 없이 단두대로 보내졌다. 사치도 혁명에 대한 모독으로 간주되어 규탄의 대상이 되었다. 그런 상황 속에서 레스토라퇴르의 입장도 결코 안전하다고는 볼 수 없었다.

레베카 스팽글Rebecca L. Spang이 『레스토랑의 창조』에서 베르사유에서 왕비 앙투아네트의 요리사로 활동했던 가브리엘Gabriel의 예를 인용하고 있다.

"1789년, 왕가가 베르사유에서 튀를리로 옮겨오자 가브리엘 역시도 파리로 옮겨 팔레 로얄의 유명 레스토랑 로베르에서 1년 정도 일했다. 그러나 귀족을 모시는 사람에서 일반 주방으로의 전직이라는, 이 특권계급의 민주화를 구현하는 모습의 실례는 그저 사소한 일로 어처구니없이 무너져 내렸다. 1794년 5월, 가브리엘은 체포되었고 형식뿐인 재판 이후 단두대로 보내졌다. 앙시앙 레짐 시대를 그리워했고, 옛 주인을 만나고 싶어했다는 것이 그의 죄목이었다." 015

보빌리에도, 그리고 엇비슷하게 유명했던 레스토라퇴르인 베리Very도 체포되어 투옥되었다. 그러나 운명은 그들의 손을 들어주었다. 로베스피에르 파의 지나친 공포정치는 동료들 사이에서도 불안과 의심을 불렀고 다음 차례는 자신이 체포되는 것은 아닌가 하는 공포에 떨던 조제프 푸쉐 Joseph Fouche 일당이 로베스피에르 파의 배제를 위해 움직이기 시작했다. 1794년 7월, 테르미도르 반동이 발생, 로베스피에르를 비롯한 공포정치의 주역들이 체포되고 사형 선고가 내려진다.

바로 어제까지 자신들의 명령으로 많은 목이 매달렸던 단두대에 오늘은 자신들의 목을 매달아야만 하는 역사적 아이러니. 그러나 그것이 레스토라퇴르들에게는 다행이었다. 감옥에 갇혀 있던 반혁명분자들이 풀려났고 그중에는 물론 보빌리에의 모습도 있었다.

2

이렇게 프랑스 혁명 최대의 긴박한 시기는 지나가고 레스토랑의 고급화와 번영을 방해하는 요소는 이제 그 어떤 것도 존재하지 않았다.

로베스피에르 파 제거에 의해 과격한 공화주의자는 자취를 감추고 다시 부르주아들이 거리를 활보하는 시대가 왔다. 새롭게 정권을 잡은 총재정부는 새헌법을 제정했고 가격통제의 폐지나 정교(政敎) 분리책 등의 정책도 추진되었으나 재정난은 좀처럼 개선되지 않았고 시민 대다수를 차지하는 서민의 궁핍함에는 속수무책이었다. 한편 어지러운 정세를 역으로 이용해 부를 축적하는 이도 있었다. 전쟁에 편승한 무기상인이나 경제위기에 좋은 기회를 내다본 금융가 등은 이익추구에 여념이 없는 대부르주아들이었다. 그들이야말로 최대의 사치를 부린 오트 퀴진 레스토랑의 가장 큰 고객이었다.

레스토랑은 어느 곳이든지 연일 만원을 이룰 만큼 성황을 이뤘고 가스트로노미와 서민과의 거리는 점점 더 멀어질 뿐이었다.

그러나 귀족이든 부르주아든 상퀼로트이든 간에 사람은 먹지 않고서는 살 수 없다. 그리고 먹는 것을 즐길 권리는 빈부와 관계없이 누구에게나 평등하게 존재한다.

레스토랑과 인연이 없는 서민들은 어디서, 어떤 식으로 먹는 즐거움을 맛보았던 것일까?

프랑스 혁명은 제3신분의 사람들에게 있어 틀림없이 해방 그 자체였다. 해방을 실감하기 위해 사람들은 무엇을 했을까?

주위 사람들과 함께 모여서 연회를 열었다. 그렇다. 프랑스 혁명 직후의 민중들이 자발적으로 행동한 것은 바로 그것이었다. 부유한 부르주아들은 레스토랑에 뻔

질나게 드나들었고 가난한 부르주아도 타블르 도트나 트레퇴르를 이용해 해방감과 식욕을 모두 만족시켰다. 빈곤에 시달리는 상퀼로트층 역시 가난한 대로 개방의 식탁을 즐겼다.

전쟁의 그을음이 자욱한 파리 거리 곳곳에 사람들이 모여 급조된 허술한 식탁에서 함께 식사하는 광경을 볼 수 있었다. 이러한 테이블에는 상퀼로트뿐만이 아니라 부르주아가 참석하는 경우도 있었다. 이 '민중의 식사회'로 불렸던 모임에 관해 스팽글은 "이곳에는 어떠한 차별도 존재하지 않고, 부자도 가난뱅이도 서로 섞여 같이 간단한 식사를 함께 하는 것에서 '평등'에 대해 배웠다."[015]라며 비에뜨 백작의 매우 시사적인 단어를 인용하고 있다. 혁명이 가져온 평등사회를 사람들이 확인하는 데도 '식사'는 큰 역할을 한 것이다.

하늘 아래 이러한 식탁이 등장한 배경에는 가난한 사람들에게 먹을거리를 제공한다고 하는 자선적 또는 정치적 배후가 자주 존재했다. 메르시에가 저서에 그러한 식탁의 한 장면을 묘사하고 있다.

"오후 7시경, 강가에 위치한 페라이유 거리의 중간 즈음부터 청어를 굽는 강렬한 냄새가 코를 찔렀다. 길 양옆으로 일류도 아니고 이름도 알려져 있지 않은 여자 요리사들이 꼬르동 블루 Cordon Bleu(요리의 명인, 유명 요리사)라는 이름하에 허리띠를 풀어 젖힌 사람들에게 식사를 제공하고 있는 찰나였다. 식탁 끝에는 80대 노인이 파를 얹고 식초를 뿌린 청어 석쇠구이 세 마리가 담긴 접시를 나눠주고 있었는데, 가격은 15솔을 내면 그만이다. 다른 곳에서는 푹 익힌 플럼에 물기 가득한 소스를 버무린 렌즈콩 접시가 보인다. 녹색 이파리의 테린느가 샐러드 대신 가운데 놓여 지나가는 사람들에게 손짓하고 있다. 이렇게 검소한 테이블에 100명 정도의 사람들이 모여 있는 것을 볼 수 있는데, 식사는 빵도 없고 사람들의 식욕을 채우기에는 턱없이 양이 모자라다. 어떤 이는 렌즈콩을 씹지도 않고 넘기고 다른 이는 뼈는 아랑곳하지 않고 청어를 덥석 물어뜯고 있다."[021]

가난한 사람에게는 가난한 대로 먹을거리를 즐기는 방법이 있었겠지만 부유한 부르주아가 레스토랑에서 먹는 것에서 얻는 쾌락과는 비교의 대상이 되지 못했다.

혁명기에는 파리 인구도 급속히 증가했다. 신헌법에서 정한 보통선거에 의해 선출된 지방의 대의원을 시작으로 새로운 비즈니스의 기회를 잡으려는 부르주아, 길드의 속박에서 벗어나 새로운 세상에서 일을 해보려는 노동자, 학생, 국내외의 관광객이 파리 거리에 한꺼번에 쏟아져 나왔다. 그러나 이런 사람들이 새로운 둥지를 틀기에는 선택의 범위가 너무 좁았다. 장기체류를 할 수 있을 정도의 친한 사람이 있다면 별개 문제지만 그렇지 못하다면 호텔에 묵거나 또는 가구가 있는 아파트를 빌리거나 둘 중 하나를 선택할 수밖에 없었다. 물론 식사는 포함되지 않았다. 굶주린 배를 채우기 위해서는 트레퇴르에서 배달하거나 외식을 하는 것이 유일한 방법이었다.

이러한 혁명기 파리의 인구 증가는 트레퇴르와 외식 시설의 수요를 비약적으로 상승시키는 계기가 된다.

18세기 말경, 파리에 레스토랑이 급속히 증가한 배경에는 이러한 사정도 포함되었다.

Ⅲ. 혁명은 지나가고 가스트로노미는 남다

1

어느 시기의 음식 상황을 파악하기 위해서는 여행자들을 위한 가이드북이 상당히 많은 도움이 된다. 그 지역에 익숙지 않은 여행자들에게 먹을 것을 확보하는 수단은 그 무엇보다도 중요하기 때문이다. 따라서 대개의 가이드북에는 관광안내에 앞서 숙박시설과 음식시설에 관한 소개글이 실린다. 그만큼 우선순위가 높다.

혁명이 일어나기 20년 즈음 전에 영국에서 발간된 한 권의 가이드북을 인용해 보자.

"일반인 대상의 식당을 운영하고 있지 않는 이상 숙박과 함께 식사를 제공하는 호텔은 피해야 하며 그것은 예외가 없다. 그러한 식사가 포함된 호텔의 불합리한 요금은 믿기 어려울 정도로, 특히 영국인에게는 더욱 그렇다. 식당에 가기보다는 호텔에서 식사를 하고 싶다면 트레퇴르에 주문해서 인원수만큼의 요리를 배달시키면 좋다. 또한 와인은 와인업자에게 주문한다. 이렇게 하면 60%는 저렴한 가격에 먹을 수 있다. 혼자일 경우, 식당에 가는 것을 추천한다. 맛이 뛰어난 가게가 아주 많다. 그곳에서는 36수에서 40수[6] 정도로 식사를 할 수 있고 기분 좋은 사람들과 만날 수 있는 기회도 있다." 022

이 시대는 레스토라퇴르가 갓 생겨난 무렵이고 일반인들에게는 잘 알려져 있지 않았다.

시대가 조금 흐른 뒤의 다른 가이드북에는 이런 내용도 게재되어 있다.

"그곳은 헤리클라스 궁전을 축소한 듯한 설계로 오렌지 나무를 장식해 매단 계단이 있다. '베리'라는 이름의 가게로 오후 5시가 넘으면 항상 가득 찬다. 14프랑만 있다면 그녀와의 식사도 즐길 수 있지만 여기서 20프랑 이하를 내는 손님은 거의 없다. 대부분의 음식이 완벽한 프랑스 요리 양식을 추구하고 있다. 우아한 사람들과 훌륭하게 장식된 맛 그리고 창가의 아름다운 경치. 그중에서도 뛰어난 것이 악

---

(6) 수sou는 프랑스의 화폐단위로 19세기까지 사용되었고, 솔sol이라고도 했다. 프랑스 혁명까지는 리브르(livre)라고 하는 화폐단위가 있었고, 1리브르=20수였다. 혁명 후 1795년에 프랑franc이라는 단위가 정식으로 채용되어 리브르에서 변하였지만, 얼마간은 양쪽의 명칭이 혼재되어 사용되었다. 이외에도 은화인 에큐Écu나 금화인 루이도루 Louis d'Or(통칭 루이)도 화폐단위로 사용되었다. 덧붙여 말하면 혁명 후 환율로는 1에큐=5프랑, 1루이도루=20프랑이지만, 이 환율은 시대에 따라 달라져 통일된 것은 아니다. 당시의 화폐단위를 현재 화폐단위로 간단하게 환산하는 것은 불가능하지만, 혁명 직전 구매력 환산으로 약 1프랑이 현재 5달러 정도라고 할 수 있다.

단이 연주하는 음악으로, 내가 처음 이곳에 발을 들여놓게 된 것은 향연의 신전에서 연주되고 있는 음색에 넋을 잃고 가게 안으로 이끌리는 강한 유혹을 느꼈기 때문이다. 그러나 주머니 사정이 눈살을 찌푸리게 하며 나를 멈추게 했고, 나는 공기와 아름다운 자연의 순수한 즐거움을 맛보기 위해 그곳으로부터 멀어졌다." 023

"최고의 요리를 먹으며 이런 장소에서 적절하게 행동하기 위해서는 약간의 훈련이 필요하다. 초보자라면, 와인을 고를 때 가장 높은 가격의 최고급 와인을 맛보고 싶은 게 아니라면 '보통 와인vin ordinaire'을 주문할 것을 권한다. 일반적으로 말해 어떤 와인이라도 가격 이외에 서로 다른 차이점을 구별하기가 쉽지 않기 때문이다." 024

이 시대에 가이드북을 믿고 파리를 관광하려는 외국인은 우선 예외 없이 부자들이었기 때문에 레스토랑과 같은 고급 장소의 구체적인 안내는 상당히 수요가 높았음에 틀림없다. 파리의 레스토랑은 요리의 뛰어남과 동시에 가게의 인테리어나 용품의 화려함으로 눈길을 사로잡고 콧대 높은 영국인조차 "헬리오가발루스 Heliogabalus(7)도 이 식도락의 황홀한 경지를 즐길 수 있을 것이다."라고 말하게 할 정도였다.

또한 '카르트Carte' 즉 메뉴의 존재도 외국인에게 무척 인상 깊었다고 하는데, 파리의 레스토랑에 관해 저술한 당시의 영국, 미국 서적에는 반드시라고 해도 좋을 정도로 '놀랄만한 가격표Bill of Fare'가 언급되고 있다. 가격이 쓰인 일람표가 있다는 자체도 그렇지만 무엇보다도 그들을 감탄시킨 것은 그 사이즈와 그곳에 쓰인 품목의 숫자였다.

---

(7) 헬리오가발루스는 미식과 성적 일탈로 잘 알려진 로마 황제이다. 218년~222년 재위한 그는 고대 로마사에 있어서 가장 전통에서 벗어난 황제로도 유명하다. 그의 행적은 퇴폐의 대명사로 여겨질 정도로, 19세기 유럽의 문자나 회화에서도 여러 차례 등장해 이 인용에서와 같이 야유적으로 사용되는 경우가 많았다. 마르쿠스 아울렐리우스 안토니누스라는 황제칭호를 받았으나, 오현제 중의 한 사람인 마르쿠스 아울렐리우스(161~180 제위)와는 다른 황제이다.

"이런 레스토랑에는 보통 '카르트'라고 불리는 가격표가 있는데, 모든 품목에 관해 금액이 표시되어 있으며 가격표에 300종류 이상의 요리가 실릴 만큼 커다란 사이즈이다." 024

'이봐, 카르트를!', '손님, 당신 앞에 있습니다.' 과연 이것이 무엇이란 말인가. 가격표는 두 번 접힌 영국 신문 정도의 크기였다. 이 중

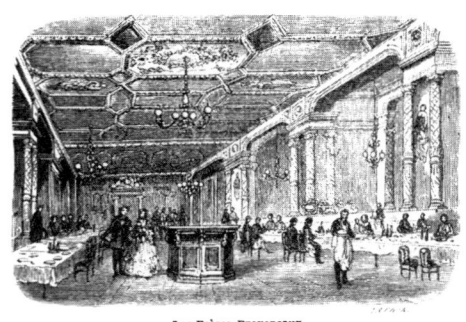

초기에 가장 인기를 끌었던 레스토랑 트와 프레르 프로방소. 3명의 의형제에 의해 시작된 곳으로 19세기 초반의 파리를 화려하게 물들였다 (Paris illusté에서).

요한 일람표를 정독하는 것만으로도 30분 이상은 족히 걸릴 것이다." 025

후자의 인용은 보빌리에의 레스토랑 광경인데, 저자는 그 뒤에 보빌리에의 메뉴를 9페이지에 걸쳐 전부 옮겨 쓰고 있다. 개요를 소개한다.

우선 포타주가 15수부터 1프랑 10수까지 13종류. 오되브르가 4수부터 2프랑 5수까지 22종류. 쇠고기 앙트레가 15수부터 1프랑 10수까지 11종류. 파티스리 앙트레가 16수부터 2프랑까지 11종류. 이중에는 파테나 볼로방(프랑스식 미트파이_편집자주)이 포함된다. 닭고기 앙트레는 종류가 많은데 1프랑 10수부터 4프랑까지 32종류나 있다. 이어서 송아지 앙트레가 1프랑부터 2프랑까지 22종류. 양고기 앙트레는 18수부터 1프랑 5수까지 17종류. 생선 앙트레는 1프랑 10수부터 5프랑까지 23종류. 로스트 고기는 1프랑부터 4프랑 10수까지 16종류가 있다. 이어서 앙트르메는 15수의 오믈렛부터 2프랑의 샤를로트 오 콩피튀르까지 40종류에 이른다. 그리고 디저트. 3수의 플럼부터 1프랑 10수의 프로마주 아 라 크렘까지 41종류가 정렬되어 있다. 이것이 끝이 아니다. 이 다음에 와인 리스트가 나열된다. 레드, 화이트, 로제 여기에 맥주까지 전부 39종류가 준비되어 있다. 가격은 10수의 맥주를 제외

하고 1프랑 15수의 부르고뉴 와인부터 8프랑의 로마네 콩티까지. 또한 와인 리큐르가 15종류, 리큐르가 14종류.

전부 몇 종류나 될까? 무려 316품목이다. 영국인이 놀라는 것도 무리는 아니다.

2

로베스피에르 파의 실각에 의한 공포정치의 끝은 동시에 프랑스 혁명의 사실상의 끝이기도 했다.

총통정치로 바뀌었어도 심각한 식료품 부족은 계속되었고, 공화제 파급을 두려워한 주변 국가의 간섭에 의한 전쟁으로 파리의 사회상황은 여전히 불안정했다. 그러나 레스토랑을 중심으로 꽃피워가던 가스트로노미의 여세는 그런 일들로 인해 결코 쇠퇴하지 않았다. 사치스러운 생활을 묶어두었던 단두대의 실은 끊어져버리고, 이전 귀족들이 누리던 신분에 의한 사치의 특권을 이제 부르주아들이 재력에 의해 누릴 수 있게끔 된 것이다.

그런 부르주아들에게 레스토랑이라고 하는 즐길거리는 자신들의 축복받은 환경을 확인할 수 있는 그럴듯한 형식이었다.

파리에는 이미 혁명과 공포정치 시대를 거쳐 살아남은 보빌리에나 로베르, 베리, 메오(Meot) 등의 레스토랑이 존재했다. 여기에 1786년, 세 명의 의형제가 만든 '트와 프레르 프로방소Trois frères Provençaux'도 오픈한다. 이외에도 '르 각크 Le Gacque'나 카바레에서 한층 발전한 '카드랑 블루Cadran Bleu', '로쉐 드 캉카르 Roche de Cancale'라는 참신한 레스토랑이 줄이어 등장해 곧바로 고급 유명점과 어깨를 나란히 하며 한층 치열한 경쟁을 펼쳤다.

예전에는 레스토랑의 사치스러움을 풍자하는 듯한 어조로 야유를 보내던 메르시에도, 공포정치 시대에 감옥에 보내져 테르미도르 반동으로 가까스로 목숨을 건진 경험이 있던 18세기 말에는, 방종이라고 말할 수 있는 사회적 풍조에 동조하는 듯한 고급레스토랑을 찬미하고 있다(메르시에다운 약간 삐딱한 태도이기는 하지만).

"파리에서 식사를 한다면 레스토라퇴르 메오의 디너에 필적한 음식은 없다! 뜨겁고 빠르고 완벽하다. 손님은 100종류의 리스트에서 요리를 고르는데, 그 리스트는 정교하게 인쇄된 것이다. 금색으로 빛나는, 조각을 한 극장과 같이 아름다운 살롱에서는 피라미드 모양으로 쌓아올린 과일이 향긋한 향을 발산한다. 식욕이 없는 사람의 식욕도 자극할 정도이다. 큰 식탁 위에는 좋은 옷차림의 두 여성이 있으며 가게 안은 질서가 있고 그 이상으로 요리에 신경을 쓰고 있다. 그곳에서는 행복한 사람들 속에 섞여 식사를 할 수 있지만 그 식사는 상당히 고가이다. 들은 바로는 그곳의 요리 가격이 다른 레스토랑의 기준이 되기 때문에 본보기로 높은 가격을 책정했다고 한다. 살롱에서는 오른쪽을 둘러봐도 왼쪽을 둘러봐도 사교적이며 붙임성 좋은 프랑스인들을 발견할 수 있다." 021

파리에 있어 18세기의 마지막 10년간은 레스토랑의 정점으로 외식산업이 한꺼번에 팽창한 시기였다. 레스토랑에 다닐 정도는 아니더라도 조금씩 생활의 여유가 있는 부르주아의 호화로운 식사를 조달하는 곳으로 트레퇴르는 여전히 번성했고, 큰 식탁에 모르는 사람과 합석하며 식사를 하는 타브르 도트도 독신자나 혼자 여행하는 외국인이 안전하면서도 가볍게 배를 채울 수 있는 장소로 빼놓을 수 없는 존재였다. 그날그날 살아가는 가난한 서민들은 와인을 마시면서 끓인 고기를 먹을 수 있는 카바레나 소규모의 값싼 식당에 드나들었는데, 이곳은 모든 이들에게 반드시 안전한 식사장소라고는 할 수 없었다.

음료를 위한 곳이라면 카페Café도 빼놓을 수 없다. 카페는 파리 거리 곳곳에 산재해 있었다. 레스토랑과 마찬가지로 파리의 명물로 어느 가이드북에서나 반드시 소개되고 있으나 그 역사는 레스토랑보다 훨씬 오래되었다. 최초의 파리풍의 카페라고 알려져 있는 '카페 프로코프CaféProcope'의 창업은 1684년. 이후 세월이 흐르면서 그 수는 증가하는데, 17세기부터 18세기 전반에 이르는 시기는 길드의 제약이 아직 강했고 요리를 제공하는 것은 불가능했다. 화려했던 프로코프와 같은 카페만 있는 것은 아니었다. 인테리어도 가격도 한층 서민적인 카페도 물론 있었다. 이런 카페에는 다양한 계층의 다양한 사람들이 모여들었다. 어떤 이는 카드나 체스를 두고, 어떤 이는 정치 이야기에 꽃을 피우고 또 어떤 이는 그냥 멍하게 시간을 보낸다. 파리 시민들에게 있어 카페는 자신의 거실과도 같은 존재였다. 그런 관점에서 레스토랑은 처음부터 카페와 비슷하면서도 다른 존재였다.

레티브 드 라 브르통이 묘사한 혁명 직전의 카페는 이런 광경이었다.

"……나는 그곳에 모이는 손님이 네 부류로 나뉘는 것을 눈치 챘다. 체커를 두는 사람, 체스를 두는 사람, 뜨내기, 그리고 단골. 체커를 두는 사람이 가장 대접을 융숭하게 받았고 체스를 두는 사람은 별 볼 일 없었다. 뜨내기는 세 종류가 있었는데, 소변을 보기 위해 들어온 사람, 구두를 갈아 신거나 체커 승부를 구경만 할 뿐 아무것도 주문하지 않는 사람, 그리고 언젠가 속일 기회만을 기다리는 사기꾼들이었다. 단골은 내기도 하지 않고 신문을 읽는 것도 아닌, 단지 난로에 둘러 앉아 잡담을 늘어놓으면서 갈 때를 기다리는 것 이외에는 아무런 목적이 없는 그런 무리였다." 017

카페는 이후 18세기 말에서 19세기 전반에 걸쳐 공화주의자들의 회합장소가 되거나 예술가들에게 토론장소를 제공하는 등 정치적, 문화적으로 중요한 역할을 담당하게 되는데, 그 발전의 역사가 가스트로미와 함께 진행된 것은 카페에서 레스토랑으로 전업해 큰 성공을 거둔 '그랑 베푸르 Grand Véfour'를 제외하면 전혀 없었다고 말해도 좋다.

18세기 말, 레스토랑의 융성으로 가스트로노미는 봇물 터지듯 넘쳐흘렸지만 파리 시민의 총통정부에 대한 기대는 나날이 줄어들었고 혁명 때의 고양감도 시들시들해지기만 했다. 공화제가 약해지면 활기를 띠게 되는 것은 앙시앙 레짐의 부활을 꾀하는 왕당파이다. 1795년 신헌법의 제정을 둘러싸고 파리에서 일어난 왕당파에 의한 봉기는 공화제의 기둥을 크게 흔들었다. 주변 국가들의 무력을 통한 간섭도 골칫거리 중 하나였다. 국민 사이의 불안감이 더해졌다.

이런 상황의 프랑스에 구세주처럼 등장한 것이 바로 나폴레옹이었다.

Ⅳ. 나폴레옹과 가스트로노미

1

나폴레옹 시대는 프랑스 근세사(近世史)에 중요한 시대였다. 그에 대한 자세한 내용은 전문적 역사연구서, 일반인용 평전, 문학작품을 비롯해 영화나 만화에 이르기까지 온갖 매체를 통해 거대한 양의 정보가 축적되어왔기에 여기서 굳이 다시 언급할 필요는 없을 것 같다. 다만 본 원고의 테마에 근거해 다루지 않으면 안 되는 것이 나폴레옹의 가스트로노미에 대한 태도와 그것이(나폴레옹 자신의 의도와는 상관없이) 불러일으킨 결과에 대한 것이다.

나폴레옹 자신은 결코 미식가는 아니었다. 그러나 가스트로노미가 한 사람에게 미치는 힘을 충분히 이해했고 그것을 스스로의 정치적 목적을 위해 크게 사용한 인물이였다.

나폴레옹 자신은 가스트로노미의 영향력을 어떻게 이용했을까?

그에 앞서 지금까지 어떤 정의나 설명 없이 사용해왔던 '가스트로노미'라는 단어에 관해 정확하게 정리해두기로 하자.

가스트로노미Gastronomie라는 단어가 일반에게 알려진 것은 실제로는 그다지 오래되지 않았다. 이 단어는 기원전 2세기경의 그리스 문헌인 아테나이오스의 『현자의 연회』를 프랑스어로 번역하면서 그 내용 중에 인용된 아케스트라투스의 서적 제목 『GASTRONOMOS』로 인해 만들어진 것으로, 이는 1635년의 일이다. 'GASTRONOMOS'라고 하는 그리스어는 '위(胃)'를 의미하는 Gastro와 '법(法)'을 의미하는 nomos의 합성어로 본래는 소화기관의 자연법칙을 가리키는 단어였다. 그러나 당시, 학술적 성격을 띤 'Gastronomie'는 일반에게는 거의 보급되지 않았다.

잊혀져가던 이 단어에 다시 생명력을 불어넣은 것은 그로부터 200년 가까이 흐른 1801년, 파리에서 출판된 『가스트로노미, 또는 식탁의 사람 La Gastronomie, ou l'Homme des champs a Table』이라고 하는 장문의 시(詩) 한 편에 의해서이다. 4개의 운문으로 이루어진 이 시의 테마는 오직 한 가지, '식탁의 즐거움을 찬미한다.'라는 것이었다. 작가이면서 시인인 조셉 베르슈 Joseph Berchoux는 머리말에서 이렇게 서술한다.

"사람들에게 불만 없는 식사를 제공한다는 것은 어렵다. 어떤 사람은 식사 시간이 길다고 생각할 것이고 또 어떤 사람은 짧다고 생각할 것이다. (중략) 나는 나 자신의 예술성을 높일 수 있는 무언가를 얻기 위해 최고의 요리사

베르슈의 『가스트로노미, 또는 식탁의 사람』 1803년 판(版) 속표지. 『가스트로노미, 또는 식탁의 사람』은 제1가(歌) '옛날 요리의 역사', 제2가 '최초의 서비스', 제3가 '두 번째 서비스', 제4가 '디저트' 등 네 편의 긴 시로 되어 있으며, 각각 상세한 풀이가 곁들여져 있다. 이 시대는 시(時)가 문학의 최고 형태였으며, 사회적, 문화적인 영향력 또한 상당했다. 『레 미제라블(Les Miserables)』로 잘 알려진 빅토르 위고도 문학의 경력을 시인으로 시작했다. 『가스트로노미, 또는 식탁의 사람』은 1801년 초판 발행 이후 여러 차례 재판을 거듭했고 영국에서는 영문판이 출간되는 등 국제적 인기를 누리며 '가르트로노미'라는 단어를 널리 보급시켰다.

나 예술가, 명망가에게 조언을 구하고 뛰어난 정신의 소유자들과 함께 베리, 로즈, 프레르 프로방소(모두 유명한 고급 레스토랑의 이름)에서 식사를 했다. 그리고 나는 많은 사람들이 내 식탁에서 함께 고만고만한 즐거움을 얻고 있는 것을 고맙게 생각한다." 026

베르슈는 자타가 인정하는 미식가였다. 그의 시는 대호평을 받았고 단시간에 재판(再版)을 거듭했다. 그리고 그가 발굴한 가스트로노미라는 단어도 눈 깜짝할 사이에 사람들에게 널리 알려지게 되었다.

가스트로노미라는 의미도 여기서 크게 변모하게 된다. 이 현학적인 용어는 베르슈의 풍부한 상상력에 의해 학술적 의미보다는 문학적인 향기가 더해져 '식(食)을 즐기기 위한 광범위한 지식'을 일컫는 단어로 다시 태어나게 되었다.

특정 단어가 특정 문화를 창출시킨다고 한다면 가스트로노미는 그 전형적인 예라고 할 수 있겠다. 19세기 초, 파리에서 가스트로노미는 하나의 유행이었다. 그렇다고는 하지만 가스트로노미가 일반 대중들도 일상적으로 사용할 수 있는 단어는 아니었다.

브리야 사바랭Brillat-Savarin의 정의에 의하면, 가스트로노미를 논하기 위해서는 과학적인 증거가 뒷받침된 고도의 지식이 요구되며, 이러한 지성을 겸비한(겸비했다고 여겨지는) 상류계급만이 이 새로운 단어의 배후에 펼쳐지는 풍부한 세상을 이해하며 얻을 수 있다는 것이었다. 또한 가스트로노미는 레스토랑의 융성으로 부르주아나 귀족 등 부유층에 퍼진 오트 퀴진에 실체를 부여하는 하나의 철학으로 기능했다. 돈을 아낌없이 사용한 식사로 세월을 보내는 부르주아들에게 있어 가스트로노미는 단순한 식도락을 아주 고급스럽게 보이게 할 수 있는 편리한 도구였다.

즉, 가스트로노미는 처음부터 사회적 계급의식을 조장하는 개념을 운명으로 지닌 단어라고 할 수 있다. 그렇기 때문에 나폴레옹은 이것을 정치의 수단으로 이용했다.

나폴레옹에게 있어 가스트로노미는 단순한 단어가 아닌 하나의 아주 강력한 무기였다.

2

가스트로노미가 무기가 되기 위해서는 당연히 그에 어울리는 정치적 환경이 필요했다. 나폴레옹이 패권을 거머쥔 19세기 초는 어떠한 시대였을까?

잘 알려진 대로 나폴레옹은 1799년 11월 9일 브뤼메르 쿠데타로 정권을 잡았다. 프랑스 혁명 후의 사회적 혼란은 공포정치가 끝난 이후에도 수습되지 않았고, 물가의 급등이나 식량난은 여전해 서민들의 불만도 정점에 달하고 있었다. 그러한 정황 속에서 등장한 나폴레옹에 사람들은 큰 기대를 걸었다. 주변 국가들과의 전쟁을 진두지휘하며 연전연승을 더해가는 나폴레옹의 군사적 지도력은 혁명으로 피폐해진 프랑스 국민에게 희망과 용기를 안겨줬다.

그러나 전쟁만으로 프랑스가 안정되지 못한다는 것은 나폴레옹 자신이 더 잘 알고 있었다. 도버해협 건너에는 강대한 영국이 있었고, 또한 동쪽으로 눈을 돌리면 그곳에는 프로이센이나 오스트리아 등 평범치 않은 나라들이 도사리고 있었다. 무엇보다도 러시아의 존재는 너무도 컸다. 이러한 열강들을 상대로 무력만으로 정치문제를 해결하려는 것은 아무리 뛰어난 나폴레옹이라 할지라도 무리였다. 무력행사로 인해 삐거덕거리는 부분을 외교교섭으로 조화롭게 만들어갈 필요성이 있었다.

이에 외교에도 힘을 쏟게 되었는데, 당시의 유럽은 많은 나라가 아직 군주제를 채택하고 있었고 정부 고관의 대부분이 귀족이었다. 따라서 외교라고 하는 것이 단순히 회담을 나누는 교섭에 국한되지 않고 귀족문화를 짙게 반영하는 사교적 교류를 포함하는 것으로, 간혹 이 부분이 더 중요한 요소로 작용할 때도 적지 않았다. 이러한 사교의 장소로 귀족 여성이 주최하는 살롱이나 극장, 정부 고관의 자택 등이 이용되었는데, 어떤 경우에도 빠트릴 수 없는 것이 사치스럽게 꾸민 식탁이었다.

　프랑스 오트 퀴진은 18세기 중반에는 유럽의 상류계급 중에서도 가장 뛰어난 요리로 확고한 지위를 차지하고 있었다. 파리가 유럽 식문화의 중심이라고 하는 평판은 실제로 그 시대에 이미 알려져 있었으며, 프랑스 혁명 전후의 레스토랑 붐이 그러한 경향에 한층 더 박차를 가했다. 보빌리에나 베리 등 고급 레스토랑은 프랑스 사람들뿐만이 아닌 외국인에게도 인기가 많았고, 관광객이나 상인, 외교관 등으로 연일 붐비면서 그 우아한 분위기나 뛰어난 요리를 자국민들에게 부지런히 선전하고 있었다. 이러한 프랑스 요리가 놓인 화려한 식탁은 여러 국가의 고관들의 취미

'위험한 플럼 푸딩'이라고 이름 붙여진 이 캐리커처는 프랑스 황제 나폴레옹과 영국 수상 피트가 식사를 함께하며 표면에 지도가 그려진 플럼 푸딩을 자르고 있는 그림이다. 둘은 자신들의 이익만을 추구하며 마음대로 자르려고 하지만 잘 살펴보면 피트가 자르려고 하는 부분이 더 큰 것을 알 수 있다. 이것은 잘 알려진 대로 적게 먹는 나폴레옹을 풍자하기 위한 것이기도 하다.

와 자존심을 만족시키는 훌륭한 외교의 장이 될 수 있었다.

나폴레옹이 그것에 착안한 것은 그의 날카로운 정치적 감각이라고 말할 수 있다. 하지만 그 자신은 먹는 것에 그다지 많은 관심을 갖지 않았다. 튀를리 궁전에 있던 나폴레옹의 식습관에 대해서 몇 가지 증언이 남겨져 있다.

19세기 중반 당시 파리의 식사 정보를 두루 훑은 으젠느 브리포 Eugene Briffault 의 『식탁에서의 파리 Paris a Table (1846)』에는 다음과 같이 기재되어 있다.

"(나폴레옹이 거주하고 있던) 튀를리 궁전에서는 식탁은 결코 중요한 것이 아니었다. 나폴레옹은 자신 앞에 놓여 있는 요리에 관심을 기울이려 하지 않았고 가장 단순한 음식을 골라 그것을 매우 급하게 먹었다." 027

같은 시기에 출판된 『식탁의 고전』에는 이런 자료도 있다.

"나폴레옹은 대식가도 아니었고 대부분 아무것이나 먹었다. 그가 먹는 것은 자신의 육체를 지탱하기 위한 것으로, 미각에 의한 것은 아니었다. 그러나 가스트로노미의 감각은 이해하고 있었다."

"8시가 되면 저녁을 먹었다. 식사는 상당히 단순했고 조금밖에 먹지 않았다. 식욕이 남아 있을 때는 좋아하는 보르도 와인을 조금 마셨다. 술에 강하지 않았고 글라스 한 잔의 마데이라 와인(디저트 와인)으로 얼굴이 빨개질 정도였다. 두 접시 이상 손을 대는 일은 결코 없었으며 식사 후에는 블랙커피를 작은 컵에 마셨다." 028

또한 동서(同書) 『식탁의 고전』에는 나폴레옹의 식사에 관한 흥미로운 에피소드를 소개하고 있는데, 이것은 실제로 앙토넹 카렘 최후의 저서 『19세기의 프랑스 요리예술 L'Art de la Cuisine Francaise au Dix-Neuvieme Siecle (1833)』에서 카렘 자신이 나폴레옹의 메트르 도텔이었던 뒤낭으로부터 직접 전해들은 이야기라며 쓴 문장을 그대로 옮긴 것이다.

"어느 날, 나폴레옹이 메트로 도텔인 뒤낭을 불러 '자네는 왜 식탁에 돼지의 크레피네트⁽⁸⁾를 올리지 않는 것인가?'라고 물었다. 뒤낭은 '각하, 그것은 황제 폐하께서 드실만한 음식이 아니옵니다. 그러나 내일 점심 식사에는 준비하도록 하겠습니다.'라고 대답했다. 다음 날, 뒤낭은 명령을 받은 요리를 만들어 내놓았다. 하지만 그것은 돼지가 아닌 반시(半翅, 꿩과의 새로 메추라기와 비슷) 고기를 사용한 크레피네트였다. 나폴레옹은 맛있게 먹으며 '너의 요리는 정말 뛰어나구나.'라며 칭찬을 아끼지 않았다.

한 달 후, 프로이센과의 관계가 매우 나빴던 상황이었는데, 뒤낭은 크레피네트를 점심 식사로 올렸다. 그러나 나폴레옹은 다른 사람처럼 보였다. 언제나처럼 그의 식사 방식대로 순식간에 수프를 마신 다음 첫 접시에 담겨 있던 크레피네트를 보자 얼굴을 찡그리며 테이블 위의 접시를 카펫이 깔려 있던 바닥에 던져버렸다. 그리고 팔을 휘젓고 큰 목소리를 내며 방을 나가버렸다. 뒤낭은 꼼짝 못하고 서 있다가 깨진 접시의 파편을 주우면서 도대체 무슨 일이 있어난 것인지 곰곰이 되짚어보았다. 조금 뒤 부관인 뒤록에게 일어난 일의 전말을 고하며 조언을 구하자 그는 웃음을 띠며 말했다.

'자넨 아직 황제를 잘 모르네. 황제의 점심 식사와 크레피네트를 당장 다시 만들게. 1시간쯤 후에 황제가 식사를 다 끝마치시고 나면 더 없냐고 물으실 거야. 자 뒤낭, 어서 가서 준비하게나.'

메트르 도텔은 시키는 대로 다시 점심 식사를 마련했다. 얼마 안 있어 준비가 되자 나폴레옹은 식탁에 앉았다. 그는 온화한 얼굴을 띠며 닭날개에 이어 크레피네트를 먹었다. 그리고 옆에 있던 뒤낭 쪽으로 몸을 기대며 이렇게 말했다. '뒤낭, 자네가 나의 메트르 도텔이라는 것이 내가 이 아름다운 나라의 황제라는 것보다 훨씬 더 기쁘구나.'" 028

---

(8) Crépinettes de cochon. 돼지 고기 소시지의 일종

V. 탈레랑의 식탁외교

1

미식가에 근접하지도 못했던 나폴레옹이 어떻게 가스트로노미를 강력한 외교상의 무기로 사용할 수 있었을까?

그것은 가스트로노미를 이해하고, 최적의 방법으로 이용할 수 있는 인재가 있었기 때문이었다. 필두로 내세울 만한 사람이 바로 탈레랑이었다.

샤를 모리스 드 탈레랑 페리고르Charles-Maurice de Talleyrand-Périgord는 브뤼메르 쿠데타에서 나폴레옹을 정치의 정식 무대에 추대한 숨은 공로자로, 나폴레옹 정치하에서 오랫동안 외교 책임자로 일했다. 그의 경력은 격동의 시대에 어울릴 만큼 풍파에 넘쳤다. 귀족의 신분이면서 프랑스 혁명에 가담하고 공포정치를 거쳐 나폴레옹의 오른팔로 때론 황제와 부딪히기도 하면서 외교에 뛰어난 능력을 발휘하며 계속되는 난국을 헤쳐 나갔다. 1814년 나폴레옹이 실각하자 프랑스전권대사로 빈회의에 참석, 만만찮은 열강들의 외교관을 상대로 끈질긴 교섭을 했고 패전국인 프랑스의 권리 상실을 최소화하는 데 성공했다. 그의 강인함은 대세를 널리 바라보는 시야와 정확한 판단력, 그리고 "혁명을 발끝으로 건넜다."[027]라고 평할 만큼 세심한 주의 깊음에 있었다. 또한 그에게는 가스트로노미라고 하는 강력한 아군도 있었다. 탈레랑의 이름은 현대에 있어 자주 미식이라고 하는 단어와 결부되어 거론되곤 한다. 그 정도로 그의 미식가로서의 명성은 당시부터 높았다. 가스트로노미가 탈레랑의 특성 중 하나라고 말해도 좋을 정도였다.

한편, 탈레랑을 나쁘게 비판하는 사람도 적지 않았다.

프랑스에서 나폴레옹 보나파르트는 문자 그대로 영웅이었다. 생전은 물론이거니와 사후에도 나폴레옹을 영웅으로 찬미하는 것은 프랑스 사람들 사이에서 명맥을 이어오며 오늘날에 이르고 있다. 프랑스 사람들의 나폴레옹에 대한 편애는 국민성에 가깝다. 신앙이라고도 할 수 있는 나폴레옹에 대한 애착에 관해 칼 마르크스는 '보나파르티즘'이라는 신조어를 만들어냈을 정도이다.

나폴레옹의 신하이면서 가끔 황제의 의지와는 반대로 적국의 정치가와 긴밀히 통했고, 마지막으로 위기를 맞으면서 황제를 버린 탈레랑에게 많은 프랑스 사람들은 지금까지 차디찬 시선을 보낸다. "신용 없이 간사한 신하, 자기의 이익추구에만 몰두하는 탐욕자, 목적을 위해서는 수단을 가리지 않는 음모가"라는 평가를 내리는 프랑스 사람들도 적지 않다.

그러나 적어도 나폴레옹이 유럽 전역의 패권을 장악하고 있던 시기에 황제로부터 가장 신뢰를 받았던 것도 사실이다. 탈레랑의 존재 없이는 결코 황제가 될 수 없었을 것이며, 그 권세로 주변 국가들을 넘보지도 못했을 것이다. 이러한 상황은 다른 누구도 아닌, 나폴레옹 자신이 가장 잘 알고 있었다. 그렇기 때문에 자신의 뜻대로 되지 않는 탈레랑에게 초조함을 느끼면서도 중요한 외교교섭을 맡길 수밖에 없었다.

귀족출신인 탈레랑은 필연적으로 귀족으로서의 특성을 갖추고 있었다. 전대미문일 정도의 사치스러움과 자주 추문을 일으키는 다채로운 여성편력은 전적으로 귀족적 특성에 근거했다. 가스트로노미도 당연히 그것과 연관된다. 동

탈레랑의 무절제를 비웃는 캐리커처. 여러 모습을 동시에 지닌 그는 여기저기 얼굴을 내밀며 각각의 입으로 "국왕 만세", "공화국 만세", "황제 만세" 등을 외치고 있다. 이것이 19세기의 일반적인 탈레랑에 대한 견해였다.

일한 귀족계급의 다른 나라의 군주나 외교관과 정치교섭을 할 때 그의 귀족 취미는 많은 도움이 됐다. 나라를 불문하고 당시의 상류 사람들에게 있어 미식은 몸에 익혀야만 하는 '소양'의 한 가지였고, 그런 까닭에 탈레랑의 가스트로노미에 대한 보기 드문 견식은 나폴레옹의 거칠고 난폭하다고 말할 수 있는 무력지향의 완충재 역할을 충분히 해냈다.

탈레랑이 내외의 고귀한 손님을 초대해 매일 저녁 개최하는 만찬회는 나폴레옹에게도 공적인 업무의 일부였다. 그는 오전 중에 메트로 도텔을 불러 그날 열릴 만찬의 메뉴에 관해 공들여 상의하는 것으로 일과를 시작했다. 살롱에서부터 집무실에 이르는 저택 곳곳이 외교의 장이 되었으며 데이빗 로데이David Lawday가 『나폴레옹의 주인Napoleon's Master(2006)』에서 싣고 있는 바와 같이 "탈레랑 저택에서 식사를 한 사람은 누구나 파리에서 최고의 식탁이라고 입을 모았다. 파리에서 최고라고 하는 것은 즉 세계 최고라는 것과 같았다." [029]

탈레랑 자신의 악평과는 반대로 그가 제공하는 저녁은 항상 칭찬의 대상이 되었다.

2

탈레랑의 가스트로노미에 대한 세련된 센스는 누구나 인정하고 있었고 그 자신도 그것을 잘 알고 있었기에 교섭에 적극 활용했다.

탈레랑의 사설 비서였던 에두아르 콜마쉬의 『탈레랑 공(公) 생애의 새로운 사실 Revelations of the Life of Prince Talleyrand(1850)』에는 1802년에 나폴레옹이 이탈리아 공화국을 창설할 당시 이탈리아 제후(諸侯)를 리옹Lyon에 모아 회의를 열 때의 탈레랑의 회상이 인용되어 있는데, 여기서 탈레랑은 가스트로노미의 효용에 관해 이렇게 말하고 있다.

"회의로 결정해야 할 사항에서 오직 하나만을 남겨두고 있었습니다. 그것은 다루기 까다로운 문제로 나는 회장에 들어가기에 앞서 최대한의 힘을 동원해서 설득하지 않으면 안 된다고 느끼고 있었습니다. 적대 교전국을 가능한 한 회유하기 위해서는 잘 다듬어지고 적절히 실행되면 우선 실패할 일이 없는 매력적인 먹이, 즉 '식탁외교Dîner Diplomatique'에 기댈 수밖에 없었습니다." 030

탈레랑은 식탁외교를 '매력적인 먹이'라고 말하고 있다. 이야기는 계속 이어진다.

"요리에 있어 존경해야만 하는 동지, 카렘에의 신뢰를 바탕으로 그는 나의 외교 능력과 결합해 성공적인 출발과 결말을 맺을 수 있는 충분한 재능을 갖추고 있었습니다." 030

탈레랑은 직접 연출한 식탁외교에 앙토넹 카렘이 상당히 도움이 되는 것을 일찍이 간파하고 이례적으로 발탁해 자신의 저택에 불러들였다. 한마디로 카렘은 탈레랑에 의해 '발굴'되었다.

두 사람의 만남이 언제, 어디에서, 어떻게 이루어졌는지는 알 수 없다. 그러나 이 만남은 탈레랑에게도 카렘에게도 또한 프랑스의 가스트로노미에 있어서도 행복한 사건이었다. 카렘 없이는 탈레랑의 식탁도 그처럼 빛날 수 없었을 것이며, 탈레랑 없이는 19세기 전반의 가스트로노미에 큰 영향을 끼친 천재 카렘이 두각을 나타내는 일도 없었을 것이기 때문이다.

원래 카렘은 탈레랑의 전속 셰프가 아니었다고 한다. 탈레랑 저택에서는 부셰를 시작으로 뛰어난 요리사가 여러 명 있었다. 카렘도 탈레랑 저택에서의 일을 통해 요리의 기본을 배웠고 그것이 그의 요리사로서의 경력 형성에 큰 영향을 끼쳤다. 카렘은 어디까지나 프리랜서 제과요리사로 중요한 만찬회마다 탈레랑이 요청하는 형식으로 수완을 발휘했다.

카렘에 관해서는 다시 상세히 다룰 예정이므로 여기에서는 깊이 들어가지는 않겠지만 앞서 소개한 마시알로나 라 샤펠이 그러했듯이 카렘도 특정 주인에게 종속되는 요리사의 부자유스러움을 좋아하지 않았을지도 모른다.

어찌되었든 간에 탈레랑이 회상하는 1802년이라고 하는 시기는 카렘의 나이도 아직 18~19세에 불과했으며 아무리 천재 요리사라 할지라도 '식탁외교'의 주역을 짊어질 정도의 실력과 명망을 갖추었다고 생각하기는 어렵다. 그럼에도 불구하고 이러한 일화가 순수히 세간에 받아들여졌다는 것은 그 정도로 탈레랑의 가스트로노미에 쏟아붓는 열정과 외교적 대응이 이미 잘 알려진 사실이었다는 증거일 것이다.

탈레랑의 식탁 형태를 기재한 자료로는 터프 쿠퍼의 유명한 평전 『탈레랑 Talleyrand (1932)』에서도 인용된 레이디 셸리의 『프랑스 일기 The Diary of France (1912)』가 있다. 레이디 셸리는 영국 귀부인으로 프랑스 체류 중이었던 1815년 7월에 스튜워드 경의 파리 저택에서 개최된 만찬회에서 탈레랑과 처음으로 대면하게 된다. 그 때의 첫인상을 "이렇게 악마와 같은 얼굴을 한 남자는 본적이 없다."라고 악랄하게 묘사하고 있다. 그것은 나폴레옹 제정이 몰락한 당시 탈레랑에 대한 영국인의 극히 일반적인 반응이라고 해서 다행이었다.

그로부터 1개월 후인 8월 하순, 그녀는 탈레랑 저택에 초대되어 식사를 함께 하게 되었다. 여기서도 그녀는 "탈레랑의 친밀한 태도에도 불구하고 나는 그에게 혐오스러운 마음을 감출 수 없었다."라고 변함없는 비호의적인 태도를 나타냈지만 식사가 시작되자 양상은 완전히 뒤바뀌었다.

"수프가 테이블 중앙에 올려졌다. 탈레랑이 일어서서 국자로 나눠주기 시작했다. (중략) 매우 값비싼 식사의 마지막은 큰 생선 요리 코스였다. 이런 저녁을 두 번 다시 먹어볼 수 있을까? 꿈을 꾸는 듯한 기분이었다. 식사 도중의 대화는 먹는 것에 관한 것뿐이었다. 모든 요리가 이야기의 대상이 되었고, 식탁에 내놓은 모든 와인의 유래에 관한 학식이 뛰어났다. 탈레랑은 자신이 직접 저녁 식사를 분석해 주었는데, 그 모습은 마치 정치상의 중요한 문제를 논의하고 있는 듯 흥미로 가득했고 진지했다." [031]

빈회의에서 권모술수를 구사하며 프랑스에 유리하게 이끈 교활한 탈레랑에 적의를 가졌던 레이디 셸미마저도 그의 가스트로노미의 유혹에는 여지없이 무너지고 말았던 것이다.

VI. 탈레랑派 vs. 캉바세레스派

1

탈레랑의 미식에 얽힌 에피소드는 수없이 많지만, 가스트로노미의 극치라고 말할 수 있는 그의 재력은 실제로는 다양한 문제를 안고 있었다. 가스트로노미는 무엇보다 돈이 많이 든다. 일반 서민은 물론이고 소부르주아나 빈곤한 귀족에게는 가스트로노미가 관계없는 쾌락이었던 이유도 한마디로 그런 이유에서였다. 탈레랑은 정부고관으로 고액의 보수나 연금 이외에도 영지, 소유지로부터의 지대, 재산의 운용이익, 그 외에도 여러 많은 부정기 수입을 포함해 막대한 돈을 벌어들였다. 그러나 근본부터 귀족이었던 탈레랑은 그 수입을 물 쓰듯 낭비했다. 가족의 사치스러운 생활을 지탱하기 위해서나 부동산 투자라고 하는 정당한 용도는 물론 카드 도박에 돈을 걸거나 당시의 넉넉한 기준으로 봐주어도 사람들의 반감을 살 만큼 많았던 애인 유지를 위한 영예롭지 못한 용도에도 사용했다. 당연히 가스트로노미에 대해서 비용을 아까워하는 일 등은 결코 없었다.

18세기 초반 정국이 불안정한 프랑스에서 아무리 나폴레옹의 신임이 두텁다고는 하지만 탈레랑의 지위는 언제나 전복의 위기에 처해 있었다. 1810년에는 브뤽셀의 시몬은행이 파산하면서 예치해둔 150만 프랑의 자산을 잃어 재정의 어려움에 빠졌다. 그러나 탈레랑은 그런 와중에도 "파리 저택인 오텔 드 모나코에 사람들을 불러 화려한 만찬회나 밤의 회합을 열었고 고용하고 있던 요리사나 일하는 사람들을 바꾸려고도 하지 않았다."032

바렌 가(街)의 오텔 드 모나코는 탈레랑이 식탁외교의 거점으로 구입한 저택이다. 이 외에도 파리 교외의 발랑세 성Château de Valençay을 소유하고 있었으며 이곳 역시도 자주 외교장소가 되었다. 1808년 프랑스의 스페인 침략과 함께 페르난도 왕자의 영지 이주 시에 나폴레옹은 탈레랑에게 왕자의 임시 거처로 발랑세 성을 제공하도록 지시했고 왕자 일행을 극진히 모실 것을 명령했다. 이 비용 역시도 탈레랑이 부담했다.

이러한 비용을 조달하기 위해 탈레랑은 여러 가지 잔꾀를 부렸지만 그것은 그에 대한 비난을 더욱 증폭시켰다.

좋든 싫든 간에 프랑스 식탁외교의 정식 무대에서 활약을 펼쳤던 탈레랑. 하지만 나폴레옹의 통치하에서 식탁외교로 이름을 날린 고관은 그뿐만이 아니었다. 가스트로노미가 급속히 발전했던 그 시기에는 정치에 국한되지 않고 모든 교섭에 윤활유처럼 식사가 이용되었다. 나폴레옹 정권의 제국대법관이었던 캉바세레스도 가스트로노미의 실력자로 적극적인 식탁외교를 진척시킨 한 명이다.

장 자크 레지 드 캉바세레스Jean-Jacques-Régis de Cambacérès 역시도 귀족 출신으로 프랑스 혁명을 지지, 온건한 공화주의자로 혁명의 동란을 헤쳐 나갔다. 브뤼메르 쿠데타에서 나폴레옹이 제1집정에 오르자 연이어 제2집정에 지명되어 정권 제2인자의 자리에 등극했고, 제정(帝政)시대에는 대법관으로 유명한 나폴레옹 법전의 기초를 닦는 중심적 역할을 했다.

캉바세레스는 이러한 정치가로 활약하는 한편, 미식가로서의 명망도 상당히 높았고 탈레랑과 견주며 나폴레옹의 식탁외교를 떠받치는 두 개의 기둥이라고 할 수 있는 존재였음은 모두가 인정하고 있었다.

존 머레이John Murray는 『보나파르트의 궁정과 군영 The court and camp of Buonaparte(1829)』에서 이렇게 쓰고 있다.

"사생활에서 그(캉바세레스)는 미식을 사랑하는 마음이 한층 뛰어났다. 이러한 점에서 그는 나폴레옹이나 르블랑과 좋은 대조를 보인다. 궁정에서 나폴레옹은 행군을 할 때처럼 매우 급하게 식사를 했고, 르블랑은 사치스런 식사를 하기에는 너무 절약가였다. 집정정부의 시대에는 이런 말들이 사용되었다. '나폴레옹은 급하게 먹고 캉바세레스는 우아하게 먹으며, 르블랑은 아무것도 먹지 않는다.'라고."

브리포의 『식탁에서의 파리』에도 비슷한 내용이 실려 있다.

"그는 외국에서 방문한 중요한 손님에게 유쾌하게 이렇게 이야기하는 것이었다. '병사와 같이 식사를 하고 싶으면 내가 있는 곳에서 드십시오. 왕처럼 식사를 하려거든 대법관의 집에서 식사를 하면 좋을 것입니다. 만약 거지처럼 식사를 하고 싶다면 대재무관의 집에 가서 식사를 하면 됩니다.'"

여기서 '나'는 나폴레옹을, '대법관'은 캉바세레스를, 그리고 '대재무관'은 르블랑을 가리킨다는 것은 말할 것도 없다.

나폴레옹이 캉바세레스의 식탁외교를 높이 평가하고 있었던 것은 『식사의 예술 또는 가스트로노미와 가스트로노마』의 헤이워드가 쓴 다음과 같은 일화로도 엿볼 수 있다.

"나폴레옹은 외교교섭이 생각대로 잘 풀린 경우에는 으레 상대의 전권대사에게 이렇게 이별을 고하는 것이었다. '자, 가서 캉바세레스와 식사를 하시지요.'" [013]

이 책에는 또 이런 에피소드도 소개되고 있다.

"그것은 앙기앵 공(公)의 운명에 관한 문제가 논의되고 있을 때였다. 밤이 깊어가던 무렵, 그(캉바세레스)의 표정에 초조하고 불안정한 조짐이 보였다. 그리고 결국, 그는 메모를 적어 기다리고 있던 비서관을 불러 그것을 들려 보냈다. 수상하게 여긴 나폴레옹은 부관에게 메모가 전달되는 것을 멈추게 했다. 메모를 손에 넣은 나폴레옹에게 캉바세레스는 그것은 극히 개인적인 편지이므로 읽지 말아줄 것을 간곡히 부탁했다. 그러나 나폴레옹은 귀담아 듣지 않고 메모에 눈을 돌렸다. 그것은 요리사에게 보낸 짤막한 주의서로 이렇게 쓰여 있었다. '앙트르메에 주의해라. 로티(로스트 고기)가 잘못되어버리니까.'" 013

부르봉 가(家)의 피를 물려받았지만 프랑스 혁명에 의해 타국에서 어쩔 수 없는 망명생활을 하게 된 앙기앵 공은 1804년 왕권 부활을 꾀하는 왕당 파의 수장이라는 혐의를 받고 체포되어 파리에서 처형되었다. 이 처형에는 신중론도 많았는데, 캉바세레스는 그 무리의 필두 격이었다. 나폴레옹은 신중론에 끝까지 귀를 기울이지 않았고 형을 단행했다. 후에 앙기앵 공이 왕당 파의 음모와 관계가 없었다는 것이 밝혀지지만 때는 이미 돌이킬 수 없었고, 이 사건은 나폴레옹의 포악함을 드러내며 두고두고 정권의 정당성에 나쁜 영향을 끼쳤다. 그러한 앙기앵 공 처형의 옳고 그름을 논하는 심각한 회의에서마저 요리에 신경을 쓰던 캉바세레스의 일화는 물론 꾸며낸 이야기로 일종의 풍자적 표현이었을 것이다. 그러나 얼마나 진짜처럼 이야기되었을 것이며 가스트로노미의 화신(化身)으로서 캉바세레스의 인격과 그것이 사람들의 눈에 어떻게 비춰졌는지 살펴볼 수 있다는 점이 흥미롭다.

2

탈레랑과 캉바세레스는 나폴레옹의 정권을 쥔 고관이었으며 정치적으로는 협력하는 동료였다. 그러나 일단 식탁에 관련된 일이라면 한 치의 양보도 없는 강력한 라이벌이기도 했다. 서로가 저명한 요리사를 고용하고 있었고, 화려한 식탁의 경쟁 상대였다.

가스트로노미의 수호자였던 두 사람에 대해 파리의 요리사들은 그들의 이름이 붙은 요리로 경의를 표했다. 예를 들어 '프티 탱발 아 라 탈레랑 Petits Timbales à la Talleyrand'이라는 이름의 요리는 탈레랑이 좋아하는 닭고기 요리로 19세기 후반을 대표하는 요리사 중 한 명인 위르뱅 뒤부아Urbain Dubois의 저서에 실려 있다. 줄 쿠페도 『요리의 책Le livre de cuisine (1867)』에서 ' 탱발 드 트뤼프 아 라 탈레랑 Timbale de

Truffes à la Talleyrand'이라고 하는 앙트르메를 소개하고 있으며 여기에 덧붙여진 코멘트에는 "이 탱발Timbale에 탈레랑 공의 이름이 붙어 있는 것은 최초에 이 요리를 만든 것이 공의 유명한 루이 에스브라 셰프이기 때문이다. 나는 요리의 세계에서 신성시 여겨지는 이 오래된 앙트르메의 이름을 다소 바꿔야 한다고 생각했다."라고 쓰고 있다.

캉바세레스도 뒤지지 않는다. 연어를 좋아했던 그의 이름이 '트뤼트 소모네 캉바세레스 Truite Saumonee Cambacérès'나 '트루트 아 라 캉바세레스 Trout à la Cambacérès'에 남겨져 있는 것 이외에도 많은 요리에 그의 이름이 붙어 있어 미식가 캉바세레스의 명예를 유지하고 있다.

이처럼 가스트로노미의 라이벌이었던 탈레랑과 캉바세레스 두 사람 주변의 경쟁의식은 한층 격렬했고 무슨 일에서든 불꽃이 일었다. 특히 카렘은 캉바세레스를 싫어하기로 유명했는데, 사교계에서도 잘 알려진 사실이었다.

카렘은 저서 『19세기의 프랑스 요리예술』을 레이디 모건에게 바치고 있는데, 그 책의 헌사에 캉바세레스를 맹비난하는 내용이 담겨 있다.

"그리고 마담, 여기서 블로뉴 만찬회의 매력적인 문장 중에서 당신에게 말을 건넨 제국대법관의 요리에 관해 조금 보충하는 것을 허락해주십시오. (중략) 대법관의 요리장으로 일하고 있는 그랑 샤넬 씨를 저는 높이 평가하고 있습니다. 그 뛰어난 인물은 몇 군데의 큰 만찬회에 저를 데려가 주었습니다. 때문에 저는 그 요리에 관한 서비스의 구성을 실제로 봤고, 우아하다고 하기엔 힘든 면이 있다는 것을 깨달았습니다. 이렇게 말씀드리는 것에는 근거가 있습니다. 서비스의 구성은 요리사의 일이 아닙니다. 하지만 그것이 요리사의 재능을 마비시키고 위축시키고 있습니다. 캉바세레스 공의 만찬회에 그 서비스를 지지하는 것은 단 한 사람, 공(캉바세레스)뿐입니다. 공은 식탁을 지배하고 있으며 인색함에 사로잡혀 사소한 것에만 신경을 쓰고 있습니다. 이 슬프기 짝이 없는 서비스는 가스트로노미와는 전혀 어울리지 않습니다. 공이 큰 만찬회에서 반드시 하는 일이 있습니다. 앙트레(전체요리)에 거의 손을 대지 않거나 조금만 손을 댄 테이블에 눈을 돌려 그것을 체크해둡니다. 그리고 그 남은 음식을 상에 남겨진 요리 부스러기들과 함께(그만의 방식으로) 메뉴를 조정하여 그것을 요리장에게 건네어 데우게 하는 것입니다. 시치미를 뚝 떼면서. (아, 빈정거리기 잘 하는 보아로가 그것을 봤다면 그는 필시 이렇게 쓸 것입니다. '사이비 가스트로놈Gastronome(미식가) 캉바세레스여!' 라고)" 035

여기서 카렘이 말하는 블로뉴의 만찬회는 1829년에 열린 로스차일드 가(家)의 만찬회를 가리킨다. 카렘이 메트르 도텔로 전담했던 이 만찬회의 모습을 초대 손님 중 한 명이었던 레이디 모건이 1831년에 출판된 서적에 담으며 카렘의 요리를 극찬한 것이다. 그러나 동서(同書)에서 그녀는 캉바세레스 저택에서의 식사를 프랑스 최고의 것이라고 찬양하고 있으며 그것이 카렘의 마음을 불편하게 했다. 그녀의 호의가 고맙다고는 생각되었지만 그 일에 관해 아무 말도 하지 않고서는 견딜 수 없었던 것이다. 하지만 '왕의 요리사이자 요리사의 왕'이라고 불리는 카렘이 캉바세레스를 사기꾼인양 취급하는 것은 다소 철없이 느껴진다.

자일스 맥도노Giles MacDonogh는 카렘의 힐난에 관해 『혁명에 있어서의 미각 A Palate in Revolution(1987)』에서 이렇게 단정 짓고 있다.

"카렘에게는 자신을 편들어주는 탈레랑을 칭송해야 할 갖가지 이유들이 있었다. 그러나 캉바세레스가 단지 대식가에 지나지 않는다는 비난은 무엇보다 당파성(黨派性)에 기인한다는 의심을 감출 수 없다." 036

이 의견이 잘못되었다고는 할 수 없을 것이다. 분명 카렘은 적과 아군을 구별해 확실히 선을 긋는 경향이 있었다. 캉바세레스 식탁의 인색함을 비난하는 논조는 후에 『식탁의 고전』에도 실리는데, 이 서적은 카렘의 비서라고 알려진 프레데릭 파요 Frederic Faillot가 쓴 것으로 카렘의 의견에 동조하는 것이 조금도 이상하지 않다.

이러한 탈레랑 파에 대해 캉바세레스 파를 찬양하는 이도 적지 않았다. 그 필두는

『식통연감L'Almanach des Gourmands』으로 알려진 그리모 드 라 레니에르Grimod de la Reynire일 것이다. 그리모는 캉바세레스의 식탁에 관해 "파리에서 가장 탁월하고 최고이며 가장 현명하다는 것은 뛰어난 미식가들의 공통된 의견이었다." 037 라고 드러내놓고 극찬하고 있으며, 또한『식통연감』5권 머리말에 "고맙게도 그(캉바세레스)가 책(식통연감)이 탄생했을 때부터 가져준 관심이야말로 이 일을 실행할 수 있었던 가장 강력한 추진력이었으며 가장 감미로운 포상이었다." 037 라고 쓰고 있다. 그리모가 캉바세레스 파의 한 명이었던 것은 의심할 여지가 없다.

마지막으로 그것을 뒷받침하는 에피소드를 소개하면서 이 장을 끝맺도록 하자.

캉바세레스에게는 에그르푀유와 빌르비엘르라고 하는 요리를 담당하는 두 명의 측근이 있었다. 이 두 사람도 미식가로 알려져 있었는데, 캉바세레스의 가스트로노미를 지탱하는 중요한 역할을 담당했다. 특히 에그르푀유는 그리모가『식통연감』제1권을 바친 인물로 그리모와는 사이가 좋았다. 캉바세레스와 에그르푀유, 빌르비엘르 세 명은 자주 고급 레스토랑이나 카페, 식료품점 등이 줄지어 있는 중심가 팔레 로얄을 산책했다. 이 에피소드도 이런 산책 중에 일어난 일이다.

"그들은 식료품점 '슈베'에 먹음직스런 복숭아가 진열되어 있는 것을

캉바세레스는 측근들과 함께 자주 팔레 로얄을 산책했다. 그 산책은 파리 시민들 사이에서 유명했는데, 이러한 캐리커처로도 그려질 정도였다. 가운데 모자를 쓴 인물이 캉바세레스. 앞쪽이 에그르푀유이고 안쪽이 빌르비엘르이다.『대법관 캉바세레스』중.

보고 멈춰 섰다. 그곳에는 빌르비엘르, 에그르푀유, 공증인 노엘, 서적상 코란 등 네 명이 있었다. 네 명의 머릿속에는 똑같은 생각이 떠올랐다. '캉바세레스를 위해 이 복숭아를 사가지고 가야겠다는 것'이었다. 먼저 '1에퀴Ecu(은화) 6리브르'라고 에그르푀유가 말하자 '2에퀴'라고 빌르비엘르가 뒤이어 말했다. 그러자 '2루이Louis(금화)'라고 하는 노엘. 그런데 갑자기 일행이 아닌 다른 젊은이가 끼어들었다. '그런 가격은 이 훌륭한 복숭아에게 실례되는 것이오. 나는 5루이를 내겠소', '그러면 나는 그의 2배' 노엘이 대답했다. '자, 15루이를 내면 내 것이오' 젊은이는 이렇게 말하고는 복숭아를 가져가서 재빨리 4등분으로 가르더니 모두에게 나눠주었다. 바로 이 인물이 그리모 드 라 레니에르였다." 038

제3장
그리모와 사바랭

구르망의 초상(작자미상, 19세기).
두 명의 남자가 식사를 하고 있는 모습을 그린 이 그림에서 왼쪽의 여윈 인물은 매우 평범한 시민, 즉 프티 부르주아이다. 그에 비해 오른쪽 인물 구르망은 보기에도 동글동글 살쪄 있다. 테이블 위를 보면 그 차이가 확연히 드러난다. 두 사람은 이야기를 하고 있는데, 자세히 읽어보면 왼쪽 인물은 "나는 살기 위해 먹을 수밖에 없다."라고 말하고 있으며 오른쪽 인물은 "나는 먹기 위해 살 수 밖에 없다."라고 말하고 있는 것을 알 수 있다. 그리모 드 라 레니에르의 이상과는 상당히 떨어져 있는 이 오른쪽 인물이야말로 당시 사람들이 그리는 평균적인 구르망 상(象)이었다. 개가 그려져 있는 것에도 주의를 기울일 것.

I. 구르망

1

 18세기 말부터 19세기 초반에 이르기까지 파리에서의 가스트로노미 발전 과정에서 문헌자료에 빈번히 등장하고 미식문화의 중심에 도드라진 존재감을 드러낸 단어 하나가 있다.
 구르망 Gourmand.
 현대에서도 '미식가(美食家)'라는 의미로 매우 평범하게 사용되고 있는 이 단어의 배경에는 실제로 프랑스 특유의 종교적 현상이 존재한다.
 지금까지 보아온 것과 같이 유럽의 '식(食)'의 역사는 그 문화적 배경에 항상 영향을 받아왔다. 특히 위로는 왕에서 아래로는 빈곤에 허덕이는 최하층민에 이르기까지 사람들의 삶 구석구석에 침투해 있던 기독교는 중세에서 근세에 이르기까지 유럽의 식문화에 엄격한 틀을 제공했고 많든 적든 간에 식생활을 규정하면서 절대적인 역할을 해왔다.
 여기서 제1장에서 살펴본 '단식과 향연'의 대비(對比)를 다시 한번 상기하기 바란다.
 기본적으로 기독교에서는 종교적 절기마다 단식이 실시되었고, 그 엄격함을 보상하기 위해 단식 전후에 연회를 열어 한바탕 떠들썩하게 먹고 마셨다. 단식은 기독교가 정한 계율이었으며 이것을 지키는 것은 지위의 높고 낮음에 상관없이 사람이라면 누구에게나 주어진 의무였다. 이것을 어기면 당연히 벌을 받아야 했는데, 이 벌은 신이 내리는 것이므로 누구든지 피할 방법이 없었다. 따라서 사람들은(특히 중세) 그 계율을 엄격히 지켰다. 그 대신 단식에 들어가기 전, 또는 단식이 끝난 직후에는 연회로 마음을 달랬던 것이다.
 이러한 행동에서 음식을 먹고 마시는 행위가 인간에게 있어 큰 쾌락이며, 규제가

'7대 죄악과 사종(四終)'의 '식탐의 죄' 부분 (히에로니무스 보스作, 1485).
기독교에서 말하는 '7대 죄악'은 온갖 죄악의 근원이 되는 감정이나 특성, 욕망을 가리킨다. 기독교인은 누구라도 바른 생활을 하기 위해 이것을 삼가지 않으면 안 된다고 여겨왔다. 그 기원은 4세기 이집트의 수도사 에바그리오스 폰티코스의 '여덟 가지 중요한 죄'인데, 6세기 후반에 그레고리우스 1세에 의해 현재의 형태로 개편되어 '7대 죄악'이 되었다. '7대 죄악'을 구성하는 것은 엄격함의 순으로 식탐, 탐욕, 나태, 색욕, 거만, 질투, 분노이며 식탐이 필두로 내세워져 있다. 각각의 죄악에는 고유의 악마가 관련되어 있으며 식탐의 죄를 상징하는 악마는 벨제뷔트이다.

없다면 끝없이 부풀어 오르고 마는 욕망으로 간주되고 있었음을 알 수 있다.

 기독교의 '7대 죄악' 중에서도 '식탐의 죄'가 가장 무거운 죄로 여겨지는 것은 결코 이유가 없는 것은 아니다. 19세기의 전례(典禮)학자 오비 시플리Orby Shipley는 『죄에 관한 이론A Theory about Sin(1875)』에서 "식탐의 죄The Deadly Sin of Gluttony'는 먹는 것과 마시는 것의 쾌락에서 기인하는 관능적인 즐거움에 대해 심상치 않은 이기적인 욕망을 품는 것이다."[039]라고 정의하며 신약성서에 기록되어 있는 부자와 거지 라자로의 설화(루카의 복음서 16장 19~26절)를 예로 들어 "지옥의 불 속에서 고통의 눈을 뜨게 된 이 부자는 매일 사치로 가득한 식사를 해왔다."라고 말하며 "식탐의 죄는 다섯 가지 방법으로 우리들을 유혹한다. 그 다섯 가지 유혹은 우리들 영혼의 완전성을 방해하고 있다."라고 하는 그레고리우스 1세(대교황 그레고리우스)의 말을 빌려 식탐의 죄로 이끄는 다섯 가지 유혹을 열거한다.

"I. 식사 시간을 알고 있지만 미각을 만족시키고 싶다는 단순한 목적을 위해 보통보다 이른 시간에 식사를 하려고 하는 것에 의해 우리들은 식탐의 죄에 유혹된다(시간의 유혹).

II. 고행의 주교가 적절하게 부끄러워해야 함에도 불구하고 배불리 먹을 수 있는 미각을 구할 때, 우리들은 먹는 것의 질에 관한 식탐의 죄에 유혹된다(품질의 유혹).

III. 앞의 두 가지 유혹을 면했다고 하더라도 우리들은 제3의 유혹에 빠질 수 있다. 식탐을 유발하는 3번째는 미각의 관능적인 즐거움을 위해 소스나 조미료를 사용해 자극을 추구하는 것이다(자극의 유혹).

IV. 만약 먹는 양이 너무 많아서 자연이 요구하는 보통의 식사 이상으로 먹고 말았다면 우리들은 이 중대한 죄의 유혹에 굴복하게 되는 것이다(양의 유혹).

V. 마지막으로 먹는 것에 관해 이상의 죄를 모면했다고 해도, 필요한 식사였다 해도, 너무 열중해버린다면 절도 있는 미덕이라고는 볼 수 없는 죄를 범하게 될 것이다(탐닉의 유혹)." [039]

이처럼 기독교에서는 '맛있는 것을 배부르게 먹는 것'은 과도한 욕망에 몸을 맡기는 것으로 극히 죄가 무거운 행위로 여겨왔다.

구르망이라는 단어도 당연히 이 문맥에서 파악할 필요가 있다.

시플리의 서적은 영국에서 출판된 것으로 그 사상에는 영국의 기독교적 견해가 반영되어 있는데, 기독교 교리인 '7대 죄악'에 대한 인식이 프랑스와 달랐던 것은 아니다.

사실, 구르망이라는 프랑스 단어는 처음부터 미식가를 표현하는 의미는 아니었다.

그 예로 『프랑스 아카데미 사전Dictionnaire de l'Académie Française』의 1802년 판을 참조해보자. 여기서는 구르망은 이와 같이 정의되어 있다.

"구르망, 여성형은 구르망드. 형용사, 명사. 폭식, 게걸스럽고 과도하게 먹는 남자 또는 여자. 원예용어로는 과실나무의 가지가 너무 왕성해서 다른 가지에 열매가 맺히지 못하게 하는 가지를 구르망드의 가지라고 부른다." 040

결코 좋은 의미로 사용되지 않았다는 것을 알 수 있다. 결국, 기독교에서 말하는 '7대 죄악'의 '식탐의 죄'를 구현하는 존재가 구르망이었던 것이다. 『프랑스 아카데미 사전』의 이 정의는 1600년대의 오래된 판에서 1800년대 후반의 판에 이르기까지 거의 일치하고 있다.

즉, 공식적으로 구르망은 '탐욕스런 대식가'를 가리켰다. 이러한 부정적인 단어가 어떻게 가스트로노미의 세계에서는 '미식가'라는 긍정적인 의미를 가지게 된 것일까?

이것을 이해하기 위해서는 중세 이후 프랑스에서 '식탐의 죄'가 어떻게 인식되어 왔는지를 살펴볼 필요가 있다.

2

교리로서의 '식탐의 죄'는 분명히 프랑스 사람들의 의식 속에도 존재했다. 구르망과 연관이 있는 단어에 '구르망디즈Gourmandise'가 있는데, 이것은 본래 구르망이 범하는 악덕을 가리키는 단어였다. 프랑스어의 'Le péché de gourmandise'는 문자 그대로 '식탐의 죄'이다.

'식탐의 죄'에 대해 프랑스가 영국 등의 다른 유럽제국들과 달랐던 점은 해석이었다. 그리고 그 해석의 차이는 16세기 이후의 종교개혁과 관계가 있다.

종교개혁은 16세기 중반에 유럽 전체에 퍼진 기독교회 체제에 대한 대대적인 개혁운동으로 그 뿌리에는 기존 가톨릭교회의 타락을 둘러싼 비판이 있었다. 이 개혁은 유럽 기독교 세계를 이분화하는 싸움으로 발전했고, 그 결과 가톨릭으로부터 분리되는 형태의 프로테스탄트(개신교)가 생겨난다. 이 시대, 로마의 성직자 중에는 지위를 이용해 면죄부(贖宥状)Indulgentia[1]를 판매, 이렇게 얻은 막대한 이익으로 현세의 쾌락을 탐닉하는 이들도 적지 않았다. 그러한 정신적 퇴폐, 제도적 형해화(形骸化, 내용이 없고 모양뿐인 것_편집자 주)를 비판하며 원초의 기독교 정신으로 되돌아갈 것을 제창한 프로테스탄트는 당연히 처음부터 금욕적이면서 검소한 종교생활을 지향했다.

프랑스에도 종교개혁의 여파는 들이닥쳤다. 그러나 1572년 8월, 가톨릭 파에 의한 프로테스탄트 파의 강압, 즉 성(聖) 바르톨로메오 학살사건[2]이 일어났고, 그것을 기점으로 프랑스에서의 종교개혁의 기세는 한순간에 위축되고 만다. 이후 프랑스는 가톨릭이 우위를 차지하게 되고 이것이 프랑스 사람들의 의식과 문화형성

---

[1] 고해에 의해 죄를 경감시켜주는 증서를 말함. 원래는 면죄부(免罪符)라는 말을 사용했지만, 속유장(贖宥状)이라고 하는 것은 죄 그 자체를 사해주는 것이 아닌, 그 속죄를 가볍게 해주는 것이므로, 현재에서는 免罪符라는 용어는 사용하지 않는다. 贖宥状의 발행 권한은 로마교회에 속한 주교가 갖고 있기 때문에 이것을 일종의 이권으로 잡으려는 사람들이 출현했다는 것은 어떤 의미에서는 필연적인 일이었다.

에 영향을 끼치게 된다.

장 로베르 피트 Jean-Robert Pitte는 『프랑스의 가스트로노미』에서 "종교개혁은 미식에 있어서도, 후에 유럽 미식의 분포에 있어서도 열쇠가 되는 사건이었다. 이 원동력의 하나는 일부 성직자의 사치스러운 습관을 비판하는 것이었다." 014라고 기록하고 있으나 프로테스탄트가 침투하지 않은 프랑스에서는 개인적인 쾌락에 대해 비교적 너그러운 분위기가 형성되었고 특히 먹는 것에 관해서는 허용도가 한층 높았다. 피트의 서적을 조금 더 인용해보자.

"신에게 지나치게 맛있는 것이란 없다. 이것은 영성체(領聖體) 때에 주인에게 실례가 되지 않도록 고급 와인 뫼르소 Meursault 로만 미사를 행하려 하는 베르니스 추기경의 유명한 관행의 이유이기도 하다."

"1600년, J. 베네딕티는 『죄와 그를 다스리는 전서』에서 식탐이 죄가 되는 것은 그것이 '자신 또는 그 이웃을 희생하게 하여' 범하게 될 때, 그리고 그중에서도 '식탐에 의해 부채를 갚지 않을 때, 또는 가족을 굶어 죽게 했을 때'만이라고 판단하고 있다."

"세르주 보네 신부도 마찬가지로 오리코스트 드 라자룩의 재판(再版)에 맛있어 보이는 서문을 쓰고 있다. (중략) '식충이는 창조한 주인의 명령에 자발적으로 따르고 있는 것이다. 주인은 우리들에게 살기 위해 먹으라고 명령했고 여기서 식욕을 권유했으며 기분 좋은 풍미로 우리들을 격려했고 쾌락이라고 하는 상을 내려주셨다.'" 014

얼마나 제멋대로의 생각인가. 실소를 자아내지만 가톨릭이 살아남은 프랑스에

---

(2) 종교개혁은 로마 전체에 파장을 일으켰으나, 프랑스에서는 칼뱅주의(위그노)가 세력을 키워갔다. 위그노와 가톨릭 세력과의 사이에서 격렬한 항쟁이 전개되어, 프랑스는 내전 상태에 빠졌지만, 개혁파가 파리에 모이던 1572년 8월 24일, 성 바르톨로메오 축제일에 가톨릭파의 군대가 개혁파를 공격, 3000명 이상의 위그노가 학살당했다. 이 사건을 계기로 프랑스에서는 개혁파의 기세가 단번에 수그러들었다.

서 이것은 아주 일반적인 생각이었다. '식탐의 죄'는 분명 죄이기는 하지만 프랑스 사람들에게 있어 그것은 큰 죄는 아니었던 것이다.

이러한 풍조는 17세기 후반 프랑스 왕 루이 14세가 즉위하면서 한층 박차를 가하게 된다.

루이 14세는 낭트 칙령에 의해 일단 프랑스 사회와 유화된 프로테스탄트를 탄압, 퐁텐블로 칙령을 발표하며 낭트 칙령을 폐기해버렸다.[3] 이것으로도 알 수 있듯이 루이 14세는 강렬한 가톨릭회귀지향을 지닌 왕이었다. 프로테스탄트의 융통성 없는 금욕적인 이념 등은 당연히 받아들여지지 않았다.

또한 태양왕이라고 불린 이 왕은 대식가로도 잘 알려져 있다. 1회 식사량도 어마어마했다. 레이몽 올리버Raymond oliver에 따르면 "10시의 점심식사에 왕은 왕성한 식욕을 드러냈다. 우리들이 간단하게 풀코스라고 부르는 왕의 풀코스는 여덟 접시부터 시작하는 여덟 개의 코스로 총 예순네 접시가 갖춰졌다." 002 라고 하는 화려한 것이었다. 올리버는 그 위에 기록에 남아 있는 그의 점심식사 코스 내용을 계속 훑으며 "자신을 위해 그 정도의 음식이 나오는 것을 아무렇지도 않게 내려다보고 있던 왕은 만만치 않은 남자였음에 틀림없다. 게다가 이러한 점심식사가 6시 저녁식사에 조금도 지장을 주지 않는다는 것이다." 002라고 관심 반, 기막힘 반으로 그의 좋은 먹성에 대한 감상을 쓰고 있다. 식탐의 죄 등에는 아랑곳하지 않는 대담한 모습이었다.

이 루이 14세의 식습관은 때로는 궁정의 공식행사로 일반에게 공개되어 많은 사

---

(3) 프랑스 왕 앙리 4세는 가톨릭과 프로테스탄트와의 뿌리 깊은 전쟁을 종결시키기 위해 1598년에 낭트 칙령을 발표하고, 프로테스탄트의 권리를 제한하기는 했으나 인정하는 것으로 양자를 화해의 길로 인도했다. 이것으로 인해 프랑스는 안정을 찾고 근대국가로서 체제를 정비했으나, 그때부터 100년 가까이 지난 1685년 태양왕으로 불렸던 루이 14세가 퐁텐블로 칙령을 발표하고 낭트 칙령을 폐지하여, 프랑스는 다시 가톨릭 국가가 되었다. 프로테스탄트 세력은 국외로 도망가고, 프랑스의 근대화에 브레이크가 걸려 산업은 쇠퇴했다. 이 일은 프랑스 혁명의 간접적인 원인이라고도 말해지고 있다.

람들 앞에서 왕이 식사하는 모습을 보여주었는데, 당시의 사람들에게 왕의 식탁은 잘 알려진 사실이었다. 이것도 역시 프랑스에서 식탐의 죄를 범하는 죄의식을 경감시키는 원인이 되었다는 것을 쉽게 상상할 수 있을 것이다.

구르망이라고 하는 단어에는 분명 종교상의 죄의식이 포함되어 있었다. 그러나 그 죄가 프랑스 사람들에게는 결코 무겁게 여겨지지 않게 된 것은 지금까지 설명한 대로이다.

17세기 이후 프랑스 요리의 혁신이 이루어졌고 이윽고 그것에서 탄생한 오트 퀴진 Haute Cuisine(고급 요리)이 프랑스 혁명에 의해 부르주아들에게 개방되자 구르망을 둘러싸고 있던 죄의 흔적도 대부분 형식적인 것에 지나지 않게 되었다.

이렇게 구르망이 선악의 경계를 넘으려고 하던 18세기와 19세기 변화의 시점, 구르망을 긍정적으로 평가하며 전환시키는 것에 결정적인 역할을 한 한 사람의 인물이 등장한다.

그리모 드 라 레니에르이다.

Ⅱ. 기인(奇人), 그리모 드 라 레니에르

1

1783년 1월 하순. 파리의 각계인사들에게 한 통의 기묘한 초대장이 배달된다.

초대장은 장례식의 안내장 형태를 한 고급스러운 것으로 적어도 가로 52cm, 세로 40cm의 거대한 것이었다. 게르양의 죽음을 알리는 표지는 은색 물방울을 흩뿌린 검은색 장식의 테두리를 두르고 위에는 십자가가 놓인 관과 교회 둘레에 켜진 두 개의 촛불이 그려져 있었다. [041]

"귀하에게 전합니다. 돌아오는 2월 1일 토요일, 대법원의 법률가, 뇌샤텔 신문의 연극담당 편집인인 알렉상드로 발타자르 로렝 그리모 드 라 레니에르 Alexandre Balthazar Laurent Grimod de la Reynire 씨에 의해 샹젤리제 거리의 동인 자택에서 개최되는 장송(葬送)의 자리에 참석하여 주시기를 바랍니다. 여러분은 오후 9시 반에 모여주시고 저녁식사 의식은 오후 10시부터 시작하겠습니다. 많은 분이 참석할 것으로 예상되므로 시종이나 개의 동반은 삼가해 주시기 바랍니다. 본 초대장 없이는 입장이 불가하오니 반드시 지참하여 주십시오." 042

발신인 그리모 드 라 레니에르는 약관 24세. 신진 연극평론가로 이름을 알리기 시작했는데, 그가 주최한 조금 변형된 만찬회를 계기로 그의 명성은 급속히 퍼졌고 또한 가스트로노미의 방향키를 크게 전환시키게 되는 계기가 되었다.

가스트로노미에 남긴 그리모의 공적은 무엇보다도 1803년부터 1812년까지 출판한 8권에 이르는 『식통연감 Almanache des Gourmands』을 통해 이른바 미식문학의 실마리를 제공한 것이다. 그러나 그의 인생은 결코 평탄하지 않았다. 그의 기묘한 성격이 평범한 길을 걷게 내버려두지 않았기 때문이다.

그리모 드 라 레니에르의 초상 (Alexandre Balthazar Laurent Grimod de la Reynière, 1758-1837). 『테이블의 고전(Les Classiques de la Table, 1845)』에서.

그의 기묘함이 유감없이 발휘된 최초의 기회가 장례식을 모방한 만찬회였다. 그리모가 왜 이러한 행동을 했는가에 대해서는 나중에 다시 고찰하기로 하고 그의 만찬회가 실제로 어떻게 열렸는지부터 살펴보자.

다행스럽게도 바쇼몽이 유명한 비망록 『비밀스런 추억 Memoires secrets (1784)』 제22권에 그 일부를 기록하고 있다.

"약속 시간, 약속 장소에 도착하자 특별히 배치된 스위스 용병이 있고 초대객에게 '귀하가 찾아가시고자 하는 것은 인민의 억압자 드 라 레니에르 씨인가, 아니면 인민의 수호자 드 라 레니에르 씨인가?'라고 묻는다. '인민의 수호자에게로입니다.'라고 대답하자 그는 초대장의 한쪽 모서리를 접어 경비소 비슷한 건물을 통과시켜 준다. 그곳에 군대의 전령관과 같은 고풍스런 의복을 입고 무장한 남자가 첫 번째 방으로 안내해준다. 그 방에는 보기에도 무서운 전령관의 친구가 있다. 머리에는 뺨까지 내려오는 투구를 쓰고 군대용 튜닉(짧은 상의_편집자 주)을 걸쳐 입고 단검을 겨드랑이에 낀 이 남자는 초대장의 두 번째 모서리를 접고 두 번째 방으로 안내한다. 그곳에서 사각의 챙 없는 모자를 쓰고 가운을 입은 남자가 대조를 하며 용건과 주소, 신분을 묻고 적은 다음 초대장을 받아 들고 초대객이 모여 있는 방에 손님의 내방을 알린다. 그곳에는 성가대 복장을 한 두 명의 소년이 있는데, 우선 새로운 손님에게 향을 피워준다." 043

매우 삼엄하고 어마어마하며 끝에는 화가 미칠 것 같이 불길한 의식 순서를 주눅도 들지 않고 당당하게 연출시켜 보이는 것에 그리모의 진면목이 있었다. 이 만찬회는 파리에 평판을 불러 "회식의 영광에 초대받지 못했던 사람들로부터 '재연'을 바라는 목소리가 높아졌다." 044라고 할 정도였다.

처음에는 별 신경을 쓰지 않던 그리모도 요청에 따라 3년 후인 1786년 3월 9일 제2의 만찬회를 개최하게 된다. 그때의 상황도 그리모의 친한 친구였던 레티프 드 라 브르통 Retif de la Bretonne이 저서 『파리의 밤 Les Nuits de Paris』에 자세하게 기록하고 있다. 제1회 때와 동일한 순서로 열린 식사 내용에 대해서는 레티프가 더 상세하기 때문에 이쪽을 인용하기로 하자.

"식사는 제1회째의 야식회와 동일한 순서로 이루어졌다. 즉 새로운 요리가 등장

두 번째 열린 장례형식의 만찬회. 원탁에 앉은 회식자들 중 왼쪽에 모자를 쓴 사람이 레티프, 그 오른쪽이 메르시에이다. 『파리의 밤』 제7권의 삽화 중.

할 때는 반드시 창을 들고 로마풍 복장을 한 전령관이 예고를 했다. 그 뒤로는 급사장 역할의 비서관, 로마인의 향 피우는 역할을 담당한 흰 복장의 소년, 마지막으로 요리사가 등장한다. 요리사는 이 분위기에 어울리는 예의 바른 복장을 하고 있었으며 그중 한 명이 양손을 높이 들어 요리를 옮기고 있었다. 이 행렬은 테이블 주위를 세 바퀴 돌았다. (중략) 요리는 포타주와 디저트를 각각 한 품목으로 치면 총 스물일곱 종류였다. 그것은 정말 대단한 연회였다. 페트로니우스의 트리말키오 연회가 모델이 되었는데, 매우 훌륭하게 재현되었기 때문에 학식 있는 관찰자라면 충분히 그 순서를 더듬어 볼 수 있었다. 그뿐만 아니라 프랑스 사람들의 식사가 로마 사람들의 식사보다 뛰어났다. 돼지 속에는 온갖 종류의 새고기가 채워져 있었는데, 그대로 내놓지는 않았다. 식사에는 파리에서 생산되는 섬세하고 엄선된 것들만 제공되었다." 017

2회째 만찬회에서 "1회째와 유일하게 다른 점은 관객이 없었다는 것이다."라고 레티프는 쓰고 있다. 이것은 최초의 만찬회에는 관객이 있었다는 것이 된다. 실제로 1783년의 연회에서는 300장의 입장권이 준비되었고 이 입장권을 구입한 사람들이 그리모 저택에 몰려와 이 기기묘묘한 식사회를 구경했다.

여기까지 도달하면 은밀하게 이러한 일을 곳곳에서 행한 그리모의 의도가 보이기 시작한다. 파리의 문화인으로 명성을 얻기 위한 야심을 가진 젊은 그리모가 자신의 특기인 연극과 요리 지식, 인맥을 구사하며 세상을 깜짝 놀라게 하려 했다는 것은 얼마든지 생각할 수 있는 일이다. 이것이 사람들에게 관심을 끄는 것은 당연하다. 더욱이 관객을 통해 그것을 공개하게 되면 파리에서 화제를 모을 것이 틀림없었다. 말하자면 그리모에게 있어 이것은 식사회의 형태를 띤 1막(幕)의 연극이었다. 그리고 실제로도 그리모의 의도대로 움직이고 있었다.

2

그렇다고는 하지만 왜 그리모는 장례식이라는 불길한 형식을 고른 것일까?

물론 기묘함을 드러내는 것으로 세상 사람들의 이목을 집중시켜 무시무시한 연출에 의해 연극적 효과를 높이려는 의도가 있었음은 틀림없다. 그러나 그것뿐이라면 다른 방법도 있었을 것이다. 그것을 굳이 장례식과 만찬회의 화려함을 극과 극의 형태로 연출한 그리모의 선택에는 단순한 의도를 넘어선 진정한 이유가 있을 것으로 여겨진다. 그것은 말하자면 그리모의 인격 그것과 관련된 심리적 동기이다.

이것에 대해 기타야마 세이치(北山晴一)는 "식사라고 하는 생존유지를 위한 행위가 그리모의 고정관념 안에서는 항상 '죽음(死)'의 개념과 결합되어 있었다." 044 라고 지적하고 있다. 그렇게 생각해보면 그리모의 행동에는 일관되게 '건강한 생'에 반발하는 비뚤어진 마음이 반영되어 있는 것처럼 보인다. 그것이 그리모를 극단적인, 때로는 기묘한 행위에 몰아세우며 그 결과 주위에 많은 적을 만들게 된 것은 아닐까?

그리모의 비뚤어진 취향은 그의 성장과정과 무관하지 않다.

그리모는 1758년 로렝과 수잔 부부의 맏아들로 파리에서 태어났다. 부친은 유복한 징세청부인(徵稅請負人)[4], 모친은 가난한 하층귀족의 딸이었다. 이 양친의 경제적인 불균형과 신분적 불균형은 그리모의 정신적 성장에 갖가지 그림자를 드

---

[4] 일찍이 파리 시내는 주위가 도시의 성벽으로 둘러싸여 곳곳에 설치된 시문을 통과하지 않으면 시내로 들어서지도 시내에서 나가는 것도 불가능했다. 원래 성벽은 외부로부터의 적의 침입을 막기 위한 것이었으나, 근세에 들어서면서 그 필연성이 약해져 그 대신 시외에서 시내에 물품을 들여올 때 세금을 징수하기 위한 외벽으로 기능하기 시작했다. 시문에는 세금을 징수하기 위한 시설이 설치되고, 사람들은 외부에서 식료품이나 와인 등을 파리 시내에 들여올 때마다 결코 싸다고 할 수 없는 세금을 내지 않으면 안되었다. 세금의 징수는 1804년에 파리 시가 관리하기까지는 당국으로부터 허가를 받은 민간인, 즉, 징세청부인이 이것을 담당했다. 징세청부인의 지위는 일종의 권리로, 그것으로 인해 더욱 막대한 수입을 얻을 수 있었지만, 반면 당연한 일이지만, 민중으로부터는 소외당하고 결코 존경받지 못했다. 시벽은 파리 시민 사이에서 '징세청부인의 벽'이라고 불렸는데, 그 배경에는 이런 반감이 담겨 있었다.

리웠다고 한다. 게다가 그리모에게는 태어날 때부터의 신체적 장애가 있었다. 가족은 물론 본인도 그것에 관해서는 굳게 입을 다물고 있었고 구체적으로 기록된 자료도 존재하지 않으므로 어떤 장애였는지는 분명하지 않지만 1969년 의학잡지에 발표된 르네 마르크 박사의 진단을 인용한 기타야마에 의하면 "이것은 선천적인 '사지결손병'이라고 불리는 것으로, 오른손에는 손가락이 한 개, 왼손에는 불완전한 엄지손가락과 새끼손가락이 물갈퀴 모양으로 이어져 있었다." 044

그것을 감추기 위해 그리모는 스위스에서 만들어진 정교한 의수(義手)를 평생 착용하고 있었다. 이것이 감수성이 예민한 어린 그리모의 인격형성에 끼친 영향은 결코 적지 않았을 것이다.

올가 펄라 Olga Perla는 2001년 발표한 논문 「의수와 나이프 Stumps and Knives」에서 그리모 손의 장애와 그의 행동 관계에 관해 다음과 같이 분석하고 있다.

"그리모는 자신의 딱딱한 손장갑으로부터 관심을 돌리기 위해 당치도 않은 엉뚱한 일에 주의를 돌리게 했다." 045

또한 양친이 이 장애로 그리모를 멀리한 것도 그리모의 성격을 비뚤어지게 한 크나큰 원인이 되어버린 건 틀림없다. 그리모는 양친에 반발했고, 이 반발이 그에게 기묘한 행동을 하게 하는 원동력이 되었다.

장례형식의 만찬회는 양친에 대한 비꼬는 행동이라고 할 수 있는 그리모의 반항심의 발로(發露)였다. 만찬회의 의도는 당연히 양친에게는 알리지 않았다. 친구들과 집안사람들끼리 회식을 한다는 표면적 이유를 댔으므로 양친은 그리모를 위해 저택을 비웠다. 집에 돌아와 진상을 알게 된 양친의 경악과 실망은 어느 정도였을까? 자식의 기행에 애를 태운 양친은 손을 써 그리모를 로렌지방의 수도원에 칩거시켰다. 1786년의 일이었다.

2년 남짓 칩거생활 후에도 그리모는 파리로 돌아가지 않고 스위스 여행을 하고 리옹에서 에피쉐(식료품점)를 경영하며 보냈다. 6년간에 걸친 시골에서의 생활은 이후 그리모의 구르망으로서의 상상과 활동에 큰 영향을 끼치게 된다.

드 라 레니에르 가(家)는 3대에 걸쳐 징세청부인으로 막대한 재산을 지니고 있었고 미식 일가로도 알려져 있었다. 로렝과 수잔의 부부 사이는 친밀하다고 할 수 없었다. 수잔은 드 라 레니에르 가 집안을 공공연하게 경멸하고 있었는데, 이러한 불협화음을 적어도 그들에게는 표면적으로는 드러나지 않게 할 정도의 재력이 있었다. 양친은 각각 다른 사교계를 갖고 있었고 저택에 손님을 불러 파티를 자주 열었으므로 그리모에게 있어 사치스러움을 한껏 부린 화려한 장소는 어렸을 때부터 익숙한 광경이었다.

로렌 지방에서의 생활은 유소년기부터 그리모에게 박혀온 관능적인 식(食)에 대한 소질을 단숨에 꽃피우게 했다. 여기에서 그는 프랑스 고전적 미식문화에 눈을 뜨게 되었고 그 실천에 관해 다채로운 지식을 얻게 된다.

부친의 죽음을 알게된 것이 귀향의 계기가 되어 다시 파리에 돌아온 것이 1793년. 집을 비운 사이 파리에서는 중대사건이 일어나고 있었다. 프랑스 혁명이었다.

혁명은 공포정치가 사회를 지배했던 한때를 제외하면 프랑스 전통의 미식문화에 결코 불친절하지 않았다. 물론 그때까지 궁정이나 부유한 귀족에 제한되어온 오트 퀴진을 부르주아층에 개방했다는 의미에서 미식문화의 보급을 촉진하는 역할을 하고 있었다. 그렇기 때문에 부유한 부르주아의 일원이었던 그리모에게 있어서도 이것은 바람직한 현상이었을 것이다.

그러나 그리모는 그렇게 생각하지 않았다.

젊은 날의 그리모는 세바스티앙 메르시에나 레티프 드 라 브르통과 같은 혁신적 사상을 가진 동세대의 젊은이들과 적극적인 교우를 맺었고, 부친으로 상징되는 권위에는 등을 돌리는 청년이었다. 그렇다고는 하지만 그는 무엇하나 부족함 없는 환경에서 자랐고, 당시의 유복한 부르주아들이 그러했듯이 그리모 역시 몸 구석구석이 귀족 취미에 흠뻑 빠져 있었다. 그래서 혁명으로 특권적 지위를 잃은 귀족들의 재산을 빼앗아 부를 부풀리던 신흥 부르주아들의 졸부 행동을 그리모는 참을 수 없었다. 그중에서도 특히 그들이 마치 가스트로노미의 산물이라도 되는 양 미식에 심취해 앙시앙 레짐Ancien Regime(구체제) 하의 엄선되고 정리된 궁정 양식의 식사문화 등에는 전혀 관심을 쏟지 않으면서 오로지 걸신들린 듯 먹어대는 모습을 마음속 깊이 혐오했다.

그리모는 '식(食)'에 관한 무법상태의 당시 상황을 우려했고 앙시앙 레짐의 우아한 식사법을 부활시키기 위해 교육의 필요성을 통감하고 있었다. 그리고 그리모가 도구로 고른 것은 나이프와 포크가 아닌 펜이었다. 이전부터 신문에 연극평 등을 써온 그리모에게 있어 펜을 선택한 것은 매우 자연스러운 행동이었다.

'펜을 통해 파리 사람들에게 정통 구르망이 어떤 것인지 알려주자.' 라고 그리모는 결심하게 된다.

먹는 것을 탐닉하는 식도락가들. 복장으로 보아 상당히 부유층이라고 짐작되는 일곱 명의 남자들이 품위라고는 찾아볼 수 없는 행동을 하며 식탁을 점령하고 있다. 자세히 보면, 왼쪽 배경의 유리창에 '르 각크 레스토랑'의 문자가 거꾸로 쓰여 있다. 19세기 초반의 고급 레스토랑에서는 실제로 이러한 풍경이 매우 흔하게 연출됐다.

Ⅲ. 앙피트리옹

1

 올바른 구르망 본연의 자세에 대해 규범을 제시하고자 했던 그리모의 계획은 1808년 출판된 『앙피트리옹의 안내서Manuel des Amphitryons』로 실현된다. 1803년부터 간행되기 시작했으며 가스트로노미 수호자로서 그리모의 위치를 확고히 한 『식통연감』은 당시 이미 6권이 나와 있었다. 『식통연감』이 올바른 구르망과 올바르지 못한 구르망의 선긋기를 시험하는 가이드북 성격을 띠었던 것과는 달리 『앙피트리옹의 안내서』는 이름 그대로 올바른 구르망이 되기 위한 안내서로 이미 발행된 『식통연감』의 집대성적인 의미도 함께 갖춘 서적이었다.
 '앙피트리옹'이라고 하는 것은 본래는 그리스 신화에 등장하는 영웅 이름이다. 앙피트리옹에게는 알크메네라고 하는 아름다운 아내가 있었는데 천상의 신 제우스가 이 아내에게 연정을 품고 자기 것으로 만들려고 했다. 그러나 알크메네는 정숙한 여성으로 제우스에게 빈틈을 보이지 않았다. 그러나 포기할 줄 모르는 제우스는 헤르메스의 훈수에 따라 앙피트리옹이 테바이 전쟁으로 집을 비운 사이 앙피트리옹의 모습으로 변신해 알크메네에게 접근한다. 감쪽같이 속은 알크메네는 앙피트리옹으로 분한 제우스와 하룻밤을 보내게 되고 그 결과 헤라클레스를 낳게 된다.
 이 그리스 신화를 소재로 17세기의 극작가 몰리에르는 '앙피트리옹'이라고 하는 3막의 희극을 썼다. 그리모의 『앙피트리옹의 안내서』 속표지에는 이 몰리에르의 희곡 제3막 제6장으로부터 다음과 같은 단어가 인용되어 있다.
 "본서의 앙피트리옹 씨는 식사를 대접해주시는 앙피트리옹 씨입니다." [046]
 이것은 앙피트리옹으로 변신한 제우스(희곡 속에서는 주피터)가 본래의 앙피트리옹과 정면충돌하면서 주위가 대혼란에 빠져드는 장면에서 앙피트리옹의 수행

원인 소지가 입에 담은 대사이다. 몰리에르가 쓴 이 대사로부터 앙피트리옹에는 '식사를 제공하는 사람, 연회를 주최해 초대객을 부르는 주인'이라는 의미가 파생되었다.

앙피트리옹을 연회의 주인이라는 의미로 최초로 사용한 것도 아마 베르슈의『가스트로노미』제3가 중에 나오는 다음의 일절이라고 생각된다.

"만약 그것이 고귀하고 부러워하기에 적합한 역할이라고 하면,
　인생이라고 하는 궁정에 있어서 기분 좋은 역할은
　그 관(觀)을 앙피트리옹에 어울리는 식탁으로 꾸미는
　생명의 한계가 있는 인간일 것이다."

하지만, 이 말을 세상에 알린 것은 틀림없이 그리모일 것이다. 연극에 밝았던 그리모가 베르슈의 시에 함축을 갖게 하면서, 몰리에르의 말을 스스로의 저서 제목에 채용했다고 해도 이상하지 않다. 오히려 그리스 신화와 대작가 몰리에르라고 하는 고전적 권위를 빌려 앙피트리옹이라고 하는 단어에 자신의 이상인 주인상을 들이맞추는 것은 그리모이기에 가능한 생각일 것이다.

실제로 앙피트리옹이라고 하는 단어는 그리모가 사용하기 시작하자 급속히 일반화되어 카렘 등 가스트로노미 관련의 다른 저서에도 자주 등장하게 된다.『프랑스 아카데미 사전』에서조차 1831년판부터는 이 단어를 수록하고 있을 정도이다.

그렇다면 그리모가 앙피트리옹에 담은 이상이란 도대체 어떤 것이었을까? 그리고『앙피트리옹의 안내서』에서 그리모가 독자에게 전하고자 한 것은 무엇이었을까?

『앙피트리옹의 안내서』는 크게 나눠 세 부분으로 구성되어 있다. 고기 자르는 방법을 정교한 그림과 함께 해설해놓은 제1부와 비교적 소수 인원의 연회에서 대규모의 연회에 이르기까지 각각 춘하추동의 계절마다 실천적 메뉴를 제시하는 제2

부, 그리고 '구르망의 예절에 관한 기본원리'라고 이름 붙인 제3부이다.

　이 구성에서 제1부에 고기 자르는 법을 주요 테마로 내세운 것이 조금 생뚱맞다고 생각할 수도 있다. 이 점에 관해 그리모는 제1부 서두의 '일반원리'라고 이름 붙인 최초 1절에 다음과 같이 서술하고 있다.

　"고기를 자르는 것도 그것을 잘 분배하는 것도 못하는 앙피트리옹은 훌륭한 도서실을 갖고도 책을 읽지 못하는 사람과 같다. 후자와 마찬가지로 전자도 부끄러워해야 할 일이다." 046

　그리모는 또한 이렇게 계속해서 말한다.

　"고기를 잘 잘라 나누는 이 예술은 우리들 아버지 세대에서는 필수 불가결한 것으로 생각되던 것으로 가문이 좋은 가정에서 태어난 이나 또는 부유한 이의 가정에서는 일류 교육을 완벽하게 받기 위해 없어서는 안 될 예절로 여겨질 정도였다." 046

　여기서 '아버지 세대'라고 하는 것은 말할 필요도 없이 앙시앙 레짐의 시대를 가리킨다. 그리모에게 있어 구르망의 범위는 어디까지나 프랑스 혁명에 의해 규율이 파괴되기 전의 '좋은 시대'에만 요구할 수 있는 것이었다.

　그리모는 루이 14세 시대 궁정에서 왕을 위해 고기 자르는 담당 시종인 에퀴이에 트랑샹 Ecuyer Tranchant의 신분이 높았던 것을 예로 들며 그 제도가 쓸모없게 된 이후에는 앙피트리옹이 에퀴이에 트랑샹의 역할을 겸하게 되었다고 말하고 있다. 또한 "프랑스 혁명이 모든 재산의 대전복을 꾀했기 때문에 고기 자르는 법을 코스로 교육 받는 앙피트리옹이 정말 줄어들고 말았다." 046라고 한탄하며 그런 까닭으로 "지금이야말로 이 예술의 초심을 한번 더 상기하며 그 깊은 내면을 지적해야 할 때이다. 교육을 확실하게 해서 다음 세대를 키워가야 하는 것이 불가결하다." 046라고 주장하고 있다.

　그리모가 『앙피트리옹의 안내서』를 고기 자르는 법부터 시작한 것은 그리모 자신의 말대로라면 그곳에 앙피트리옹의 본질이 있기 때문이었다.

앞서 소개한 올가 펄라와 같이 그리모의 손 장애에 대한 콤플렉스가 그를 손재주와 힘, 우아함을 필요로 하는 고기 손질의 예술로 이끌었다고 하는 견해도 없는 것은 아니다. 그러나 먹는 것에 관한 한 그리모는 극히 보수적 정신의 소유자였으며 그 보수성 때문에 '자르고 손질하는' 초고전적인 방법에 앙피트리옹을 상징하는 의미를 도출해냈다고 생각하는 편이 오히려 자연스러울 것이다.

조셉 베르슈Joseph Berchoux에 의해 발굴된 가스트로노미라는 단어도 처음에는 애매모호한 개념에 지나지 않았다. 그러나 그로부터 몇 년 지나지 않아 오트 퀴진, 구르망, 그리고 앙피트리옹이라고 하는 삼위일체의 실체를 얻게 되었다. 그것을 펜과 실천적 행동력으로 추진한 것이 그리모였던 것은 동시대의 누구라도 인정하는 바였다.

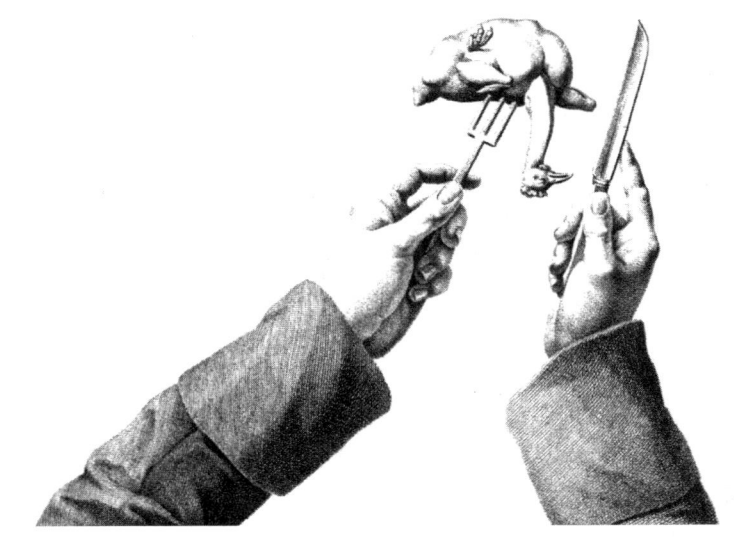

『앙피트리옹의 안내서』의 삽화. 아래에 "잘라 나누기 위해 나이프와 포크를 쥔 손의 위치"라는 설명문이 있다.

2

앙시앙 레짐의 궁정 연회를 모범으로 한 그리모의 앙피트리옹에 관한 견해는 당연히 옛것을 그대로 따를 수밖에 없었다. 프랑스 혁명에 대해 적의를 드러낸 그리모이지만 다행스럽게도 정치에는 무관심했기 때문에 그 보수성은 오로지 식탁에 관한 일에만 적용되었다. 열렬한 공화제 지지자인 친구 메르시에나 레티프와 인연을 끊는다 하더라도 그리모는 혁명 후의 새로운 규율과 문화를 그대로 받아들일 생각은 추호도 없었다.

그리모에게 있어 고귀한 식탁에는 우아함과 장중한 기품이 빠질 수 없었다. 그것을 실현하기 위해 그는 엄격한 형식을 식탁에 반영시켰다. 그러한 조짐은 젊은 시절 장례식을 모방한 만찬회에서도 나타나는데, 그것은 아직 당시의 젊은 혈기에서 나온 지나친 장난 정도에 불과했다. 부모에 대한 반항심과 성공에의 야심, 연극인으로서의 퍼포먼스, 그리고 그리모 자신의 복잡한 성격 등이 뒤섞여 자기표현의 테두리를 벗어나지 못했던 것이다.

그러나 마침 프랑스 혁명의 가장 격렬한 시절을 파리와는 다른 곳에서 보낸 탓에 그리모의 사고는 분방한 혁명 열기의 영향을 받지 않았으며, 그의 식탁에 대한 집념은 한층 순화되었고 타협을 모르는 엄격한 것으로 진화(어떤 의미에서는 퇴화)해갔다. 파리로 돌아와 구르망의 세계로 복귀한 후에도 자칫하면 안일한 쾌락으로 향하기 십상인 세상의 풍조에 저항해 그의 관심은 오로지 진정한 구르망 본연의 모습 탐구와 계몽으로 향해졌다.

『앙피트리옹의 안내서』에는 그러한 그리모의 고집스러움이라고도 말할 수 있는 자세가 곳곳에 나타난다. 조금 살펴보도록 하자.(괄호 안은 게재 페이지)

"완벽하게 잘라 나누는 일에 신경 쓰는 앙피트리옹의 최초의 배려는 자르려고 하는 고기의 부위에 적합하고 다양한 크기의 나이프와 포크를 갖추는 것이다. 나이프의 칼날은 물에 적셔 질 좋은 숫돌에 매일 갈지 않으면 안 된다. 철로 만든 포

크는 끝이 뾰족하고 튼튼하지만 얇은 것이어야 한다."(29페이지) 046

"규율에 맞게 앙피트리옹이 매일 식사 구성을 지시하는 집에서는 메트르 도텔이 아니면 요리사가 그날의 저녁 메뉴를 오전에 그에게 전달하고 다음날의 저녁에 관해서도 적어도 그 개요 정도는 알려주어야만 한다. (중략) 한편 앙피트리옹이 숙고하지 않고서는 요리사의 어떠한 진언도 채용하는 법이 없고 또한 요리사가 앙피트리옹의 명예를 더럽히지 않는다는 확신 없이는 어떠한 진언도 하지 않는다고 한다면 이러한 협의는 이 예술(식탁을 가리킴)에 있어 유익한 것이 될 것이다."(122~123페이지) 046

"초대장을 다 적었으면 앙피트리옹은 가능한 한 확실하고 신속한 방법으로 초대객의 주소에 보내고 그것이 확실하게 적절한 상대에게 배달되었는지를 확인할 것, 이것은 식사를 하기로 한 날로부터 적어도 3일 전까지는 해야 할 필요가 있다. 초대객은 초대장을 받아 든 이후부터 24시간 이내에 앙피트리옹에게 대답이 도달하도록 노력하지 않으면 안 된다. (중략) 만약 지정된 때에 가지 못했다면 그는 약속불이행의 죄로 벌을 받게 된다. 이 벌은 규율 바른 집이라면 500프랑의 벌금에 달했고 3년간에 걸쳐 각종 구르망으로부터 초대를 받지 못하게 된다."(261~262페이지) 046

"집을 나서는 것이 늦어지거나 도중에 특별한 사정으로 누군가를 만나고 도착했을 때 이미 다른 회식자들이 좌석에 앉아 있을 경우에는 그(초대객)는 안에 들어가지 못하고 굶주린 배를 껴안고 발길을 돌려야만 한다. 식사를 중단시키거나 다른 사람들보다 늦게 식탁에 도착하는 것만큼 예절에 어긋나는 일은 없다."(322페이지) 046

"좋은 앙피트리옹이 되기 위해 빼놓을 수 없는 여덟 가지 자질이 있다. 재산, 맛을 보는 능력, 맛있는 요리에 대한 타고난 감성, 아량 넓은 기질, 질서를 사랑하는 마음, 우아한 태도, 따뜻한 마음씨, 그리고 매력 있는 정신이다."(315~316페이지) 046

Le premier devoir d'un Amphitrion.

「앙피트리옹 제의 의무」라고 이름 붙여진 『식통연감』 제5권(1807) 삽화. 해설에는 "작업에 필요한 모든 기기나 세간을 완비한 아름답고 넓은 부엌. 실내복을 입고 있는 요리사로부터 그날 저녁 메뉴를 건네받는 앙피트리옹이 있다. 큰 연회 준비에 쫓기는 활동적인 행동과는 대조적으로 요리사의 행복한 듯하고 온화한 얼굴과 앙피트리옹의 침착하면서도 흡족해 하는 분위기를 간파할 수 있다"라고 적혀 있다.

위의 내용은 일부에 지나지 않는다. 이 정도만으로도 상당하지만 그리모는 『앙피트리옹의 안내서』 마지막에 식탁 예의범절의 장(章) 결말로 앙피트리옹 및 초대객이 지켜야 할 사항을 요약해서 열거했다. 이것이 무려 81항목에 이르고 있다.

그리모가 납득할 만한 구르망이 되는 것은 여간한 일이 아니었다.

재미있는 것은 "식사 장소에 개를 데려오는 것은 안 된다."(332페이지)046라고 쓰고 있는데, 장례형식의 만찬회 초대장에도 그리모는 "시종이나 개의 동반은 삼가해 주십시오."라고 일부러 개를 언급하고 있다. 식사 장소에 개를 들이는 것은 옛날부터의 귀족 습관으로, 부르주아의 경제력이 불어난 19세기에 이 풍습은 일반적으로 퍼지게 되었다. 그럼에도 불구하고 식탁으로부터 개를 배제하려 한 것을 보면 그리모는 아마도 개를 싫어했던 모양이다. (5)

그리모가 앙피트리옹의 귀감으로서 칭찬을 아끼지 않았던 얼마 안 되는 인물

중 한 명이 대법관 캉바세레스였다. 캉바세레스의 식탁에서의 엄격함은 이전부터 유명해서 식사 중에는 사담 금지. 식사가 시작되면 방문은 굳게 닫혔고 시종을 바깥에 세워 누구든 간에 안에 들이는 것도 안에서 나가는 것도 허락되지 않았다고 한다. 그리모가 동지로 우러러본 것도 무리는 아니다.

『앙피트리옹의 안내서』에서 그리모가 요구한 진정한 구르망의 조건에 들어맞는 캉바세레스와 같은 구르망은 물론 소수였다. 대다수는 단지 맛있는 음식을 배불리 먹는 것에 집착했다. 하지만 그리모에 대한 평가는 높았다. 사람들은 자유롭고 편한 식사 장소에서 사치를 부린 요리를 즐기면서도 동시에 그리모의 앙피트리옹의 이념에 이해와 공감을 가졌다. 그곳에는 실천할 수 없는 고상한 철학을 찬양하는 보통 사람의 동경과도 같은 심정이 들어 있었다. 그리고 그 심정은 19세기 초기의 가스트로노미의 보급과 심화를 현실사회 안에 끌어들이는 역할을 하게 된다.

여기에 이르러 구르망(및 구르망디즈)은 미식 세계에 있어 확고한 지위를 쌓아 올린다. 그것을 지탱한 것은 그리모가 효시가 된 미식문학 또는 미식저널리즘의 대두였다.

---

(5) 그리모는 개를 기피하는 이유에 대해 일부러 각주를 붙여 다음과 같이 설명하고 있다. "일반적으로 말하면, 초대받아 가는 곳에 개를 데리고 가는 것을 아무렇지 않게 생각하는 사람은 서민이거나 교육을 받지 못한 사람이다. 그것도 촌놈이다. 응석받이 개는 세간살이에 접근해 어지럽히기도 하고, 나아가 더 나쁜 것은 식탁에 앉아 있는 사람들은 개가 발 주위를 어슬렁거리다가 요리를 뺏어가지 못하도록 자신을 지키지 않으면 안 된다."
그러나 이 장의 시작 페이지와 115페이지의 삽화를 보길 바란다. 둘 다 발 주위에 개가 있는 것이 보일 것이다. 즉, 그리모가 이렇게 쓰지 않으면 안 될 정도로 식당에 개가 존재하는 것이 일반적인 일이었다.

IV. 재인(才人) 브리야 사바랭과 『미각의 생리학』

1

미식문학의 실마리를 제공하고 19세기 초반 파리의 가스트로노미 발전에 지대한 공헌을 했음에도 불구하고 구르망의 여신이 그리모 드 라 레니에르에게 미소를 보낸 기간은 그리 길지 않았다.

19세기 후반의 프랑스 작가 샤를르 몽스레는 1857년 내놓은 저서 1장을 할애해 그리모의 생애를 기록하고 있다. 이것은 그리모에 관해 종합적인 형태로 세상에 선보인 최초의 평전이다. 그러나 이 짧은 전기가 기록된 서적에 붙여진 전체 타이틀은 '잊혀져버린 사람들, 멸시받은 사람들 Les Oublies et les Dedaignes'이라는 것이었다. 즉 그의 활약으로부터 겨우 반세기도 흐르지 않은 사이 많은 사람들의 기억에서 그리모의 존재가 희미해져가고 있었던 것이다. 왜일까?

이유는 필시 여러 가지가 있다. 어쩌면 그리모 자신의 삐뚤어진 성격에 의한 부분이 컸을지도 모른다.

이 점에 관해서는 나중에 다시 언급하기로 하고, 여기서는 그리모를 대신하듯 미식의 세계에 혜성처럼 등장해 그 이후부터 오늘날에 이르기까지 미식의 대명사처럼 많은 사람들의 입에 오르내리는 또 다른 한 명의 인물을 눈여겨보자.

장 앙텔므 브리야 사바랭 Jean-Anthelme Brillat-Savarin.

본업은 법률가였으나 정치에 지대한 관심을 가졌고 의학에도 밝았으며 라틴어를 포함해 5개 국어에 능했고 때론 바이올린을 켜는가 하면 문필에도 뛰어났던 사바랭은 그야말로 다재다능한 재인(才人)이었다. 특히 미식에 관해서는 그것을 좋아하는 것에 그치지 않고 논평을 더하는 것에도 열심이었는데, 이 열정은 결국에는 그로 하여금 한 권의 책을 쓰게 할 정도였다. 그 책이야말로 발행 당초부터 세상의 구르망들을 열광시키고 이윽고 미식문학의 고전으로 가스트로노미의 왕

좌에서 찬연하게 빛나게 되는 『미각의 생리학 Physiologie du Gout (1825년)』이다.

현대에서도 '식'에 관심이 있는 이라면 그리모의 이름은 몰라도 사바랭의 이름은 들어본 적이 있을 것이다. 1840년대에는 당시의 유명 파티시에 중 한 명이었던 오귀스트 줄리앙이 사바랭의 이름을 붙인 과자를 창작했다. 그것은 지금까지도 과자점의 쇼케이스를 장식하고 있는 고전적인 인기상품이다.

브리야 사바랭(Jean Anthelme Brillat-Savarin, 1755년 4월 1일~1826년 2월 2일), 『식탁의 고전(Les Classique de la Table)』에서.

다만 그 정도로 널리 이름을 알릴 수 있었던 것은 「우리의 법률과 풍습에 의한 부분의 결투에 관한 역사적이면서 비평적 시론(試論)(1813년)」처럼 사바랭이 학술적 명성을 기대하며 서명을 넣어 발표한 논문이 아닌[6], 생애 마지막으로, 그것도 익명으로 출판한(본업과는 관계없이) 가스트로노미에 관한 서적이었던 것은 그에게 있어 원하지 않았던 것이었을지도 모른다. 그러나 이러한 아이러니한 결합은 역사에서는 결코 드물지 않다. 운이 좋든 나쁘든 간에 사바랭은 자신의 성공을 알지

---

(6) 사바랭은 1819년에 『ESSAI HISTORIQUE ET CRITIQUE SUR LE DUEL, D'APRÈS NOTRE LÉGISLATION ET NOS MŒURS』라는 제목의 결투에 관한 120페이지 분량의 소책자를 출간했다. 이 책의 저자명은 '르·슈발리에·J·A·브리야·드·사바랭'. 귀족적인 부분은 애교라 치더라도, 거기에 부수적으로 붙어 있는 직함이 장엄하기 그지없다. "원헌법 제정의회 의원으로 프랑스 최고재판소참사, 레종 도뇌르 및 국내산업진흥회, 프랑스 고미술왕립협회, 시장경쟁협회 등 회원". 필시 자존심도 높았을 것이다.

못한 채 『미각의 생리학』 발행으로부터 겨우 2개월 후에 급사한다.

1843년 최초의 판(版)이 나온 『식탁의 고전 Les Classiques de la Table』은 문자 그대로 '식'에 관련된 고전적인 논술을 수집해 편찬한 것인데, 이 제1권의 머리말 처음에 수록되어 있는 것이 『미각의 생리학』이다. 연이어 수록되어 있는 것은 베르슈의 장문시 '가스트로노미'로, 19세기 중반 경에는 이 두 작품이 미식문학의 가장 기본적인 고전이었음을 알 수 있다. 『미각의 생리학』의 어떤 부분이 그렇게 당시 사람들의 마음을 사로잡았던 것일까?

젊은 날의 발자크를 지원한 것으로 알려진 저널리스트 오라스 라송의 1828년 저작(著作) 『구르망법 Code Gourmand : Manuel Complet de Gastronomie』에서 『미각의 생리학』을 다루고 있다.

"휴식과 수면과 꿈, 어느 것이든지 식에 큰 영향을 끼치는 테마에 관해 우리들은 아직 충분한 결과를 내지 못했다. (중략) 정확하게 흥미로운 정보를 독자들에게 전달하고 우리들의 연구와 관찰의 성과를 음미하고 즐기기를 바라며 지금까지 연구되지 않은 문제에 관해 오랜 기간 조사를 계속해왔으나, 브리야 사바랭의 뛰어난 업적은 우리들 자신에게는 실망을 안겨주었다. 재능이 빛난다고 할 만큼 훌륭한 기지와 섬세한 정신을 지닌 『미각의 생리학』 저자는 더없이 새롭고, 더없이 자극적인 테마의 매력과 유용성을 세상에 알린 것이다. 그의 책은 많은 뛰어난 지식을 바탕으로 최대한의 논술을 전개하고 있으며 존경받을 만하다. 우리들 자신이 이것보다 더 좋은 것을 생산해 내는 것이 도저히 불가능한 이상, 아는 모든 것을 더욱 자극적이고 더욱 창조적인 방식으로 쓴 이 풍부한 원천으로부터 퍼낼 수 있는 것을 우리는 행복하게 생각한다." [047]

대극찬이라고 할 수 있다. 이것과 비슷한 동시대의 호의적 논평은 수없이 많다. 이것만 보더라도 『미각의 생리학』의 출판이 얼마나 호평을 받고 독자들에게 수용되었는지를 알 수 있다. 또한 이 평가는 당대에만 그치지 않는다. 그 후로도 줄곧

이어져 현대에 이르기까지 그다지 변하지 않았다.

'선택된 가스트로놈의 왕'이라고 불린 20세기 최대의 미식가 퀴르농스키 Curnonsky도 사바랭에 관해서는 최대의 찬사를 보내고 있다.

"이 훌륭한 작가는 최고의 프랑스적 정신이 번뜩이며 매우 독창적인, 일종의 철학자였다고 생각할 수도 있겠다. 그의 책 전체를 차지하고 있는 상냥한 지혜의 교훈을 따라가면 행복이 지상을 지배하는 것이 멀지 않으리라. 이 지혜를 이처럼 귀중히 여기는 것은 틀림없이 지극히 충실한 긴 인생경험 때문일 것이다. 브리야는 온갖 역경을 경험하면서 여전히 자신에게 행운이 돌아오는 것을 한 번도 포기하지 않았다. 그리고 그는 그 사이에 다양한 국민의 풍습을 천천히 관찰하는 것이 가능했던 것이다." 048

『미각의 생리학』의 1850년판 318페이지. 명상28의 '레스토라퇴르'라고 이름 붙여진 항목으로 여기에서는 레스토랑의 정의와 그것이 탄생한 내막이 쓰여 있는데, 내용적으로는 정확성이 떨어진다. 초판이 나온 1825년 당시에 이미 레스토랑의 기원이 모호해졌을지도 모른다.

분명 사바랭은 꽤나 파란만장한 생애를 보냈다. 지방 명사의 집안에서 태어난 그는 디종Dijon에서 법률을 공부해 변호사가 되었고, 1789년 프랑스 혁명 시절에는 삼부회 회원에(물론 제3신분 대표로) 선출되어 파리로 향했다. 그러나 오래지 않아 자코뱅 파 세력이 강해지자 온건한 지방 위원에 지나지 않았던 사바랭은 왕당 파 측근 인물로 로베스 피에르가 지배하는 정권으로부터 표적이 되었고 생명의 위험을 느낀 사바랭은 스위스로 도망쳤다. 그러나 이미 그곳 역시 안전한 장소가 되지 못했고 이번에는 미국으로 도망가게 된다. 프랑스에 귀국한 것은 1796년의 일. 공포정치는 완전히 막을 내리고 신변의 안전이 확보되었다는 것을 안 이후의 귀향이었다. 그 이후는 법무관직을 얻어 안정된 생활을 보냈다고 한다.

이러한 인생경험이 퀴르농스키가 말했듯이 정말『미각의 생리학』에 반영되어 있는 것일까? 반영되어 있다고 한다면 어느 부분에 어떻게 표현되어 있는 것일까?

그것을 확인하기 위해서라도 여기서 실제로『미각의 생리학』의 페이지를 열어보지 않을 수 없다.

2

『미각의 생리학』에는 '또는 탁월한 가스트로노미에 관한 명상, 학술적인 몇몇 학회의 회원인 한 교수에 의한 파리의 가스트로놈(미식가)들에게 바쳐지는 이론적, 역사적, 사실적 작품'이라는 긴 부제가 붙어 있다. 긴 부제는 당시의 서적에서는 흔히 볼 수 있기 때문에 놀랄만한 일은 아니지만 흥미로운 것은 그 자신을 '학술적인 몇몇 학회의 회원인 한 교수'라고 칭한 것이다. 초판과 그 뒤의 몇몇 판에서 사바랭은 자신의 이름을 저자로 올리지 않았다. 이것은 당시의 출판에서는 특이한 일은 아니지만 익명이라면 저자명은 아무것도 기입하지 않는 것이 보통이었다. 또는 기재한다고 해도 조금 더 간소한 것이 많았다. 예를 들어 그리모의『식통연감』에는 저자로 '늙은 한 애호가 Un Vieil Amateur'라고만 쓰여 있다. 그리모답지 않게 겸허하지만 그것에 비하면『미각의 생리학』의 익명은 확실히 유난스럽다. 왠지 미련이 남은 듯 느껴진다. '이렇게 훌륭한 책을 쓴 것은 나, 사바랭이지만 여러 가지 사정에 의해 실명은 삼간다. 하지만 말하지 않아도 알아주길 바란다'. 이러한 의도가 보일 듯 말 듯 감춰져 있다.

서명에서도 알 수 있듯이 사바랭은 이 책을 학술서로 썼다. 적어도 독자에게는 그렇게 보이도록 썼다. 부제에 있는 '명상'이라는 단어에 그러한 사바랭의 의도가 포함되어 있다고 여겨진다. 이 '명상'이라는 단어는 본문 제1부의 장(章) 구성에도 사용되고 있다. 이를테면 제1부는 전체가 30개의 장으로 나눠져 있고 각각 '명상1'부터 '명상30'까지의 목차가 붙어 있다. 이것 역시 독자에게 내용을 철학적으로 보이게 하기 위한 조작 중 하나이다.

『미각의 생리학』 서두에는 유명한 20개의 아포리즘(깊은 진리를 간결하게 표현한 말이나 글. 격언, 금언, 잠언 등_편집자 주)이 게재되어 있다. 어쩌면 이 책 안에서 가장 널리 사람들에게 알려진 부분인지도 모른다. 책 자체를 읽은 적이 없더라도 다음과 같은 말을 들은 이들은 적지 않을 것이다.(이하 『미각의 생리학』의 인용은 모두 1825년판의 『PHYSIOLOGIE DU GOÛT』[049]에 의함)

"당신이 먹고 있는 것을 가르쳐주면 당신이 어떤 사람인가를 알아맞히겠다."

"새로운 음식의 발견은 인간에게 있어 새로운 별의 발견과 같이 훌륭한 것이다."

"치즈가 없는 디저트는 한쪽 눈을 잃은 미녀와 같다."

"누군가를 식사에 초대한다고 하는 것은 그 사람이 당신 집에 있는 동안 그 행복을 책임진다고 하는 것이다."

이러한 아포리즘은 실은 본문 내용과 밀접하게 관련 있는 것은 아니지만, 매우 중대한 인생의 교훈적인 문언을 처음에 언급함으로써 독자에게 이 책에는 매우 깊은 것이 쓰여 있다고 하는 기대를 가지게 하는 효과가 있다. 이것 또한 사바랭이 원했던 바가 틀림없다.

고상한 학술서로 보이기 위한 조작은 또 있다. 당시 사회에서 급속도로 보급되고 있던 과학적인 이념을 들어 전문적 용어를 많이 사용해서 설득력을 강화하려고 하는 시도가 이 책 곳곳에 보이는 것은 결코 우연이 아니다. 실제로 몇 가지 예를 들어보자. (괄호 안은 원고 초판 제1권의 페이지)

"맛의 감각은 하나의 화학작용이다. 옛날 학술어로 말하면 습법(濕法)에 의해서 다. 말을 바꾸자면 유미분자(有味分子)는 우선 어떤 것의 액체 중에 용해되지 않으면 유두상태의 돌기papille나 빨판sucoir이라고 하는 미각기관의 내부에 깔려 있는 신경모houppesnerveuses 끝으로부터 빨아들이지 못한다."(70페이지)

"오늘의 과학이 설명하는 것에 의하면, 설탕이라는 것은 미각에 달게 느껴지며, 결정화가 가능하고 그리고 발효작용에 의해 탄산과 알코올로 바뀌는 하나의 물질이다."(193페이지)

"이가 단단한 식물을 부순다. 구강 내에 깔려 있는 다른 종류의 분비 기관이 그것을 적신다. 혀가 치대며 섞는다. 다음으로 그것을 입천장palais에 밀어 붙여서 그곳으로부터 즙을 내고 그것을 맛본다. 이러한 일을 하면서 혀는 식물을 입 안에 모은다. 그리고 아랫니에 지탱하며 가운데로 모아 혀의 뿌리 부분이 평평하게 되도록 해서 인두pharynx가 그것을 받아들이고 식도를 향해 밀어낸다. 식도의 연동작용 mouvement peristaltrique이 그것을 위로 운반한다."(366~367페이지)

거의 의학서 같다.

명상5의 '식물일반에 관해'에 '오스마좀Osmazôme'이라고 이름 붙여진 1장이 있다. 사바랭에 의하면 "오스마좀이라는 것은 찬물에 녹는 짐승고기 중에 가장 좋은 맛이 있는 부분을 가리키며 그것이 엑기스와 다른 점은 이 엑기스는 뜨거운 물이 아니면 녹지 않는다는 것이다."라고 하며 "실제로 이 오스마좀이야말로 좋은 포타주(수프)의 진가이다."라고 말할 정도로 요리에서는 빼놓을 수 없는 물질이다."라고 말한다.

『미각의 생리학』중에서도 잘 알려진 한 부분이므로 자주 사바랭이 오스마좀의 발견자처럼 오해되고 있는데, 원래는 약학과 관련된 용어이며 토마스 톰슨의 『약학생을 위한 화학체계A System of Chemistry for the Use of Students of Medicine (1819)』에 의하면 "르엘이 최초로 지적한 물질에 루이 자크 테나르가 오스마좀이라고 명명했다." ⁰⁵⁰라고 한다. ⁽⁷⁾ 아마도 19세기 초반일 것으로 생각된다.

　18세기부터 계몽사상의 후원을 받으면서 당시 이러한 과학상의 '신발견'이 줄을 이었다. 그것은 다양한 방법으로 세상에 알려졌고 새로운 것을 좋아하는 파리지앵들에게 그럴듯한 화제를 제공하게 되었다. 의학 분야에 인맥이 있었던 사바랭이 책을 쓰기에 앞서 과학적 치장을 사용한 것은 정말 현명한 선택이었다고 말하지 않을 수 없다. 오스마좀에 관해서도 이 학술적 용어를 요리서에 적용한 것은 아마도 사바랭이 최초이며 가스트로노미에 의해 논리적인 시점을 부여했다는 점을 평가할 수 있다.

　『미각의 생리학』의 성공은 바로 이 과학성에 있다고 해도 좋다. 다른 말로 바꿔 말하면 시류에 맞는 현학적 스타일이, 가스트로노미라고 하는 패셔너블한 취미를 경애하는 부르주아나 지식인, 문화인들의 다른 사람보다 뛰어나고자 하는 의식을 자극한 것이다. 게다가 그 과학성은 외관일 뿐이었다. 다소 번거로운 전문 용어나 점잔을 빼는 듯하게 말을 돌려가며 열거하고 매우 그럴듯하게 장식하고는 있지만 그것은 어디까지나 고상한 분위기를 찾는 독자의 요구에 맞춘 겉모습일 뿐, 겉모습

---

(7) Franklin Bache와 Thomas Thomson의 『A SYSTEM OF CHEMISTRY FOR THE USE OF STUDENTS OF MEDICINE』에 의하면, 오스마좀은 "황갈색의 물질로, 푹 삶아서 맛을 우려낸 국물(수프)의 맛과 향을 가진다. 물 또는 알코올에 녹는다. 이 수용액은 절류nut-galls의 침출액이나 초산수은, 초산연酢酸鉛, 초산연硝酸鉛에 의해 침투한다." 사바랭의 지식은 이러한 참고서에서 얻은 것이라고 생각된다. 한편, 카렘은 『19세기 프랑스 요리술』 제1권에서 오스마좀에 대해 다음과 같이 쓰고 있다. "냄비에 불을 붙여 물이 점차 끓기 시작함에 따라, 고기의 근육섬유가 퍼져 그것을 연결하고 있던 젤라틴 성분이 녹기 시작한다. 이렇게 평온하게 열을 가하는 것에 의해 포토프는 서서히 거품이 일고, 고기의 지방성분인 오스마좀이 조금씩 녹기 시작해 부용에 특별한 풍미를 넣는다……." 이 설명은 "오스마좀이라는 것은 냉수 속에 녹는 수육 안의 고도의 맛이 있는 부분"이라는 사바랭의 『미각의 생리학』의 기술과 확연하게 모순되어 있다. 장 피엘 프란은 1994년에 발표한 「L'Essence et la Saveur」라는 논문에서, "카렘은 요리사로서의 경험에서 '수육 안의 고도의 맛이 있는 부분'은 냉수에서는 녹일 수 없다는 것을 알고 있었다"라고 지적하고 있다. 카렘은 사바랭 요리의 과학적인 기술에 대해 본능적으로 종잡을 수 없음을 느꼈을지도 모르겠다.

을 전부 벗겨버리면 뒤에 남는 것은 재미있고 우습게 묘사하고 있는 미식에 관한 자기 주변의 가십들일 뿐이었다. 물론 상류계급의 인간은 가십을 매우 좋아한다.

　게다가 『미각의 생리학』 제2부는 '다양성'이라고 이름 붙여진, 미식에 관한 가벼운 수필을 모은 것으로 여기에서 사바랭의 본령(本領)을 간파하는 것은 그다지 어렵지 않은 일이다. 미묘함, 소탈함이라는 탈을 쓰고 있기는 하지만 여기에서 소개하는 몇몇 에피소드도 본질적으로는 가십에 불과하다. 망명시대의 추억 등도 뒤섞여 있으며 확실히 사바랭의 평범치 않은 인생경험이 반영되었다고 볼 수 없는 것은 아니다. 이러한 경험담을 문학이라고 하는 사람도 있을 수 있으나 적어도 과학과는 관계없는 것이다.

　『미각의 생리학』이라는 책 이름이 내용의 통속적인 본질을 덮어 감추는 카무플라주 Camouflage(유기체의 몸 빛깔을 주변 환경과 식별하기 어렵게 위장하여 적으로부터 몸을 숨기는 방법. 위장, 변장_편집자 주)로서의 역할을 꾀했다는 것은 틀림없다. 이것은 독자를 속이기 위한 것이기는 했지만 독자도 일견 학술적인 분위기에 오히려 스스로를 속였던 것이다. 그것을 연출한 사바랭은 어떤 의미에서는 통속적 인간, 또는 어떤 의미에서는 약삭빠른 인간이었다고 말할 수 있을지 모른다. 그 통속성과 약삭빠름이 그리모 드 라 레니에르에게는 부족했다.

V. 두 개의 가스트로노미

1

 가스트로노미의 시점에서 사바랭을 평가하는 것은 쉽지 않다. 사바랭에게 있어 '식'은 본업이 아니었고 그것에 관련된 저서도 『미각의 생리학』 단 한 권에 지나지 않기 때문이다. 그 책이 세상에 나오기 전까지 사바랭의 이름은 가스트로노미의 세계에 거의 알려지지 않았다. 『미각의 생리학』에는 다수의 인물이 등장하는데, 그중에서 요리관련자 이름이라고 하면 겨우 보빌리에나 수비즈 공작의 메트로 도텔이었던 베르트랑, 그리고 캉바세레스의 식사 관리인이었던 에그르푀유 정도였다.
 이것은 사바랭의 인생이 가스트로노미와는 상당히 동떨어져 있었음을 시사하고 있다. 1825년이라는 시기는 가스트로노미에 관련된 책을 쓰고자 했다면 적어도 그리모의 이름을 언급하지 않고서는 부자연스러웠을 것이다.
 실제로 사바랭의 가스트로노미에 관한 자질에 대해 비판적인 견해를 보이는 사람들도 적지 않다. 그 필두가 그리모의 평전을 쓴 샤를르 몽스레이다. 몽스레가 '잊혀져버린 사람들, 멸시받은 사람들'에서 그리모를 부각시킨 것은 결국 그리모가 '멸시받은 사람들'이면서 그것이 얼마나 부당했는가를 호소하고 싶었기 때문이다. 그것에 반해 사바랭은 몽스레의 눈에는 '과대평가된 사람'으로 비춰졌다. 그의 사바랭에 대한 신랄한 논평은 그리모의 과소평가에 대한 불만의 표출이기도 했다.
 "나에게 주어진 이 일의 마지막에 이르러, 그리모 드 라 레니에르가 본래 마땅히 받아야 할 존경과 영광을 회복하는 것이 가능하다면 기쁠 것이다. 오늘날까지 브리야 사바랭에 관해서는 많이들 이야기해왔다. 물론 지나치게 많은 이야기를 했다고 할 수 있다. 브리야 사바랭의 생각은 무엇 하나 믿을 만한 것이 없다. 그는 식욕과 마찬가지로 정신의 반짝임을 과시하고 싶어하는 작은 사람이다. 그럼에도 불구하고 브리야 사바랭은 아메리고 베스푸치(이탈리아의 탐험가, 천문학자_편집자 주)와 같이 본래라면 그리모 드 라 레니에르에 부여되어야 할 모든 영광을 몽땅 가져가 버렸다."051

콜럼버스의 미국 발견의 영광을 가로채 신대륙에 자신의 이름을 붙인 베스푸치에 비교하는 것을 보면 몽스레의 사바랭에 대한 안달하는 마음을 엿볼 수 있다.

프랑스 근대시의 아버지라고 불리는 보들레르는 한층 더 가차 없었다.

"더없이 유명하고, 동시에 더없이 어리석은 한 남자가 어느 책에서 위생과 쾌락이라고 하는 두 가지 관점에서, 뻔뻔하게도 와인에 관한 항목에 다음과 같이 썼다. '장로 노아가 와인을 발명했다고 하며 그것은 포도 과실로부터 만들어지는 액체이다.'라고. 그 뒤는 아무것도 없다. 그것뿐이다. 당신이 아무리 페이지를 뒤져봐도, 온갖 방향으로 뒤집어도, 뒤에서부터 읽어도, 상하 거꾸로 해서 읽더라도, 오른쪽에서 왼쪽으로, 왼쪽에서 오른쪽으로 읽어도 매우 유명하고 매우 존경받고 있는 브리야 사바랭의 『미각의 생리학』 안에는 와인에 관한 다른 기록을 찾을 수 없다. 아, 여러분, 브리야 사바랭의 책을 읽지 말기를. 신은 사랑하는 자를 쓸데없는 독서로부터 지킨다. 이것은 고금의 온갖 사법관보다 인간을 더 사랑한 철학자 라바타의 작은 저서로부터 인용한 교훈이다. 아직 라바타의 이름을 붙인 과자는 없지만, 그러나 용감한 부르주아들, 그들은 브리야 사바랭에 대한 기억을 잊어버릴 것이다. 다만 브리오슈의 한 종류인 사바랭만이 남아 아주 작은 결점에도 불구하고, 현학적인 격언을 지껄이는 핑곗거리를 제공할 것이다."052

아무리 그렇다고는 해도 이 문장은 감정적인 것에 지나지 않는다고 생각된다. 사바랭의 책을 읽어서는 안 된다고 말하는 것에 그치지 않고 사바랭 자신에게는 전혀 책임이 없는 과자 사바랭에게까지 마구잡이로 화풀이를 하고 있는 것이다. "장로 노아가……."의 부분도 명백하게 왜곡되었으며 사바랭이 실제로 쓴 것은 다음과 같은 문장이다.

"모든 음료 중에서도 가장 사랑하는 와인, 이것이 포도나무를 심은 노아의 선물이든, 포도즙을 짠 바카스의 선물이든 세상의 여명기로 거슬러 올라간다." (원서 260페이지)

말꼬리 잡기에 급급하다고 해도 좋을 만한 보들레르의 비난은 무엇 때문일까? 사바랭의 와인에 대한 차디찬 견해가 단순히 쾌락주의자인 보들레르의 마음에 들지 않았을 수도 있고 또는 현학적 단어를 능숙하게 구사하며 『미각의 생리학』을 아주 고상한 서적처럼 포장한 사바랭의 경박한 본질을 일류 문학자 특유의 통찰력으로 꿰뚫고 있었는지도 모른다. 그 진상은 어둠 속에 가려져 있다.

사바랭에 대한 험담을 한 가지 더 소개한다. 이것은 옛날 서적이 아닌 현대의 저서이다.

"브리야 사바랭은 그리모 드 라 레니에르를 본보기로도, 예(例)로도 활용했다. (중략) 나는 그가 맛있는 것에 관한한 부족함 없는 생활을 지키려고 했던 것을 비난할 생각은 없다. 단 그의 살아가는 방식은 어떻게 생각해야 하는 것일까? 고향 베레의 벽에 '시민이여 국민공회에 충실해라'라고 외치며 장문의 성명서를 꺼내놓았다. 그 직후에 자신의 행위가 부른 결과가 무서워져서 당일, 감상적 여인의 손을 빌어 스위스로 도망쳤다. 그 후 영국에서는 요리교실이라는 명칭으로 샐러드를 섞으며 살아간다. 미국에 건너가서는 음악가가 된 것처럼 행세하며 어설프게 바이올린을 켰는데, 혁명 속에서 살아남은 용감한 한 시민이라고는 도저히 말할 수 없다. 나는 이렇게 말하고 싶다. 『미각의 생리학』의 성공은 알고 있는 바와 같다. 그러나 이 한 권이 무엇에 근거한 것인지를 저자는 알고 있다. 그렇기 때문에 그에게는 성공을 바랄 권리는 없다. 많은 부분이 그리모의 것을 차용하고 있다. 그뿐만이 아니다. 그중에는 공자부터 므농까지 사양할 줄 모르고 표절하고 있다." [002]

이렇게까지 깎아내리지 않아도 될 듯하나, 이는 역으로 고금의 요리사에게 사바랭의 『미각의 생리학』의 존재가 그만큼 컸다는 것을 말해주고 있는 것이리라.

2

 사바랭에 대해 극찬과 혹평, 두 가지 평가로 선명하게 나눠지는 것을 지금까지 봐왔다. 묘하게도 그리모를 긍정적으로 평가하는 사람들은 사바랭의 『미각의 생리학』에는 부정적인 경우가 많은 것 같다. 이 이율배반에는 필시 두 사람의 가스트로노미에 대한 자세 차이가 반영되어 있다고 볼 수 있다.
 그리모 자신은 사바랭에 관해 어떻게 생각하고 있었을까?
 1877년 출판된 구스타브 데누아르스트레의 본격적인 그리모 평전 『그리모 드 라 레니에르와 그 주변 사람들 Grimod de La Reyniere et Son Groupe』에 그 일면을 엿볼 수 있는 문장이 있다.
 "친구여, 나는 그 불쌍한 사바랭 - 그는 성공을 누릴 만큼 오래 살지 못했습니다 - 의 『미각의 생리학』을 구입해 기쁘게 읽은 것을 전하려 합니다. 이것은 수준 높은 가스트로노미에 관한 서적으로 이것과 비교하면 나의 『식통연감』 등은 슬픈 광시곡에 지나지 않습니다. 이토록 깊은 감각으로 가득 찬 재능이 세상에 나오기까지 너무 많은 시간이 걸렸습니다. 그것이야말로 진정한 절필(絶筆)입니다. (중략) 이것은 틀림없이 최근 몇 년 사이에 출판된 것 가운데 최고의 책입니다. 그는 역시 인간의 숭고한 정신으로 연 아카데미의 문을 활짝 개방하였습니다." [041]
 최대의 찬사지만 이 그리모의 반응에는 다소 주석이 필요하다. 위의 문장은 역시 구르망으로서 알려진 드 쿠시 백작 앞으로 보낸 편지를 인용한 것인데, 문제는 1827년 3월 20일이라고 하는 그의 편지 날짜에 있다. 그것이 의미하는 것은 초판 발행으로부터 1년 이상이 지나 처음으로 그리모가 『미각의 생리학』을 읽었다고 하는 것이다. 데누아르스트레는 이 인용에 앞서 그 시간차에 관해서도 언급하고 있다. 즉 『미각의 생리학』에는 『식통연감』에 관한 언급이 단 한 구절도 없다. 그뿐만 아니라 실질적으로 그의 존재조차 무시되고 있다고 그리모는 여겼다. 그렇기 때문에 그리모는 저자 사바랭에 불쾌감을 느끼며 그 또한 『미각의 생리학』을 무시했다는 것이다. 1년 뒤에 마침내 읽은 화제의 베스트셀러에 대한 그리모의 극찬 뒤에는 실제로는 그의 삐뚤어진 심리가 감춰져 있었던 것이다.

그러나 실제로 사바랭은 『식통연감』을 의도적으로 언급하지 않은 것은 아니다. 하물며 그 존재를 무시한 것도 아니다. 단지 관심이 없었던 것이다.

『미각의 생리학』에 있어 가스트로노미는 사바랭의 방법이었지 목적은 아니었다. 말하자면 수사학(修辭學)적인 측면에서 가스트로노미를 채용한 것으로, 가스트로노미론을 전개하는 데 있어서도 그는 그리모의 가스트로노미를 필요로 하지 않았다. 동일한 가스트로노미를 무대로 하고 있는 듯 보이지만 그리모와 사바랭은 결국 다른 세계의 주인이었다. 아마도 그것을 그리모는 이해할 수 없었을 것이다.

그리모의 불행은 가스트로노미가 인생의 목적이 되어버린 것에 있다. 사바랭처럼 가스트로노미를 소재로 현학적인 옷을 입힌 세상 이야기를 궁리해낼 재치가 그리모에게 있었다면 아마도 사바랭이 유명해지기 전에 그리모가 세상의 갈채를 받으며 오늘날까지 그 명성을 이어가고 있을 것이다.

그렇지만 그리모의 가스트로노미는 동시대를 앞서가는 구르망이나 요리사들에게 큰 영향을 끼쳤다. 사바랭은 가스트로노미에 학구적인 내용을 더한 공헌으로 사람들을 크게 감동시켰는데, 그리모처럼 가스트로노미에 있는 그대로 다가서는 활동을 한 것은 아니었다.

그리모와 캉바세레스의 친밀한 관계에도 불구하고 카렘도 그리모를 어느 정도 평가하고 있다. 『19세기 프랑스 요리술』의 레이디 모건의 헌사 중 『식통연감』을 인용하면서(간접적이지만) 그리모의 가스트로노미에 대한 자세에 칭찬을 표하고 있다.

"아, 마담! (중략) 당신은 재능 있는 요리사를 칭찬했습니다. 우리의 저명한 그리모 드 라 레니에르도 요리사의 재능에 대해 당신과 같이 너그러운 태도로 기록을 남기고 있습니다(『식통연감』 제5권 63페이지). '칭송하자, 그 이름에 걸맞는 요리장을 지닌 앙피트리옹을! 요리사를 하인이 아닌 친구로 대접하고 충분한 신뢰를 가지며, 불안으로부터 지키고, 어떤 일이라도 숨김없이 이야기하며, 그의 영광과 행운이 되는 것을 마다하지 않아야만 한다'. 의협심 많은 사나이 라 레니에르, 요리사의 곤란한 상황에 손을 내미는, 끝없이 빛나는 공정한 태도를 글로 쓴, 얼마나 고귀한 영혼인가." 035

자기 자신도 '재능 있는 요리사'였던 카렘의 이 문장은 아전인수(我田引水, 자기에게 이롭게 말하거나 행동하는 일_편집자 주)라고 말할 수 있다. 그러나 카렘이 그리모의 가스트로노미에 호감을 갖고 있었던 것은 틀림없다. 참고로 카렘은 저서에 사바랭에 관해서도, 사바랭의 저서도 전혀 언급하지 않았다. (8) 오스마즘에 관해 묵시적으로 사바랭을 비판하고 있는 것처럼 읽을 수 있는 부분도 있는데, 이것 역시 이름을 드러내지 않고 있다. 결국 사바랭의 가스트로노미와 그리모의 가스트로노미 중 어느 것을 높이 평가하고 있었는지는 명백하게 드러난다.

지금까지 살펴본 것처럼 사바랭의 가스트로노미는 인생을 화려하게 장식하기 위한 방법이었으며 현학 취미와 같이 그의 문학을 다채롭게 하는 요인에 지나지 않았다.

그것에 반해 그리모의 가스트로노미는 좋든 싫든 간에 그의 생활방식 그 자체였다. 이 그리모의 가스트로노미는 8권의 『식통연감』과 그에 관한 생활에 응축되어 있다.

『식통연감』이란 과연 어떤 서적이었을까? 다음으로 그것을 살펴보기로 하자.

---

(8) 정확하게는 단 한 군데, 『19세기 프랑스 요리술』의 제3권 302페이지에 '퓌레 드 부흐 브레제 아 라 브리야 사바랭'이라는 고기요리 레시피에 실려 있다. 그러나 이 본문에는 사바랭과의 관련성을 엿볼 수 잇는 문구는 일체 없고, 명명의 유래도 불명확하다. 카렘에 한하지 않고 당시 요리에 이름을 붙이는 방법은 변덕스러운 면이 있어, 유명인의 이름을 정당히 붙이다가 서서히 빌려 썼다고 생각되는 경우도 많이 보이고 있다.

VI. 『식통연감』

1

『식통연감』은 1803년에 제1권(원서의 표현에서는 '1년째')이 간행된 이후, 1808년까지는 1년에 한 권씩, 그리고 기간을 두고 1812년까지 전부 여덟 권이 세상에 나왔다. 1808년 이후, 그리고 아홉 권 이후의 출판이 결국 실현되지 못한 것은 그 시기에 여러 가지 문제가 일어났기 때문이다. 그것에 관해서는 나중에 다시 이야기하도록 하자.

그리모의 이름이 『식통연감』에 의해 알려지게 된 것이 아니라는 것은 앞서 설명한 대로이다. '유명한 만찬회'와 1783년 2월의 장례식을 모방한 식사회가 그리모를 일약 '유명인'으로 만든 것은 사실이지만 물론 그 바탕은 이전부터 있었다.

1780년에 그리모는 '수요클럽La Société des Mercredis'의 회원이 된다. 매주 수요일에 모여 사치를 부린 식사를 즐기는 이 클럽의 구성원은 17명. 회장은 몽펠리에 시의 법무집행관으로 후에 캉바세레스의 식사 관리인이 되는 에그르푀유였다.

이 클럽의 구성원에게는 그 외관이나 좋아하는 음식 등으로 각각 색다른 별명이 붙었다. 예를 들어 에그르푀유는 '칠면조 선생'. 이것은 그의 붉은 빛을 띤 얼굴 때문에 붙여진 별명이었다. 파리대학의 수사학(修辭學) 교수로 이름 높은 저널리스트 줄리앙 루이 조프로와에게는 '오마르새우 선생'이라는 이름이 붙여졌는데 이것은 그의 비평이 '새우의 집게에 끼듯이' 엄격했기 때문이다. 그리모 자신의 별명은 '가재 선생'이었다. 물론 놀이이기는 했으나 그의 손 장애에 대한 은유적 표현이었다.

수요클럽에서의 체험은 그리모의 구르망으로서의 커리어에 기준점이 되었다. 회원들을 기묘한 별명으로 부르는 관례로 상징되는 이 클럽의 독특한 스타일도 그리모의 비뚤어진 성향과 잘 맞았다.

『식통연감』 제1권 속표지 그림. 이 그림에는 '구르망의 도서관'이라고 이름이 붙여져 있는데, 여기에 소장되어 있는 것은 책이 아닌 식품과 주류뿐이다.

수요클럽은 프랑스 혁명의 동란기도 뛰어 넘어 1813년경까지 이어졌다고 한다. 다만 앞서 말한 대로 그리모는 1786년부터 1793년까지는 지방 수도원에 칩거하거나 스위스를 여행하거나 또는 리옹에서 장사에 손을 대는 등의 일로 이 클럽에 참가하지 않고 있다. 부친의 죽음을 계기로 파리에 돌아온 이후 다시 수요클럽에 다니게 되었는데, 그것은 『식통연감』 출판의 기반이 된다.

그리모는 수도원에 보내지기 직전에 수요클럽에서 힌트를 얻어 '철학적인 점심식사Déjeuners Philosophiques'라고 부르는 식사회를 직접 주재하기도 한다.

그리모의 친구 중 한 사람인 레티프 드 라 브르통의 후기 자전적 작품 『무슈 니콜라Monsieur Nicolas(1794-1797, 전16권)』의 제11권에 프랑스 혁명이 일어나기 전까지의 식사회 상황이 묘사되어 있다.

"이 식사회는 파리 사람이든 지방 사람이든 어떠한 재능을 가진 사람들을 엮기 위해 열렸다. 식사에는 카페오레와 홍차, 그리고 버터와 앤초비를 얹은 타르틴이 나왔다. 오전 11시에 시작되어 오후 4시에 소의 허리 윗부분 고기, 또는 양의 넓적다리 고기로 마무리되었다. 고기와 함께 나온 음료는 시드르Cidre(사과술)뿐이었다. (중략) 커피는 연했고 몇 잔을 마셔도 몸에 해롭지는 않았으나 한 사람당 22잔이 강제적으로 할당되어 있었다. (중략) 모든 사항을 테마로 한 이야기가 시작되었다. 원고가 낭독되었는데, 시인은 자신이 쓴 시구절을 읽었고, 희곡작가는 자신이 쓴 희곡을 연기하며 어떤 효과를 낼 수 있을지 예측한다. 그것은 바로 아카데미였다. (중략) 점심식사회는 그가 가족의 요청에 의해 칩거하는 1786년까지 계속되었다." 053

'유명한 만찬회' 이전부터 알려진 그리모의 기이한 행동에는 그 규범이 된 인물이 존재한다. '철학적인 점심식사'에서 진행을 맡았던 그리모의 연장(年長) 친구 장 세바스찬 필립 아즈이다. 독특한 사람들로 모인 그리모의 지인 중에서도 유난히 이채로웠던 아즈를 숭배하고 있던 그리모는 양친을 향한 반항심도 더해져 삐뚤어진 행동에 더욱 힘을 쏟았다. 이러한 행동의 하나를 자일스 맥도노가 『혁명 중의 미각』에서 소개하고 있다.

"그는 자신을 기묘한 모양으로 조각할 필요가 있었다. 그는 파리에 그를 알린 풍성한 가발Toupet, 챙이 있는 모자를 쓰고 있었는데, 그 모자는 길거리에서 여성을 만났을 때 손을 전혀 쓰지 않고도 머리에서 들어 올릴 수 있는 것이었다. 가발은 매우 특이했고 누구에게나 마치 고슴도치와 같다고 여겨질 만한 것이었다. 그 모습은 이런 유행가가 되어 대대로 전해질 정도였다.

 나의 머리와 바꾸어,

 그 덥수룩한 Grimode 머리,

 고슴도치의 머리와." 036

'수요클럽'이나 '철학적인 점심식사에서의 활동에 더해 그리모는 파리에 돌아온 이후에도 다수의 미식 관련 모임에 참가했다. 그중에는 직접 창설한 '장난을 좋아하는 저녁모임 Dîner des Mysticateurs'이나 '파리새클럽 Société des Gobes-Mouches' 처럼 그리모의 독특한 행동의 연장선상의 것들도 있었지만 이러한 기묘한 행동마저도 그리모를 가스트로노미와 밀접하게 맺어주고 있었다. 엄격한 가스트로노미와 미식클럽에서의 체험, 그리고 수많은 기묘한 행동. 이들 전부가 그리모 속에서 섞여 머지않아 『식통연감』으로 결실을 맺게 된다.

2

『식통연감』의 최초 1권의 머리말에 '1년째 Premièré annee'라는 문구가 있기 때문에 그리모는 처음부터 이 연감을 매년 연속적으로 출판할 의도가 있었다고 여겨진다. 그러나 그렇다고 한다면 제1권과 그 이후의 책과의 전체 구성이 상당히 다른 것은 왜일까? 처음부터 시리즈화를 전제로 한 출판이라면 일반적으로는 전권을 통일시키려고 하지 않을까? 사실 2권째 이후에서는 구성상의 통일이 시도되고 있으며 4권부터 8권까지는 거의 일정한 스타일로 되어 있다. 그리모에게 있어 시리즈화의 의도는 있었지만 실현에 관해서는 반신반의했을지도 모른다. 우선 제1권을 내자 그것이 예상 이상으로 팔렸다. 그래서 두 번째 책을 냈고 이것이 또다시 호평

『식통연감』 제2권 속표지 그림. 이 그림에는 그리모 자신이 다음과 같은 설명을 더하고 있다. "수납장의 모든 선반에는 식품이 가득 차 있고 대들보에는 수렵으로 얻은 짐승과 새가 매달려 있다. 책상 앞에는 구르망이 앉아 사람들이 가져온 식품의 접수를 받고, 인증에 관해 설명하고 있다. 구르망 옆에 있는 고양이는 여기 쌓여 있는 식품에 쥐가 얼씬 못 하도록 하고 있음을 나타내고 있다."

을 얻게 된다. 이 결과에 용기를 얻게 되면서 이후 매년 출판을 하게 되었다. 실제로도 그런 경위를 거치며 전8권이 출판되지 않았나 하는 생각이 든다.

그것은 어찌되었든 간에 제1권을 살펴보자. 우선 '식(食)의 달력'이라고 이름 붙여진 제1부가 전체의 2/3 가까이를 차지하고 있다. 여기서는 1월부터 12월까지 매월 그 시기에 맛있는 음식이나 사람들의 생활에 밀착된 축제 등이 소개되어 있다. 예를 들어 1월은 이런 식으로 시작한다.

"프랑스에서 1월 이상으로 맛있는 음식을 즐길 수 있는 달이 없다는 것에 반대할 사람은 없을 것이다. 공화국력(曆) 등과 관계없이 샤를 9세 시대부터 1년은 구르망의 달로 시작된다. 과자 축제인 동시에 대량의 소화불량을 쏟아내는 에피파니(주현절)를 언급할 필요도 없이 새해는 보통 먹을 것이 집중되는 때이다. 미움의 소멸, 가족의 화해, 의례적인 방문 등 1년 중 이 시기는 모든 것을 용서하고 즐기는 때이다. 이렇게 말할 수 있는 것도 수많은 너그러운 화합이 대대적인 식사에 의해서 이루어지기 때문이다." 037

이 달력은 1년째에만 등장했고 2년째 이후는 사라졌다. 이것은 어디까지나 1회 한정 기획으로 매년 같은 일을 적을 수는 없었다. 2권을 출판하게 되었을 때, 그리모는 이 결함을 눈치챘을 것이다.

다음으로 '파리의 먹을거리 안내'라고 이름 붙여진 기사가 나머지 1/3을 구성하는데, 이것이 제2부에 해당한다. 여기에서는 파리 거리에 산재해 있는 먹을거리 관련 가게나 시설이 그리모의 코멘트와 함께 소개되고 있다. 『식통연감』이 구르메 안내서로 이름 높은 『미슐랭 가이드』의 시초로 자주 인용되는 것은 전적으로 이 부분에 의한 것이다. 다만 1년째의 '파리의 먹을거리 안내'는 구성이 아직 체계적이지 않았고 레스토라퇴르나 파티스리, 식료품점 등이 잡다하게 열거되어 있는 듯한 인상이다. 이미 베리나 르 각크, 보빌리에 등의 유명 레스토랑이 등장해 있었는데, 채택하는 가게 선정을 둘러싸고 머지않아 울려 퍼지게 되는 불협화음의 예감이 여기에서는 아직 느껴지지 않는다.

다음 해 간행된 2권에는 '식의 달력'도 '파리의 먹을거리 안내'도 없다. 처음부터 마지막까지 '식'에 관련된 논평만 있을 뿐이다. 단, 앞쪽에 '앙피트리옹에 관해'라고 이름 붙여진 하나의 글이 있으며 또한 조금 더 앞에는 '유명한 아즈 씨

Séance d'un Jury de Gourmands dégustateurs.

『식통연감』 제3권 '시식심사회'라고 이름 붙여진 속표지 그림.
여기에서는 제2권의 속표지 그림에서 구르망이 접수하고 있던 파이가 식탁 위에 올려져 심사 중에 있다. 왼쪽에서는 서기가 기록을 하고 있다.

의 아직 미발표된 규칙으로부터의 발췌'가 게재되어 있는 것에 주목하고 싶다. 이 '아즈 씨의 규칙'은 그리모가 우러러본 아즈가 기록한 원고로 4년 후에 출판한 『앙피트리옹의 안내서』 제3부의 기초가 되는 것이다. 그리모가 『식통연감』 제작을 통해 자신의 가스트로노미를 강화시켜갔다는 것을 이런 점에서도 엿볼 수 있다.

3권에서는 '파리의 먹을거리 안내'가 부활한다. 그러나 '식'에 관한 논술 사이에 끼워 넣듯 게재되어 있으며 비체계적이고 분량도 그다지 많지 않다.

4권부터 『식통연감』 스타일이 거의 일관되기 시작한다. 우선 '식'에 관한 논술이 있고, 그 뒤로 '파리의 먹을거리 안내'가 연속으로 기술되는 형태이다. '파리의 먹을거리 안내'는 구성이 체계적이고 레스토라퇴르나 파티스리, 로티쇠르Rotisseur(고기, 가금류의 구이 장수_편집자 주), 푸줏간, 와인 판매상, 식료품점 등 업종별로 구분되어 각각 주목받고 있는 가게에 관한 코멘트를 달았다.

5권이 되면 전반 부분 중에 '구르망으로부터의 편지'나 '구르망의 뒷이야기', '구르망 시정(詩情)', '새롭게 발견한 것'이라고 하는 소장르가 정례화된다. '파리의 먹을거리 안내'의 구성은 더욱 세분화되어 식탁보 매장이나 램프제조업부터 의사, 안경점, 치과의사에 이르기까지 구르망에 조금이라도 관계가 있을 듯한 업종은 모조리 망라되었다.

『식통연감』은 파리의 구르망 사이에서 큰 화제가 되어 새로운 책이 나올 때마다 경쟁하듯 사서 읽었기 때문에 출판이 거듭될수록 그 영향력도 함께 커졌다.

영향력이 커질수록 사람들의 관심도 높아지게 마련이다. 연감에 소개된 요나 가게, 반대로 소개되지 못한 요나 가게에 대해 관계자로부터 '어떤 기준으로 선정이 이루어지고 있는가?'라는 질문이 편집자인 그리모에게 쇄도하는 것은 당연한 일이었다.

성공의 마음을 담아 제1권 머리말 마지막에 그리모는 "『식통연감』을 위한 어떤 비평, 자료, 혹은 견본품도 기쁘게 받겠습니다. 관심이 있는 분은 파리시 샹젤리제

8번지의 저자 앞으로 송료선불로 해서 보내주십시오." 037라고 썼고, 2권 머리말에도 그렇게 도착한 것들을 얼마나 공정하게 선택하고 있는가를 강조하면서 또다시 견본품을 요청하고 있다. 그러나 선별기준의 공개를 요구하는 목소리는 여기서 그치지 않았고 그리모는 5권에 '시식조사회에 관해du Jury Dégustateur'라는 하나의 글을 실어 심사 실태를 다시 설명했다.

"이 정도로(보내온) 대량의 식품을 검증하기 위해서는 우리들이 대단한 열정을 가지고, 이 예술을 사랑하며, 또한 최대한 식욕이 있다고 해도, 역량도 인재도 부족하다고 느끼고 있었습니다. (중략) 게다가 우리들만으로 여러 직인의 명성이나 미래를 결정해버린다는 것은 해서는 안 된다는 것도 인정하지 않을 수 없었습니다. 어떤 상급 재판소로부터도 우리들의 견해가 중지되는 일이 없도록 주변에 지식 있고 미각이 뛰어나며 총명한 조언자를 두고 우리들에게 부족한 부분을 메워가야 할 필요를 느낀 것입니다." 037

그리모가 구르망을 자인하는 지인들 중 몇 명을 선발해 만든 '시식심사회'는 매주 화요일 정례회가 열렸고, 모인 심사원이 보내온 식품을 전부 시식한 다음 투표로 인증하느냐 마느냐로 결과를 내는 방식을 취했다. 심사원의 수는 정해지지는 않았지만 많을 때는 12명, 적어도 5명이 한데 모여 5시간 이상에 걸친 심사가 이루어졌다. 회장과 부회장, 여기에 서기 한 명(아마도 그리모 자신) 있고 심사회에서 검사된 모든 의사(議事)가 기록되었다.

그리모는 기사에 심사의 순서를 자세하게 설명하고 있으며 이것은 시식심사회가 얼마나 공평하고 엄격한 것인지를 독자와 출품자에게 내세우기 위한 일종의 변명이었으나, 그럼에도 불구하고 많은 출품자들은 시식심사회의 공정성에 대해 강한 의심을 품고 있었다. 사실, 이 문장이 공개된 이후에도 말 많은 세상 사람들은 시식심사회를 화제로 삼으며 "사실은 그리모 한 사람만이 테이블에 앉아 수많은 음식을 앞에 두고 신음소리를 내고 있다."라든가 "트레퇴르나 레스토라퇴르가 보낸 먹을거리를 먹으며 식비를 아끼는 것은 아닌가?"라는 소문을 소곤거리곤 했다.

그리모의 명예를 위해 덧붙이자면, 시식심사회의 심사원은 실제로 존재했고 현재 대략적인 멤버도 밝혀졌다. 맥도노에 의하면 심사회에서 인증을 거친 식품에 대해서는 회장 사인과 도장이 있는 서류가 공표되어 출품자는 1.5프랑의 경비를 지불하고 그것을 받은 다음 자신의 가게나 레스토랑 윈도우에 장식하는 것이 가능했다고 한다.

그러나 그리모의 활동이 그 이후로 줄곧 순조로운 것만은 아니었다. 본래 프랑스 혁명에서 그 빛을 잃은 앙시앙 레짐의 화려한 식 문화를 부흥하려 했던 그리모의 순수한 열의로부터 시작된『식통연감』의 간행이었지만 얄궂게도 그 성공이 그리모의 순수함에 베일을 씌우는 결과가 되었다. 아무리 그리모가 심사의 공정성을 강조해도 일단 그 권위가 사람들에게 인정되면 그 권위로 지켜지는 사람과 그렇지 못한 사람 사이에는 이해관계가 발생하게 된다. 이해는 이른바 다툼의 씨앗이 된다. 게다가 그리모는 그 다툼을 피할 노력을 하기는커녕 타고난 천성인 냉소적 자질을 마음껏 발휘하며 다른 의견이나 비판에 대한 공격적인 자세를 절대 허물지 않았다.

이렇게『식통연감』은 19세기 초반 파리의 가스트로노미에 큰 발자취를 남기면서 1812년 발행된 제8권을 끝으로 막을 내렸다.

최고의 전성기에 그렇게 빛나던 그리모의 권위도 급속히 위축되었고 그가 개척한 미식문학의 길은 머지않아 최첨단의 지식과 센스를 동반하고 떠들썩하게 다가왔다. 그리모보다 훨씬 무해(無害)한 사바랭을 위해.

제4장
앙토넹 카렘

앙토넹 카렘 Antonin Carême (1783-1833)
카렘의 원래 이름은 마리 앙투안 카렘(Marie Antoine Carême)이지만, 그 자신이 앙토넹으로 불리는 것을 좋아했다. 어쩌면 마리 앙투아네트와 비슷한 것이 싫어서였을지도 모르겠다. 이 초상화는 카렘의 사후에 그려진 것으로, 『식탁의 고전(1843년)』에 게재되었다.

I. 파티시에

1

공포정치의 긴장은 가라앉았지만, 가난한 서민의 생활고는 여전했고 부유한 귀족이나 부르주아들만이 안온하면서도 화려한 생활의 나날을 보내던 18세기 말 파리.

그리모 드 라 레니에르 가 기행에 힘쓰며 『식통연감』의 기반이 되는 구르망디즈 (식도락)를 연마해가던 바로 그맘때, 팔레 로얄 근처 비비엔 가(街)의 파티스리 바이이Bailly 가게에서는 한 소년이 일하기 시작했다. 나중에 '왕의 요리사이며 요리사의 왕'이라고 불리게 되는 이 소년, 마리 앙투안 카렘이 언제, 어떤 경위로 바이이 가게에서 일하게 되었는지는 확실히 알 수 없다. 그러나 바이이에게 고용된 것이 카렘의 인생에 큰 전환점이 되었다는 것은 세상에 널리 알려진 사실이다.

위대한 요리사로 알려진 카렘이지만 그의 경력의 출발점은 파티시에였다고 해도 무방하다. 자주 이야기되듯이 어려서 아버지에게 버림받고 친절한 식당 주인에게 구원을 받아 '식'의 길로 발을 내딛게 되었다는 이야기가 사실이라고 해도, 바이이의 가게가 카렘의 시작점이며 카렘의 본질이 파티시에라는 것은 1815년 연이어 출판된 그의 최초 2권의 저서 서명에 '파티시에'라는 단어가 들어 있는 것으로도 확실히 알 수 있다.

단지 여기서 주의해야 하는 것은 카렘 시대의 파티시에는 우리들 현대인이 보통 떠올리는 파티시에와 동일한 것이 아니라는 것이다. 그것을 염두에 두지 않고 카렘의 『파티시에 로얄 파리지앵Patissier Royal Parisien』[054]을 읽으면 거기에 등장하는 과자 장르가 우리가 생각하는 것보다 훨씬 넓은 것에 당황하게 될 것이기 때문이다.

특히 2권으로 된 『파티시에 로얄 파리지앵』의 제1권에서는 제1부의 서두를 푀

디드로의 『백과전서』 도판에 그려진 파티시에 작업장과 도구류.

이타주의 설명부터 시작되고 있는데, 페이지를 넘길수록 요리에 가까운 레시피가 점점 많아진다. 예를 들면, 제2부에는 파테Pâté나 볼로방Vol-au-vent(파이 껍질 속에 고기, 생선 따위를 넣은 요리)과 함께 카스롤Casserole(찌개나 찜 비슷한 요리)의 레시피가 나오며, 2장에 걸쳐 소스Sauce espagnoles, Sauce béchamel를 설명하고 있다. 또한 고디보Godiveau(고기 완자)까지 등장한다. 이처럼 현대라면 요리책에나 실릴 만한 레시피가 많은 페이지에 걸쳐 여기저기 나오는 이 책을 정말로 파티시에를 위한 교본이라고 부를 수 있는지 어떤지는 지금이라면 이의를 제기할 내용일지도 모른다.

여기서 카렘 시대의 파티시에에 대해 조금 자세히 살펴보기로 하자.

직업으로서의 파티시에는 상당히 오래전 알려져 있었다. 1766년 발행된 『기술 및 직업 휴대사전 Dictionnaire portatif des Arts et Metiers』의 파티시에 항목을 보면, 그곳에는 이렇게 쓰여 있다.

"파티시에에는 두 종류가 있다. 즉, 파티시에 우블레이에Pâtissiers-Oublayers와 파티시에 드 뺑 데피스Pâtissiers de Pain-d'épice가 있으며, 각각 다른 조합을 형성하고 있다. 여기서 설명하는 것은 전자로, 옛날에는 선술집이나 로티스리Rotisserie(구운 고기 전문점), 요리사, 파티시에가 전부 하나로 합쳐져 있었고 그것이 지금까지 대부분의 모든 축제일에 그들이 일하는 것이 인정되고 있는 이유이다. (중략) 파리의 파티시에 경영자조합은 매우 오래됐고, 그들의 지위는 샤를 9세에 의해 1566년에 공인되어 이듬해 2월 10일에 의회에 의해 등록되었다." [055]

1863년 출판된 『파리의 직인 Ouvriers de Paris』 [056]에 의하면, 파티시에에 두 종류가 있는 것은 그대로이지만 역사는 더욱 오래되었고 그 지위가 인정된 것은 1270년 5월의 일이라고 한다. 그것을 증명하는 서류에 쓰여 있는 직업은 '파티시에 우블류Pâticiers-oublieux'이며 여기에서도 파티시에가 우블리Oublie 제조자를 지칭하는 명칭이었다는 것이 표시되어 있다. 우블리는 반죽을 두 장의 철판에 넣고 굽는 중세부터 있던 오래된 과자의 하나로, 고프레나 와플과 동일한 계열에 속한다. R.J. 쿠르틴은 『프랑스 요리의 100의 영광Cent Merveilles de la cuisine francaise (1971)』에서 17세기 파리의 성문 밖에 있는 교회 옆에서 일요일마다 열리는 미사를 찾는 근처 농민들을 대상으로 푸아시에Fouacier가 임시의 작은 가게를 마련해 푸아스Fouace를 파는 전경을 묘사하고 있는데, 이 푸아스 역시 우블리와 마찬가지로 현대 과자의 선조라고 말할 수 있는 소박한 구움과자이다. 쿠르틴은 계속해서 "후에 시대가 지나 근처 사람들의 수가 늘어나자 원래의 푸아스 판매상 후계자 중에 상설 판매소를 여는 자가 출현했는데 그것은 머지않아 작

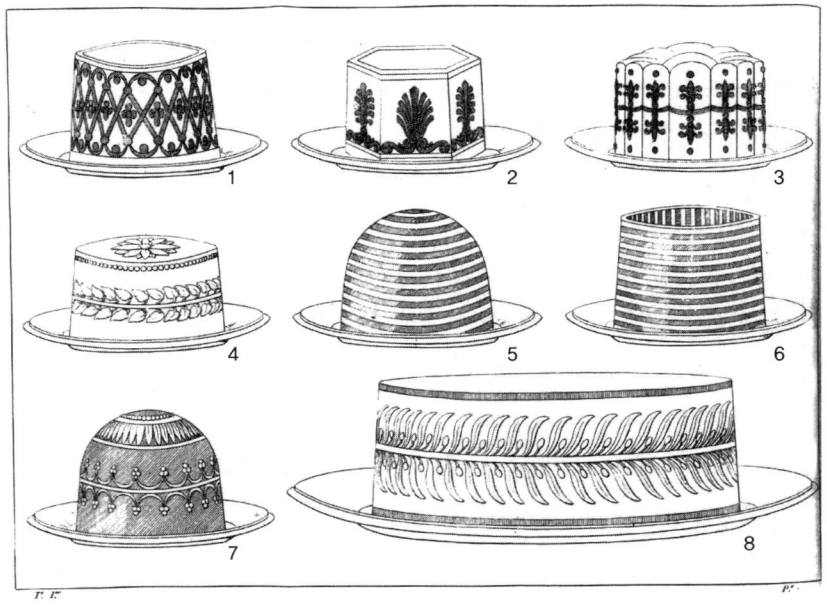

『파티시에 로얄 파리지앵』에 삽입된 탱발(고기나 가재류를 소스에 찐 파이) 도판. 접시에 쓰인 번호 1, 2, 4, 5, 7은 현대풍의 역사적인 탱발. 3은 파리지엔느 풍 탱발 드 마카로니. 6은 인도 풍 탱발 드 마카로니. 8은 대형 피에스용 타원형의 큰 탱발. 탱발이라고 하는 것은 팀파니로 그 모양이 이름의 유래가 되었다. [자료 제공 : 河田勝彦(카와타 가츠히코) 씨. 이하 페이지의 카렘 서적으로부터의 도판은 전부 카와타 씨가 제공한 것이다]

은 점포가 되었다." 057라고 쓰고 있는데 우블레이에도 역시 비슷한 경위로 발전해 온 것이 틀림없다.

『파리의 직인』에 의하면 "우블레이에는 낮에는 줄곧 집에 있으나 밤이 되면 흰색 린넨을 씌운 우블리를 가득 담은 바구니를 들고 거리에 나가 큰 소리를 지른다. '따끈따끈한 우블리! 따끈따끈한 갈레트! 갓 구워 나온 로완솔Roinsolles⁽¹⁾!'" 이것을 들은 주민들은 거리로 나 있는 창문을 열고 끈으로 묶은 바구니를 내려 우블리를 담는다.

길드에 속해 있던 우블레이에는 시대의 요청에 따라 그 형태를 바꿔간다. 오트 퀴진의 발전과 함께 요리 기술은 크게 개선되고 그것과 함께 우블레이에의 일도 필연적으로 고도화되지 않을 수 없었다. 우블리처럼 소박한 제품은 도저히 귀족이나 부르주아의 화려한 식탁과는 어울리지 않았던 것이다. 새로운 식문화의 한 부분을 짊어지려 한다면 역시 그것에 어울리는 단장이 필요한 법이다.

그러나 푸아스나 우블리가 한물 가버렸다는 것은 결코 아니며 그것은 그것대로 서민의 생활 속에서 길게 그 생명을 이어가고 있었지만, 직업으로서의 우블레이에의 본업은 그러한 간소한 제품으로부터 멀어져 한층 복잡하고 한층 고도의 기술을 필요로 하는 제품으로 옮겨갔다.

『기술 및 직업 휴대사전』에 정의된 파티시에 우블리에는 기본적으로 두 종류의 파트 Pâte (반죽), 즉 파트 오르디네르 Pâte Ordinaire와 파트 푀이테 Pâte Feuillée를 만드는 사람이라고 되어 있다. 파티시에란 본래 파테 Pâte 를 만드는 직인을 가리키는 단어로 17세기경까지는 우블레이에가 파테도 만들었기 때문에 파티시에 우블레이에라고 불리게 되었다. 그러나 18세기 후반이 되자 우블리는 이미 주류제품이라고는 말할 수 없었으며 파트를 사용한 제품이 주류제품이 되었으므로 그들도

---

(1) 로완솔 roinsolles은 노르망어로 고프레

단순히 파티시에라고 불리게 된 것이다. 직업으로서의 파티시에가 확립되면서 파테는 물론 탱발Timbale(고기, 가재류를 소스에 찐 파이)이나 카스롤, 타르트, 플랑 등 다양한 파트를 사용한 제품이 개발되었다. 파테든 타르트든, 과자나 요리의 구분은 확실히 서지 않았다. 따라서 이 시대의 파티시에는 결코 지금 말하는 과자직인이 아니었다.

카렘이 사용하는 파티시에라는 단어도 당연히 그 의미로 파악해야만 할 것이다.

2

이런 관점에서 『파티시에 로얄 파리지앵』을 보면 이것은 확실히 파티시에를 위한 책이라는 것을 잘 알 수 있다.

타이유방까지 거슬러 올라가지 않더라도 17세기 중반의 라 바렌 이후 많은 요리서가 출판되었다. 그러나 그중에서 파티시에만을 위해 편찬된 책은 적어도 프랑스에서는 카렘의 『파티시에 로얄 파리지앵』 이전에는 존재하지 않았다.

일반가정에서 본격적인 요리를 만들게 된 18세기 프랑스에서 요리서는 당시 귀족이 교양 쌓기에 곁들이기 위해 구입하는 것이 아니라면, 궁정이나 대부르주아의 저택에서 식탁을 담당하는 메트르 도텔, 셰프 드 퀴진이 주요 독자층이었다. 그들은 자신의 일에서 한층 앞서감으로써, 자신들의 부가가치를 높이기 위해 이름 높은 요리사의 최신 지식을 원했다. 메트르 도텔이나 셰프 드 퀴진이나 호사스러운 식탁을 실수 없이 준비하기 위해서는 광범위한 요리 지식이 요구된다. 따라서 그들이 지식의 원천으로 기댈 수 있는 요리서도 포타주(수프)부터 앙트레(전체), 앙트르메(로스트와 디저트 사이에 먹는 가벼운 음식), 여기에 데세르(디저트)까지 포함해 전반적인 장르의 요리를 망라한 것이 아니면 안 되었다. 파티시에만을 대상으로 한 책에서는 그들의 요구를 채울 수 없었던 것이다.

그럼에도 불구하고 카렘은 파티시에에 집중했다. 왜일까?

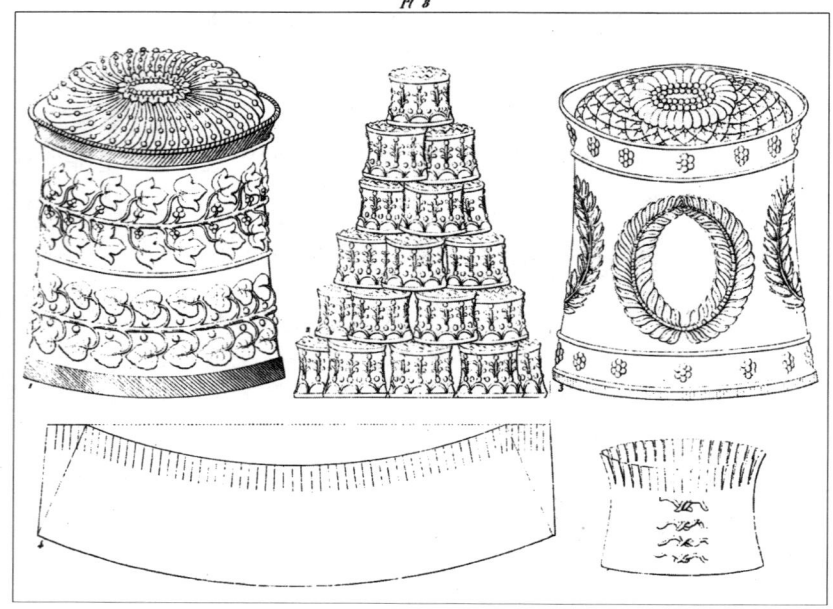

왼쪽부터 현대 풍 장식과 충전물을 넣는 대형 냉제(冷製) 파테, 메추라기 젤리를 채운 소형 파테 모음, 빨강 산메추라기의 병아리 트뤼프를 채운 온제 냉제 겸용 파테. 아래 그림은 대형 파테를 구울 때 지탱하는 두꺼운 종이의 전개도와 그 성형도. 『파티시에 로얄 파리지앵』.

    그 답은 '카렘 자신이 파티시에였기 때문'이라는 것에 도달한다.

    카렘은 바이이 가게에 있을 때부터 요리에 많은 관심을 가지고 있었다. 탈레랑이 고용한 요리사 부쉐나 뮤라 장군의 메트르 도텔로 알려진 라귀피에르 Laguipierre[2], 콩데 공의 소시에 Saucier(소스 담당 요리사)인 리쇼 등 일류 요리사와 함께 일하는 동안 그들에게 열심히 가르침을 청하며 요리에 관한 지식과 기술을 갈고 닦으면서 자신의 영역을 넓혀 나갔다. 그것이 요리 세계에 있어 성공에의

---

[2] 라귀피에르 Laguipièrre. 라귀피에르는 카렘의 스승이라고 할 만한 뛰어난 요리사였으나, 1812년 러시아 원정 시 나폴레옹군의 뮤라 원수와 동행 중, 대패를 당해 파리로 뒷걸음치던 도중 동사하였다.

길로 이끌어줄 것을 젊은 야심가 카렘은 알고 있었기 때문이다.

그러나 그렇다고 해도 카렘은 본질적으로 파티시였다. 뛰어난 파티시라는 것은 카렘에게 있어 프라이드의 근원이었다. 18세에 바이이 가게를 대표하는 타르트 담당자가 된 카렘이었기에.

『파티시에 로얄 파리지앵』의 머리말에서 카렘은 이렇게 쓰고 있다. [3]

"나의 논문이 출판된 이후, 파티스리는 급속히 발전했고 파티시에 가게도 내가 예언한 것처럼 어느 곳에서나 일반적으로 일류가 되었다. (중략) 젊은 사람들은 기술이 향상되었고 한층 적극적이 되었다. 나의 목적은 달성되었다. 그랑드 메종[4]에 있어서도 결과는 마찬가지이다. 국외 곳곳에 나의 책이 유포되고 있다. 영국, 독일, 러시아, 이탈리아를 여행하는 동안 나는 재능 있는 인간으로 인정받았고 영예로 가득 찬 칭찬의 말을 들었다." 054

대단한 자부심이다. 이러한 자부심이 있었기에 카렘은 자신 안의 파티시에를 소중하게 여긴 것이다.

머리말에서 카렘은 또한 자신의 실습시기가 끝나려고 할 즈음의 어느 에피소드를 소개하고 있다.

"어느 날, 한 명의 구르망이 차를 끓이게 하면서 나에게 물었다. 파리에는 왜 뛰어난 파티시에가 이렇게도 적은 것일까? 나는 그에게 대답했다. 무슈, 당신을 만족시키기 위해 저는 제 생각을 성심성의껏 설명해드리겠습니다. 이 문제를 해결하는

---

(3) 『파티시에 로얄 파리지앵』의 머리말은 초판(1815년) 이후, 판이 고쳐짐에 따라 몇 회인가 고쳐 쓰여졌다. 여기서 인용하고 있는 문언은 초판으로부터 수년 후에 출판된 판의 머리말이므로, 벌써 출판된 이전의 판이 미친 경향에 대해서도 언급하는 것이 가능할 수 있었던 것이다. 이 시점에서 아마 카렘의 명성은 이미 확립되어 있었으므로 이러한 불손이라고도 말할 수 있는 발언이 가능했었다고 생각된다.

(4) 라 그랑드 메종 La grandes maisons. 단순한 큰 집이 아니라 귀족이나 대부르주아 등 부유층의 저택을 가리키고, 그런 집에서는 자주 대규모 향연이 열렸기 때문에 파티시에를 포함한 많은 요리사가 고용되어 일하였다.

것은 파티시에 자신의 명예를 위한 것이고 또 자신들의 이익과 결부되는 것입니다. 또 그것은 맛있는 것을 맛보고 싶어하는 애호가들을 위한 것이기도 합니다." 054

그렇게 카렘은 '파리에는 258곳의 파티시에 가게가 있지만 평판이 좋은 곳은 정말 적다.'라고 논하며 그 원인이 푀이타주나 파테, 비스퀴 등을 완벽하게 만드는 것이 가능한 파티시에가 거의 없기 때문이라고 지적한다.

"그들 자신을 특징짓는 뛰어난 제품들, 예를 들어 크로캉 부슈나 가토 드 밀푀유, 큰 누가, 바바, 쿠글로프, 가토 드 콩피에뉴, 파트 다망드, 수플레, 피에스 몽테 등 현대의 파티스리에 관해 말해보십시오. 그들에게 있어 그것은 외국어와 같을 것입니다. 그들은 전혀 이해할 수 없습니다. 이것이 바로 그들의 가게를 무명 그대로 있게 하는 것입니다." 054

파리의 파티시에들이 부당하게 낮은 지위를 감수하고 있는 것이 스스로 일류 파티시에라고 자인하는 카렘에게는 참을 수 없었을 것이다.

『파티시에 로얄 파리지앵』에서 카렘이 '데트랑프의 고찰'부터 시작한 것은 말하자면 기존 파티시에들의 무지를 고치기 위해 다시 기본부터 주입하자는 강한 결의의 표현이라고 볼 수 있을지 모른다. 데트랑프 détrempe라는 용어는 파트 전반을 가리키는 단어로 밀가루와 물을 치대어 탄력 있는 상태로 만든 반죽을 말한다. 앞서 『기술 및 직업 휴대사전』의 정의에 있는 것처럼 파티시에란 파트를 취급하는 직인이며 카렘은 그것을 마음에 명심하고 있었던 것임에 틀림없다.

'데트랑프의 고찰'의 첫머리를 살펴보자.

"데트랑프를 제대로 반죽하는 것이 우리들의 작업에 있어 가장 중요한 점이다. 왜냐하면 만약 준비작업에서 데트랑프 반죽에 실패하는 일이 있다면 그것을 구운 다음 반드시 나쁜 결과로 나타나기 때문이다. 가끔 예쁜 색으로 구워졌다고 해도 숙련된 자의 눈에는 그것이 전혀 만족할 만한 것이 아니고 그러한 과자는 보통 기공이 촘촘해서 단단하고 맛도 좋지 않으며 특히 소화에 좋지 않다. 과자를 잘 만드는 것이 어려운 이유는 바로 여기에 있다. 완벽한 반죽과 성형, 또한 굽기가 일체화되지 않으면 안 되는 것이다. 그러므로 가게에서 일하는 뛰어난 파티시에가 현저히 적은 것이다." 054

완벽하게 반죽한 데트랑프가 있어야 만들어지는 파테나 타르트, 볼로방이 잘 나올 수 있다는 카렘의 주장은 어느 면으로 생각해도 정통적인 것으로 이 주장으로부터 전개되는『파티시에 로얄 파리지앵』의 구성은 매우 치밀하다.

궁정요리사로 화려한 면만이 강조되기 쉬운 카렘이지만 이 책 한 권으로 그가 파티시에로서 얼마나 뛰어난 인물이었는가를 판단할 수 있다.

그리고 물론 카렘의 진수는 여기에 머무르지 않는다.

II. 건축가

1

카렘이『파티시에 로얄 파리지앵』과 마찬가지로 1815년에 출판한 또 다른 한 권의 책『파티시에 피토레스크』는 어떤 의미에서는 이단의 책이라고 말해도 좋을 듯하다.

카렘은 파티시에로서 파트를 마음대로 다루며 다양한 제품을 만드는 통상적인 파티시에 이외에도 다른 한 가지 면이 있었다. 대대적인 연회의 식탁을 화려하게 장식해 식객의 눈을 사로잡고, 요리에 꽃을 곁들이는 대형 공예과자, 즉 피에스 몽테 제작자로서의 면이다.

전자의 지식과 기량을 집약한 책이『파티시에 로얄 파리지앵』이라고 한다면 후자의 집대성은『파티시에 피토레스크 Patissier Pittoresque』였다.

물론 카렘이 식탁을 꾸미는 대형 장식의 창시자라는 뜻은 아니며 이것은 옛날 중세시대부터 존재했다. 코스마다 모든 요리를 한 번에 식탁에 나열하는 프랑스식 서비스 방식에서는 요리와는 별개로 그러한 화려한 연출을 해야 할 필요가 있었기 때문이다. 또한 대연회가 열리면 메인 식탁과는 별도로 달달한 과자나 과일을 내는 테이블이 마련되었고 그 테이블에는 자주 궁정 정원 등을 모방한 대규모의 파노라마 장식이 꾸며져 요리를 즐긴 후의 손님들 눈을 만족시켰다.

베르슈의 『가스트로노미』 제4곡 '데세르' 중에 이런 식탁을 연출한 장식과자에 대해 노래한 부분이 있다.

"자, 당신은 생각한 대로 볼 수 있습니다.

우아한 건물로 모습을 변형한 설탕을,

봉봉의 성(城), 비스퀴의 궁정을,

설탕절임의 루브르궁과 바가텔성, 베르사이유궁을,

사포[5]의 사랑, 아베라르[6], 티브루의 사랑을,

가마슈의 결혼[7], 헤라클레스의 12행위를,

그리고 과자직인의 기량에 의해 훌륭하게 모방된

다른 천 가지 이상의 주제를." 026

이처럼 연회에 있어 장식과자는 그렇게 진귀한 것은 아니었으나 카렘의 피에스 몽테에는 그때까지는 없었던 큰 특징이 있었다. 그것은 건축 등 실제 기술을 과학적으로 추구하여 정확하고 철저하게 복사해냈다는 것이다.

『파티시에 피토레스크』는 카렘이 직접 그린 피에스 몽테 도판을 해설과 함께 게

---

(5) 사포 Sapho. 고대 그리스의 여류시인

(6) 아벨라르 Abélard. 12세기 프랑스 신학자. 수도여자 제자인 엘로이즈와의 로맨스로도 알려져 있다.

(7) 가마슈의 결혼 Les noces de Gamache. 돈키호테를 모티브로 루이 미롱이 각본을 쓰고, 프랑수아 샬르마뉴 루페블르가 음악을 다룬 2막 발레 팬터마임. 1801년 1월에 파리 오페라극장에서 초연되었다.

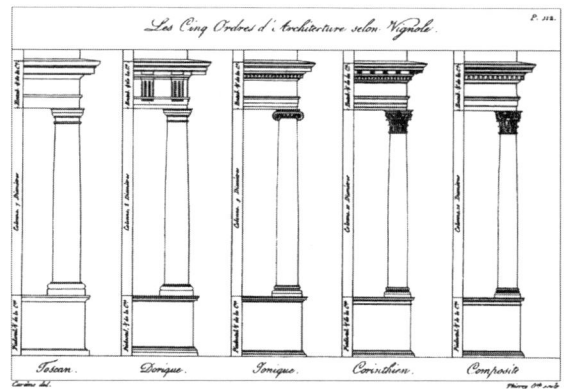

(좌)『파티시에 피토레스크』를 위해 카렘 자신이 그린 5종류의 오더 도안. 여타 카렘의 데생과 마찬가지로 좌측 아래 자신의 서명이 들어 있다. (우)비뇰라의 원서『건축의 다섯 가지 ordre』에 삽입된 오더 도판. 카렘의 정확성에 대한 고집을 충분히 찾아볼 수 있다.

재한 디자인집이다. 도판은 전부 117점에 이르는데,[8] 그중 처음 110점은 피에스 몽테의 데생이며 나머지 7점은 비뇰라의 『건축의 다섯 가지 오르드르』를 기본으로 한 정밀한 도면이다. 자코모 바로찌 다 비뇰라 Giacomo Barozzi da Vignola는 16세기 이탈리아의 건축가로 고전건축양식의 규칙을 정식화한 것으로 알려져 있다.

카렘은 왜 비뇰라의 기둥양식[9]에 집착한 것일까? 『파티시에 피토레스크』의 머리말에 쓰여 있는 카렘 자신의 말에 귀를 기울여보자.

"이 책에 수록된 데생의 세부와 전체를 잘 파악하기 위해서는, 젊은 기술자들이 비뇰라의『건축의 다섯 가지 오르드르』에 대한 상세한 내용과 비율을 배우는 것

---

[8] 수록되어 있는 도판의 수는 판에 따라 증감이 있다.

[9] 오르드르 ordre. 건축용어로 고전주의건축의 기본단위가 되는 기둥과 들보의 구성법. 토스카나식, 도리스식, 이오니아식, 코린트식, 콤포지트식 이렇게 다섯 가지가 있다.

이 절대적으로 필요하다고 생각, 나는 카리아디드(여상주, 고대 그리스 신전 건축에서 기둥으로 사용된 여인상)나 파이스툼(이탈리아 루카니아에 있는 고대도시), 이집트, 중국 및 고딕 기둥양식을 이 책에 함께 첨가했다. 나는 이 책 안에 이러한 건축학적인 상세한 지식을 넣음으로써, 또 내가 비뇰라와 마찬가지로 참고한 듀랑[10]의 기둥양식 상세도에 의해, 젊은 여러분들이 오르드르 개념을 쉽게 이해할 수 있을 것이라고 생각했다. (중략) 나는 젊은 동업자들이 한층 더 열의와 근면함을 갖고 자신의 일에 몰두하는 모습을 보는 것에 기쁨을 느낀다. 그들은 상당히 능력이 향상되어 지금은 센스 있고 아름다운 피에스 몽테를 만들 수 있게 되었다. 이 책의 데생에 의해 그 상세함을 더욱 쉽게 이해할 수 있도록 나는 이 신판에 도판과 함께 많은 건축 개요를 넣어 그들의 제작에 일조하고자 한다." 058

카렘의 생각에는 피에스 몽테로 건축물을 재현하기 위해서는 그것을 설계한 건축가와 동일하게 정확한 지식을 가져야 했다. 이 엄격함이야말로 카렘의 거대한 장점이었고 또한 때론 융통성 없고 완고하며 거만한 인물이라는 소문의 원인이 되기도 했다.

카렘의 건축지향은 바이이에서 타르트를 굽던 10대의 연수기간으로 거슬러 올라간다. 그 경위도 『파티시에 피토레스크』 안에 카렘 자신이 정확하게 쓰고 있다.

"다른 파리지앵과 마찬가지로 나도 이 거대한 수도가 가지고 있는 아름다움, 유용성, 즐거움으로 가득찬 장소에 흥미를 가지고 있었다. 나는 몇 개의 커다란 건물에 가끔 들렀고 그때마다 새로운 기쁨을 느꼈지만 그중에서도 왕실도서관은 나에게 수많은 계기를 마련해주었다. 나의 눈은 수많은 문명을 여러 시대, 여러 나라에서 만들어낸 위대한 사람들의 천재성을 증명하는 불멸의 명작들에 감

---
(10) 장 니콜라스 루이스 듀랑 Jean-Nicolas-Louis-Durand. 19세기 초기에 활약한 프랑스 건축가로 교사로서도 뛰어나며, 건축을 공부하는 젊은 학생을 위해 교과서도 썼다.

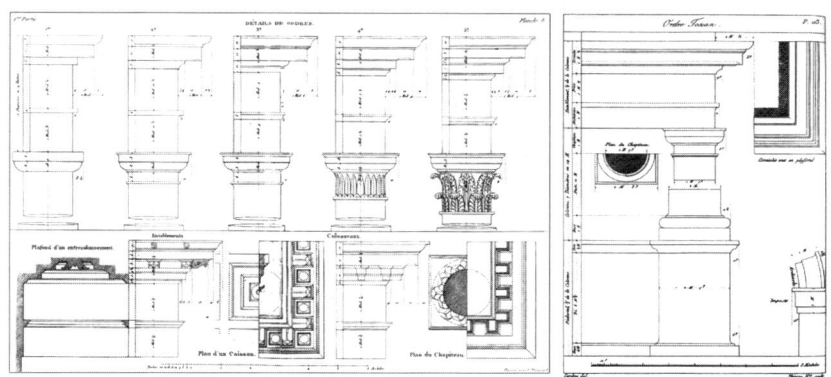

(좌)카렘이 오더의 세밀한 부분을 그리기 위해 참고한 듀랑의 오르드르 도면. (우)카렘 자신이 『파티시에 피토레스크』를 위해 그린 토스카나식 오르드르 상세도.

탄하지 않을 수 없었다. 이렇게 도서관은 나의 이른바 사고의 대상이 되어 나는 개관일인 화요일과 금요일은 빼놓지 않고 그곳에 다니며 몇 시간을 보냈다. 커다란 판화실은 나에게 뜨거운 향상심을 불어넣었다. 나는 태어날 때부터의 운명인 허무로부터 조금씩 벗어났고, 이 새로운 자연의 은혜가 무지를 대신했다. 아, 인류의 예지여! 그때부터 내 안에는 나 자신을 교육하는 기분이 차 올랐다. (중략) 내가 도서관에 열심히 다니기 시작한 것은 18세 때였는데, 그 당시 나는 비비엔 가의 파티시에인 바이이 씨의 가게에서 타르트를 굽는 우두머리로 근무했다. 나는 선량한 바이이 씨의 배려를 결코 잊을 수 없을 것이다. 그는 판화실에 가기 위해 가게를 벗어나는 것을 허락해준 것은 물론이고 나를 신뢰해 중요한 직무를 맡겨주었고, 피에스 몽테를 제작해줄 것을 요청했다. 그것은 아마도 만약 내가 과자를 만들 수 없더라도 겉모양의 효과를 위해 나의 디자인이 도움이 될 것이라고 생각한 것은 아닐까. 처음으로 만든 대형 피에스는 잘 완성된 것처럼 보였고 그것은 나에게 큰 용기를 북돋워주었다." 058

그의 인생이 파란만장했다고 하지만 사람과의 만남에 관한 한 카렘에게는 좀처럼 드문 행운이 주어졌다고 말할 수 있다. 친절한 식당 주인은 말할 것도 없거니와 바이이와의 만남은 틀림없이 카렘에게 잠재되어 있던 특별한 재능을 이끌어내 주는 큰 힘이 되었고, 머지않아 탈레랑과의 만남에 의해 그 재능을 유감없이 발휘하는 환경이 주어졌기 때문에.

2

그렇다고는 해도 카렘은 왜 『파티시에 피토레스크』를 출판한 것일까? 실제로는 『파티시에 로얄 파리지앵』 제4부도 피에스 몽테가 테마이며 100페이지에 걸쳐 상세한 설명이 실려 있다. 도판도 24장이 포함되어 있으며 이것은 이 책에 게재된 도판의 60%를 차지한다. 피에스 몽테만을 이야기하자면, 내용적으로는 『파티시에 피토레스크』보다 훨씬 풍부하다고 할 수 있을 정도이다. 그럼에도 불구하고 동시기에 일부러 또 한 권을 간행한 것은 그 정도로 카렘의 건축에 대한 생각이 강했다는 것을 의미하는 것일까?

노벨상 작가인 아나톨 프랑스가 1881년 발표한 소설 『실베스트르 보나르의 죄 Le Crime de Sylvestre Bonnard』[060]에는 카렘의 다음과 같은 인용이 나온다.

"뛰어난 예술에는 다섯 가지가 있다. 회화, 음악, 시, 조각, 그리고 건축인데, 이 건축의 주요 분야는 파티스리이다."

가끔 카렘의 피에스 몽테에 관한 논술의 예로 나오는 이 인용은 실제로는 출처가 확실하지 않다. 그러나 카렘이 그의 직업인 파티시에와 건축과의 관계를 실제로 이처럼 파악한 것은 확실한 듯하다. 왕궁도서관에서 정교하고 치밀한 수많은 건축도면을 만나지 않았다면, 그리고 그것에 자신을 잊어버릴 만큼 몰두한 경험이 없다면 어쩌면 카렘 경력은 평범하게 타르트를 굽는 것으로 끝나버렸을지도 모른다. 본인 스스로 말하듯이 건축이야말로 인생의 암흑으로부터 자신을 끌어올려 준 구원의 손이었다. 그렇기 때문에 카렘은 그것을 확실하게 머릿속에 새겨놓기 위해서도 자신의 열정과 노력의 성과를 책이라는 형태로 남겨두고 싶었음에 틀림없다.

그러나 비록 그렇다 하더라도 카렘의 건축에 대한 지나친 열정은 이런 설명으로만으로는 부족하다. 그리 알려져 있지 않지만 나중에 카렘은 파티스리와는 전혀 관련 없는 건축 서적을 낸다. 『건축 프로젝트집RECUEIL DE PROJETS D'ARCHITECTURE, Destinés Pour Les Embellissements de Paris』이라고 이름 붙여진 이 책은 상트페테르부르크나 파리의 기념비, 분수, 역사건축물 등의 도판을 해설과 함께 수록한 대형본으로, 1821년부터 1826년까지 순차적으로 출판된 6권의 폴리오를 한 권으로 정리한 것이다. 게다가 이것은 자비출판이다. 여기까지 다다르면 카렘의 건축에 대한 열정은 파티시에로서, 또는 요리사로서, 메트르 도텔로서도 다소 틀을 벗어났다고 말하지 않을 수 없다.

카렘은 틀림없이 자기 자신의 의식 속에서는 파티시에이면서 동시에 건축가였다. 그리고 그 양자 사이의 명확한 경계는 적어도 카렘에게는 존재하지 않았다.

이것은 상당히 부담스런 일이기도 했다. 왜냐하면 자신을 건축가처럼 예술성을 갖춘 고상한 전문가와 동일시하는 카렘의 과잉이라고 할 수 있는 자의식은 자주 주위 사람들에게 거만하고 오만한 인물이라는 인상을 주는 원인이 되었기 때문이다.

카렘이 쓴 것을 읽고 있으면 가끔 묘하게 걸리는 도발적인 문장에 맞닥뜨리는 경우가 있다. 예를 들면 다음과 같은 글이다.

"1년 후 나는 특별한 일에 전념하기 위해 파티시에 가게의 모든 일을 멀리했다. 머지않아 나는 나의 입장을 제대로 인정해주는 사람들의 경의나 호의를 누릴 수 있게 되었다. 나는 많은 수입을 얻게 되었고 나에 대한 높은 평가가 사람들의 겉치레 말이나 아부 등이 아닌, 나의 일의 독창성을 인정한 결과라는 것을 깨달았다. 그러나 그것에 대해 나를 시기하는 사람은 이런 것을 이야기했다. '봐라, 얼마나 혜택 받은 사람인지를!' 불쌍한 사람들! 그들은 내가 지금의 지위를 쌓기 위해 얼마나 힘들게 잠시도 쉬지 않는 밤낮을 보내왔는지 생각하지도 않는다. 만약 그들이 자신의 지위를 향상시키기 위해 나 정도의 열의만 가지고 있었다면 그들도 이해할 수 있을 것이라고 나는 생각한다. 그러나 나태가 그들에게 질투, 험담, 범용함이라는 특유의 성질을 주고 말았던 것이다." 058

카렘의 사후 10년이 지나 공개된 『카렘 자신에 의한 회상록』이라고 이름 붙여진 문장에는 이러한 한 소절이 있다.

로드스섬의 탑. 이 대형 피에스는 정사각형이다. 다섯 개의 소탑은 원형으로 되어 있다. 이 피에스는 흰색과 초콜릿색 층을 이루고 있는데, 이 색의 조합이 최적이다. 창문의 격자와 회랑은 오렌지색으로 할 것. 다리는 흰색과 녹색의 마블 모양이며 녹색으로 가장자리를 장식한다. 소탑도 마찬가지이다. 『파티시에 피토레스크』

격자 모양으로 장식된 파리의 파빌리온. 바위는 황색을 띤 오렌지색으로 착색한다. 회랑은 핑크와 녹색. 16개의 원주는 연두색으로 하지 않으면 안 된다. 기둥의 장식 부분은 연한 녹색으로, 핑크의 작은 망사 모양으로 장식한다. 돔 지붕과 상부의 작은 파빌리온에 붙어 있는 볼은 황금색이다. 『파티시에 피토레스크』

"25명의 아이가 있는, 프랑스에서 가장 가난한 가정에서 태어나, 나를 위해서라 고는 하지만, 부친에게 말 그대로 길가에 내던져졌지만, 행운은 곧바로 나에게 미소를 지었으며 선한 여신은 자주 나의 손을 들어 나아갈 방향을 알려주었다. 적의 눈으로 본다면, 그 적이 나에게는 상당히 많지만, 나는 한 번도 아니고 여러 번 행운이 응석을 받아준 아이처럼 보였을 것이다." 061

카렘에게는 적이 많았다. 이것은 그의 피해망상이 아니다. 실제로 카렘은 성공하

스웨덴 풍 파빌리온. 바위는 황금색과 빨간색 비스퀴로 만들고 적당한 크기의 이끼 덩어리를 붙인다. 12개의 기둥은 흰색으로, 파란색의 작은 띠 모양으로 장식한다. 기둥머리, 아치형의 들보, 볼, 작은 깃발에 붙어 있는 첨탑, 큰 돔 천장의 첨탑. 회랑은 레몬색으로 한다. 칸막이 천은 돔 천장 장식과 마찬가지로 흰색과 파란색으로 가장자리를 장식한다. 『파티시에 피토레스크』

고대 로마의 폭포. 이 사원은 쉬크르 필레를 사용해 뛰어난 효과를 얻었다. 파트 다망드와 쉬프르 필레를 이용한 이 효과는 현대 파티스리에서 가장 주목해야 할 기법이다. 사원 하부와 기둥 윗부분은 흰색. 원주와 둥근 천장은 하늘색이다. 연한 차색의 다리, 물은 역시 쉬크르 필레를 사용한다. 『파티시에 피토레스크』

기 전부터 또는 성공한 이후에도 비난과 헐뜯음에 시달렸던 것이다.

1810년 11월 10일자 '예술, 과학, 문학 신문Le journal des arts, des sciences et de la litterature'에는 '카렘 씨는 말한다.'라고 이름 붙인 이러한 기사가 실려 있다.

"'건축가는 미적감각goût과 경쟁심에 의해, 파티시에는 자신과 직업에 의해'. 이것은 주르날 드 파리 지(紙)의 한 게시물에 삽입된 '개선의 샘물fontaine triomphale'이라고 명명된 그의 창작물의 설명이다. 그 첫머리를 들어보자. '여러분, 나는 디자이너도 건축가도 아니지만 뛰어난 예술 애호가입니다. 나는 건축에 대한 선천적 미의식과 향상심을 가진 직인에 지나지 않습니다. 나의 학교는 왕실도서관입니다. 그곳에서 나는 이집트나 그리스, 이탈리아를 여행하며 돌아다녔습니다. 나는 나의 프로젝트를 심사에 부쳤으나 결과는 불합격이었습니다. 이 심각한 결정을 나는 불만을 말하지 않고 받아들였습니다.' 이 첫머리는 앙드레 씨의 비극(悲劇)에 덧붙여진 서문의 무책임한 말투를 상기시킨다. 몇 가지 점에서 카렘 씨와 닮아 있다. 앙드레 씨와 마찬가지로 그도 시를 썼다. 지금 막 소개한 두 문장이다. (중략) 결국 한쪽은 가발 직인, 또 한쪽은 파티시에라는 것이다. 볼테르가 앙드레 씨에게 '가발을 만들어라.'라고 말한 것도 마찬가지로 분별 있는 인간이라면 다른 한 사람에 대해서도 이렇게 이야기할 것이다. '파테를 만들어라.'라고. 더더욱 흥미가 있는 사람은 그가 우아하게 진술하듯이 8개월에 걸쳐 제작된 2965점의 작은 물체인 카렘 씨의 걸작을 카푸시노 거리 모서리의 그의 가게 안에서 볼 수 있다. 입장은 무료이다." 062

이것은 결코 호의적인 논평이 아니다.

가발 직인인 앙드레 씨는 1756년에 '리스본의 대지진'(11)이라는 5막의 희곡을 썼는데, 그것은 심한 졸작으로 1763년 발행된 『연극소사전』에 의하면 "아이디어는 기

---

(11) 이 희곡은 1755년 11월에 실제로 일어난 리스본 대지진을 소재로 했으나, 헌사에 바쳐져 있는 볼테르도 이 지진에 사상적인 큰 영향을 받아, 1759년 유명한 소설 『캉디드』를 썼다.

괴하고 운문은 엉망진창. (중략) 간행됐을 당시에 읽은 작가의 지인인 푸르빌 씨는 최초의 2막까지 훑어본 후, 마지막까지 읽은 것에 스스로 분개하지 않을 수 없었다." 063라고 할 정도의 작품이었다. 이 희곡은 볼테르에게 바친 것이었는데, 볼테르는 그 대답으로 4페이지에 걸친 편지를 보냈지만 거기에 쓰여 있던 것은 100번도 반복된 "무슈 앙드레, 가발을 만드시오."라는 말뿐이었다. 앙드레 씨는 『리스본의 대지진』의 서문에서 "나를 모르는 일반 대중은 이 책을 펴서 내가 누구인가를 알고 나와 같이 재능 있는 인간이 굳이 이런 책을 쓴 것에 놀랄 것이다. 하지만 나는 진심으로 허락을 얻고 싶다." 064라고 쓰고 있으며 이 비굴한 표현이 카렘의 말투를 연상시킨다며 가발 직인의 처지로 서투른 희곡을 쓴 앙트레 씨처럼 카렘 씨도 건축가인 체하는 것은 그만두고 파테를 만들면 좋을 것이라고 비웃고 있는 것이다. 마지막의 '입장은 무료'라는 대목에서도 유머 뒤 필자의 심술궂음이 비쳐진다.

카렘이 주르날 드 파리에 냈다고 하는 게시물의 실물은 아쉽게도 확인할 수 없으나 위의 논평으로부터 정확히 일주일 후 주간지 '메르퀴르 드 프랑스Mercure de France'에도 동일한, 카렘의 게시물에 관한 악의에 가득한 기사가 게재되어 있는 것을 보면 이 게시물이 실제로 있었던 것은 사실이다. '메르퀴르 드 프랑스' 지의 머리말은 이렇게 되어 있다.

"이미 몇 년 전에 직인들artisans이 자신들을 예술가라고 주장하며 그들의 권리를 확립시키기 위해 몇 명인가가 실제로 예술과 기능의 양쪽 일에 동시에 종사한다고 하는 전혀 새로운 시도를 한 적이 있었다." 065

결국 '직인들이 예술가인 척하는 것은 어이없다'라고 이 필자는 말하고 싶은 것이다. 1810년 경에는 카렘은 이미 탈레랑 밑에서 일하고 있었지만, 세상의 눈으로 보자면 아직 무명의 파티시에에 지나지 않았다. 가스트로노미가 사람들의 입에 오르내리고 있었다고는 하지만 그것은 고상하고 돈 있는 문화를 누릴 수 있는 상류사회 사람들의 특권이었고 그 문화를 떠받치고 있는 요리사들은 어차피 남 밑에서 일하는 사람이었으며 사회적 지위는 변함없이 낮은 그대로였다.

　높이 오르려고 하는 열의를 불태운 카렘은 양쪽 신문과 같이 직인을 깔보는 논평을 묵묵히 간과했다고는 생각할 수 없다. 그것을 자신에 대한 모욕이면서 일종의 도전이라고 받아들였다. 그렇기 때문에 그러한 모욕과 도전에 정면으로 맞서기 위해 카렘은 본래의 파티시에용 책과는 별도로 비뇰라의 건축론을 밑받침으로 한 거의 건축서와 같은 책을 일부러 간행하고, 더욱이 파티시에와는 전혀 관계 없는 건축 디자인집을 자비출판한 것은 아닐까? 자신은 단순한 파티시에가 아니다. 당신들과는 비할 수 없는 고도의 지식과 기술을 겸비한 전문가이다. 그러한 강렬한 의지와 반발심이 카렘의 건축에 대한 집념에 내재되어 있음이 느껴진다.

Ⅲ. 엑스트라

1

　카렘에게는 확실히 특별한 재능이 있었다. 그러나 동시에 그는 노력가이기도 했다. 그것도 일반적인 노력이 아니다. 실로 가난한 고생을 그림으로 옮긴 듯한, 피나는 노력의 결과, 속에 숨겨져 있던 재능이 꽃을 피운 것이다.

　카렘이 왕실도서관에 다니기 시작한 것이 17세 또는 18세였다면 적어도 그 당시에는 이미 문자를 읽는 것이 가능했을 것이다. 18세기 말에 도제수업을 시작한 카렘은 도대체 언제 문자를 읽고 쓰는 것을 공부한 것일까? 정설 대로 가난하게 태어나 자랐다면 당연히 학교에 다녔을 리도 없고, 그 당시의 많은 직인이 문맹이었다는 것을 생각한다면 18세 파티시에인 카렘이 어려운 건축서를 이해하고 더욱이 뛰어난 요리서를 썼다고 하는 것은 대체로 있을 수 없는 일이라고 생각된다. 카렘은 그 있을 수 없는 일을 이룩하기 위한 노력을 했다고 하는 것이다. 이 한 가지 만으로도 카렘의 강한 의지를 나타내기에는 충분하다.

"그들은 내가 지금의 이 위치에 오르기까지 얼마나 힘들게 잠시도 쉬지 않고 밤낮을 보내왔는지 생각하지 않는다."라는 카렘의 말에는 조금도 과장됨이 없다. 여기에 쓰인 대로 그는 실제로 몇 번이나 반복을 거듭하며 실력을 쌓아왔음에 틀림없다.

프레데릭 파요가 카렘의 죽음 직후에 쓴 회상록에 그것을 적고 있다.

"카렘은 매우 신속한 인간으로, 또 직인으로, 그 양쪽을 다 추구했다. 양친이 가난한 탓에 조기 교육을 받을 수 없었으므로 그는 자신의 강한 인내심과 사고력으

대형 피에스 몽테. 1은 '뛰어난 예술의 트로피', 2는 '우아한 컵', 3은 '이집트의 지구의'라고 카렘에 의해 각각의 이름이 붙여졌다. 『파티스리 로얄 파리지앵』

로 그것을 획득하지 않으면 안 됐다. 13세부터 14세까지 그는 다양한 책을 베껴 쓰면서 밤을 새웠다. 3년 후에는 카렘 자신의 일을 충분히 해낼 수 있는 교육이 몸에 배어 있었다." 066

카렘 자신도 자신의 부단한 노력이 성공을 발한 것을 결코 감추지 않았다.

"지금 파리의 젊은 사람 중에 이틀 동안 2개의 피에스 몽테와 그 바닥, 4종류의 앙트르메, 1종류 또는 2종류 전채를 만들 수 있는 사람은 아마도 없을 것이다. 나는 그런 일을 혼자 또는 젊은 아이와 함께 둘이서 이미 1,000회도 넘게 해왔다. 그 일에 몰두하고 있을 동안은, 피에스 몽테가 완전히 고정되기 전까지는 절대 침대에 들어가지 않았으며 하루 3~4시간 밖에 자지 않았다. 그래도 나는 행복했으며 만족했다. (중략) 가난한 젊은이가 교육도 못 받고 지켜줄 가족도 없었으나, 그래도 나는 스스로의 의욕과 근면함으로 프랑스 파티시에 예술의 재구축에 힘겹게 도달했다." 054

이러한 카렘의 노력은 확실히 보상받았다. 왕실도서관에 다니며 열심히 건축도면을 데생한 날들이 결코 헛되지 않았던 것이다.

파티시에 바이이의 가장 유력한 고객이 탈레랑이었다는 것은 카렘에게 있어 행운이었으나 그것만으로 카렘의 출세길이 열린 것은 아니다. 바이이의 가게에는 젊은 파티시에가 몇 명이나 있었는데 그중에서 카렘만이 탈레랑의 눈에 든 것은 카렘이 만든 파테가 특히 맛있었기 때문이 아니다. 탈레랑이 관심을 가진 것은 연회 테이블에서 압도적인 존재감을 발한 카렘의 피에스 몽테였다. 그 제작자가 20세가 될 듯 말 듯한 젊은이로 동작이 날렵했고 보기에도 영리해보이는 것이 탈레랑의 마음에 들었다.

카렘은 탈레랑의 저택에서 매일 밤 열린 연회를 위해 파티시에로 중용되게 되었다. 그 초기 시절을 카렘은 『파티시에 피토레스크』에서 회고하고 있다.

"1801년 영국과 평화로울 때였다. (12) 나는 바이이 씨에게 가지고 있던 감사의 마음을 열심히 일하는 것으로 전할 수 있었다고 믿었기 때문에 피에스 몽테를 잘 완성하기 위해서 여러 밤 철야를 거듭했다. 이 노고에 대해 바이이 씨는 높은 임금과, 그리고 특히 내가 일생 동안 잊을 수 없는 경험을 갖게 해주는 것으로 보답했다." 058

카렘은 3년 후에 바이이의 가게를 떠난다. 피에스 몽테로 성공할 자신이 생긴 것이다.

"엑스트라 일을 시작하기 위해 이렇게 스스로 바이이의 가게를 그만뒀지만 그 시점에서 내가 만든 피에스 몽테는 이미 150점을 넘어섰다. 그리고 10년간, 나는 제정 하에서 많은 엑스트라 일을 하며 그 수는 배가 되었다. 나의 데생이 인정되고 고귀한 사람들과 뛰어난 요리사로부터 칭찬의 말을 들었고 나는 파티시에 건축가라든가 프랑스 파티시에의 팔라디오(13) 등으로 불리게 되었다." 054

2

여기서 '엑스트라extra'라는 단어에 주목해보자. 엑스트라오르디네르extraordinaire의 축약형인 이 단어는 카렘과 그 업적을 생각할 때, 피할 수 없는 중요한 키워드 중 하나이다. 카렘의 책에는 이 단어가 자주 등장한다.

도대체 엑스트라는 무엇일까?

이안 케리는 『궁정요리사 앙토넹 카렘 Cooking for King, The Life of ANTONIN CAREME (2003)』에서 이렇게 설명하고 있다.

"이러한 피에스 몽테, 또는 엑스트라오르디네르 – 카렘은 엑스트라라는 애칭으로 불렀다 – 현대 요리사의 레퍼토리(메뉴)는 살아남지 못했다." 067

---

(12) 전쟁상태에 있던 프랑스와 영국이 강화조약을 맺은 아미엥 화약(和約)으로 생각되지만 아미엥 화약이 맺어진 것은 1802년 3월이므로 여기에 쓰여 있는 것은 어쩌면 1801년 오스트리아와의 사이에 맺은 뤼네빌의 화약일지도 모른다. 결국, 카렘의 착각이다.

(13) 안드레아 팔라디오 Andrea Palladio. 비뇰라와 동시대의 건축가.

카렘이 붙인 이름은 1은 '파리의 수도원', 2는 '전원풍 원형 건물', 3은 '포도장식이 있는 격자로 짜인 침대'. 『파티스리 로얄 파리지앵』

 이 설명은 두 부분이 잘못되어 있다. 피에스 몽테는 현대에서도 자주 만들어지고 있고 엑스트라오르디네르(엑스트라)는 피에스 몽테를 가리키지 않는다.

 카렘은 피에스 몽테에 관해 평소에 틀림없이 피에스 몽테, 또는 대형 피에스라고 쓰고 있다.

 다음의 카렘의 문장을 읽으면 납득이 갈 것이다.

 "몇 개의 대형 피에스를 며칠 전부터 만들어두지 않으면 안 되는 커다란 엑스트라에서는 파트 드피스의 받침대가 상당히 도움이 된다." 054

 엑스트라는 명백히 '물건'이 아니라 '장소'이다.

폴 메츠너의 해석은 케리보다 한층 명쾌하다.

"바이이의 가게는 얼마든지 있는 그런 파티스리가 아니었다. 출장요리에 힘을 쏟고 있었으며 그 분야에서는 평판이 높았고 과자류는 상류사회의 무도회나 공식 연회의 레벨에 도달해 있었다. 그러한

나폴레옹이 참석한 1811년 파리시청 (Hôtel-de-vill)에서 열린 만찬회. 카렘이 엑스트라라고 부른 것은 바로 이런 행사였다.

특별한 행사는 엑스트라오르디네르, 또는 짧게 줄여서 엑스트라라고 불렀다." 068
카렘의 경우 여기에 하나 더 의미가 있었다고 여겨진다.

바이이의 가게를 떠난 다음 카렘은 파티시에 장드롱의 후계자 가게에 셰프로 들어간다. 그곳에서는 엑스트라의 일이 들어오면 언제나 직장을 떠날 수 있다는 조건이 인정되었으며 카렘은 바이이 가게에 있을 때와 마찬가지로 다양한 그랑 메종(저택)에 불려가 일을 했다. 그리고 1년 후, 카렘은 엑스트라의 일에 전념하기 위해 그곳을 그만둔다. 그 이후 두 번 다시 특정 가게에 고용되는 일은 없었다.

17세기 마시알로나 18세기 라 샤펠과 마찬가지로 카렘은 기본적으로 프리랜서의 입장을 원했다. 그 편이 제약도 없었고 자신의 생각을 단적으로 표현할 수 있다고 생각했기 때문이다. 엑스트라에는 외부라고 하는 뉘앙스가 있다. 카렘이 엑스트라라는 단어를 자주 사용한 것은 피고용인으로 묶여 있는 것으로부터 해방되어 일을 하고 싶다는 의사표명이 아니었을까.

『파티시에 로얄 파리지앵』 제2권 마지막에 카렘은 '파티시에로서 나의 엑스트라에 관해'라는 짧막한 문장을 덧붙이고 있다. 그러나 거기서 말하는 것은 10년

카렘이 일상적으로 만들었던 수많은 과자. 왼쪽부터 오른쪽으로 스페인풍 비스퀴 앙 탱발, 나폴리풍 가토 드 밀푀유, 프랑스풍 볼로방, 폴란드풍 샤를로트, 헤이즐넛과 피스타치오의 누가, 파리풍 가토 드 밀푀유, 비엔나풍 가토 드 밀푀유, 샹티이와 쇼콜라 무스 앙 믈랭그, 게르만풍 양배 플랑. 『파티시에 로얄 파리지앵』

간 겨우 두 번밖에 경험하지 않은, 곤란하기 짝이 없는 엑스트라에 대한 상세한 전말이다.

"이 엑스트라오르디네르는 1805년 누이이성 저택에서 행해졌다. 그곳의 주방은 이 일을 하기에는 너무 좁았기 때문에 셰프 칼베트 씨(루이 16세의 前 파티시에 드 부쉬)는 나에게 누이이로부터 1km 정도 떨어진 빌리에서 파티스리를 만들게 했다. 도착해보니 그곳에는 직경이 4피에[14] 반의 작은 가마밖에 없었다. 심지어 그

---
[14] 1피에는 약 30cm.

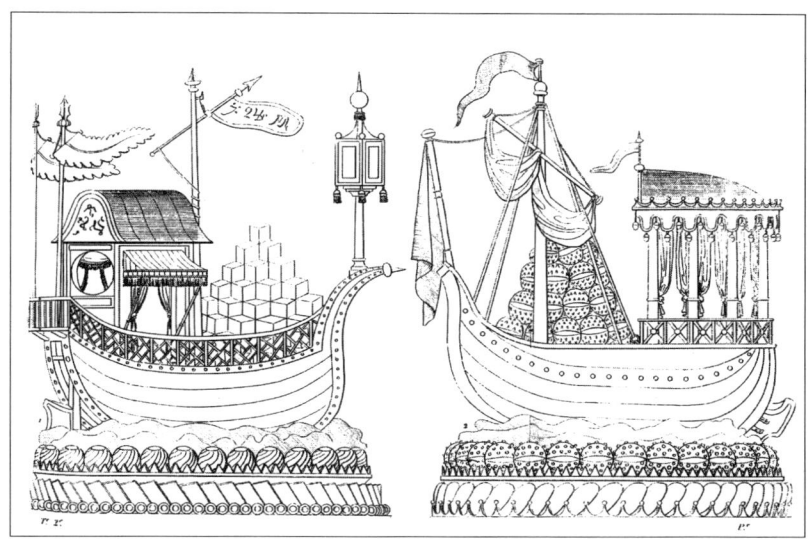

왼쪽은 베니스의 곤돌라. 오른쪽은 중국의 대형 배. 『파티시에 로얄 파리지앵』

솥은 한 2년 이상은 불을 사용하지 않았던 것이었다. 그래도 나는 그곳에서 8대의 커다란 피에스 몽테와 72접시의 앙트르메, 그리고 몇 개의 뜨거운 파테 앙트레와 볼로방, 카스롤 오 리를 만들지 않으면 안 되었다. 나에게는 3명의 조수가 붙었고 그 어마어마한 일에 주어진 시간은 3일이었다. 도착하자마자 나는 바로 가마에 불을 넣었다(엑스트라에 있어 파티시에가 제일 먼저 해야 할 일이다)." 054

그 뒤 카렘은 3명의 조수와 함께 충분하다고는 할 수 없는 설비로, 주어진 의무를 마치기 위해 자는 것도 아까워하면서 일에 몰두하는 상황을 시간에 쫓기면서 세세하게 기록하고 있다. 그것은 순서가 조금이라도 잘못되면 모든 것이 원점으로 돌아가 버리는, 조금의 지체도 허락되지 않는 엄격한 상황에서의 일이었다. 그만큼 완수한 뒤의 만족감도 컸을 것이다. 이 짧은 문장은 다음과 같은 말로 결론을 맺고 있다.

"오전 7시, 나의 16대의 커다란 피에스와 앙트르메는 일렬로 나열되어 장식되었다. 어느 것이나 모두 훌륭한 결과물로 완성되었다." 054

카렘의 득의양양해하는 얼굴이 떠오르는 것 같다.

Ⅳ. 메트르 도텔

1

파티시에로 출발한 카렘이지만 천재라고 불린 위인의 대부분이 그러하듯이 카렘 역시 야심가였고 단순히 유능한 파티시에만으로의 자신에게 만족하지 않았다.

카렘이 추구한 것은 파티시에나 퀴지니에Cusinier(요리사)의 사회적 지위를 예술가의 경지까지 높이는 것이었다고 프리실라 퍼거슨Priscilla Ferguson은 말한다.

"카렘의 끝없는 지식에의 추구는 그를 예술로 이끌었다. 건축은 그의 특별한 열정의 대상이었고 그가 그린 상트 페테르스부르그나 프랑스의 모뉴멘트를 위한 데생에 매우 대단한 자긍심을 가지고 있었다. (중략) '나의 바람은 진지한 것이었다. 나는 일찍부터 우리들의 직업을 예술의 지위까지 높이고 싶다고 생각했다'. 따라서 카렘은 젊은 기술자들에게 '진리와 미(美)의 영원한 원칙인 예술의 자연법칙'을 공부하기 위해 박물관에 자주 다닐 것을 권했다." 069

아무리 건축에 관한 지식을 깊이 연구한 카렘이었지만 저널리즘을 비롯한 세상의 반응이 냉정했던 것은 앞서 살펴본 대로이다. 카렘은 결국 파티시에나 퀴지니에의 사회적 지위가 낮기 때문이라고 생각했다. 제정 시대 중추적 세력을 휘두르던 탈레랑의 마음에 들어 신분이 높은 사람들의 식탁에서 화려한 활약을 펼치기는 했지만 그것은 결코 카렘이 그들과 동등한 입장에서 대접받는 것을 의미하는 것은 아니었다. 탈레랑은 만년에 다섯 권의 회고록을 출판했는데, 그중에 카렘의 이름은 등장하지 않는다. 식탁정치에 뛰어난 인물로 알려져 화려한 연회를 정치적 상술로 이용했던 탈레랑의 눈에조차 카렘은 한 명의 하인에 지나지 않았던 것이다.

그렇기 때문에 카렘은 요리사의 사회적 지위에 집착했고 그 향상을 위해 고심했다. 그의 생애 마지막 20년간은 오로지 그것을 위해 바쳤다고 해도 과언이 아니다.

카렘의 전략은 두 가지였다.

하나는 자신의 출판을 통해 젊은 요리사의 수준을 높임과 동시에 그들의 사회적 지위를 높이기 위한 노력과 자각을 촉구하는 것, 즉 교육이었다. 그리고 다른 하나는 카렘 자신이 일을 통해 자신의 명예를 높여 예술가에 버금가는 요리사가 되는 것이었다.

젊은 파티시에나 퀴지니에에 대한 교육의 필요성에 관해 카렘은 저서에 자주 언급하고 있다.『19세기의 프랑스 요리예술』제2권의 마지막에는 일부러 '젊은 사람에 관한 메모 및 소견'이라는 제목의 문장을 게재해 "젊은 파티시에들에게 나의 책을 보게 함으로써 그들이 나의 일을 빠르고 쉽게 실천할 수 있을 것이라 생각한다."070라고 책을 쓴 목적 중 하나가 교육에 있음을 밝히고 있다.

그렇다면 요리사로서 자신의 사회적 지위를 높이기 위해 카렘은 무엇을 했을까?

아무리 기술을 갈고 닦아도 파티시에에 머무르는 한 사회적 지위는 직인 그것에 지나지 않는다는 것을 그는 잘 알고 있었다. 퀴지니에도 마찬가지. 그래서 카렘이 목표로 한 것이 메트르 도텔의 지위였다.

프랑스 혁명 이전, 즉 앙시앙 레짐 하에서 메트르 도텔이나 오피시에 드 부쉬 Officier de bouche(식사 관리인)는 궁정이나 대귀족의 집에서는 결코 하인이 아니었다. 바텔의 이야기를 상기해보자. 바텔은 주군이던 콩데 공으로부터 칼을 소지하는 것을 허락받은 신분이었다. 그것이 의미하는 것은 메트르 도텔은 단순한 요리사

『파티시에 로얄 파리지앙』에 삽입된 피에스 몽테 화판. 1 전쟁 트로피, 2 프랑스 병사의 모자, 3 해군 트로피를 각각 디자인하고 있다.
자료제공 : 河田勝彦氏

가 아닌, 주군에 충성을 다하는 관직이었다는 것이다. 그렇기 때문에 그 직무를 완수할 수 없다고 생각한 바텔은 부끄럽게 여기고 스스로 목숨을 끊었다.

18세기 말에 레스토랑을 연 보빌리에도 원래는 오를레앙 공의 메트르 도텔이었다. 그는 레스토랑의 오너가 된 이후에도 허리에 칼을 찬 엄격한 모습으로 가게에 서서 손님을 맞았다고 한다. 이것 또한 메트르 도텔의 긍지였을 것이다.

『앙피트리옹의 안내서』에서 고기를 자르는 에퀴에 트랑샹 Ecuyer Tranchant의 신분이 높음을 찬양한 그리모 드 라 레니에르와 마찬가지로 카렘도 요리사 지위 규범을 앙시앙 레짐에서 구했다. 단순히 주방에 서서 요리를 만드는 것만이 아닌 앙피트리옹(몰리에르의 희곡에서 파생된 단어로 식사를 제공하는 사람, 연회를 주최해 초대객을 부르는 주인)의 의중을 헤아려 큰 연회 전체를 지시할 수 있는 메트르 도텔. 카렘은 메트르 도텔이야 말로 자신이 바라는 사회적 지위를 실현할 수 있는 길이라는 것을 탈레랑 저택에서 소화해낸 수많은 엑스트라의 경험 속에서 봐왔다. 상류층에게 인정받은 메트르 도텔이라면 '파티시에가 건축가인 체하는 것은 주제 넘는다.'라는 편견 가득한 비난을 받는 일도 없을 것이다. 그것은 건축가나 예술가와 마찬가지로 존경받는 지위이다.

탈레랑의 요청에 의해 엑스트라를 처리해 나가면서 카렘은 탈레랑의 메트르 도텔이었던 부쉐와 소시에(소스 전문 요리사)인 리쇼, 라귀피에르 밑에서 요리의 기본을 배웠다. 그러는 한편 오래된 요리서를 정독해나가며 막대한 지식을 축적, 메트르 도텔로서의 역량을 차곡차곡 쌓아갔던 것이다.

2

메트르 도텔로서 많은 사람들에게 인정받는 지위를 쌓는 것은 그렇게 간단하지 않다. 노력한다고 해서 이루어지는 것이 아니다.

카렘과 거의 동시대에 캉바세레스의 오피시에 드 부쉐를 지낸 에그르푀유나 빌르비엘르는 둘 다 귀족 출신이었다. 원칙대로라면 자신이 말하듯이 '가난하고 체계적인 교육도 받지 못한' 카렘이 원해서 얻을 수 있는 자리가 아니었다.

그러나 카렘에게는 천부적인 재능 이외에도 하나 더 신으로부터 부여받은 것이 있었다. 바로 '행운'이라는 이름의 선물이었다.

바이이나 탈레랑과의 만남이 카렘을 가스트로노미의 정식무대로 이끌었다는 것은 의심할 여지가 없는 사실이다. 아무리 뛰어난 재능을 가지고 있어도, 아무리 두드러진 노력을 했다고 하더라도 탈레랑과의 만남이 없었다면 카렘의 이름이 역사에 남는 일은 없었을 것이다.

탈레랑은 식탁정치의 필요성 때문에 카렘을 두루 이용했으나 카렘의 사회적 지위가 그것으로 인해 상승한 것은 아니다. 탈레랑의 관심은 어디까지나 카렘의 요리사로서의 능력이었지 그의 사회적 지위는 아니었기 때문이다. 캉바세레스가 에그르푀유를 측근으로 대우한 것과는 달리 탈레랑은 카렘을 그렇게 다루지 않았다.

1814년, 나폴레옹이 전쟁에 패하면서 황제의 자리에서 끌려 내려왔고 파리에는 다른 나라의 군대가 주둔해 있었다. 여기에서도 탈레랑은 외교수완을 마음껏 발휘하게 된다. 파리에 모인 제국 대표 중에는 러시아 황제 알렉산드르 1세도 있었다. 탈레랑은 러시아 황제에 대한 회유책의 하나로, 엉뚱하다고 할 수 있는 아이디어를 생각해낸다. 그것은 황제가 머무르는 곳의 메트르 도텔로 카렘을 일정기간 빌려주는 것이었다.

이 한 가지 일만으로도 탈레랑이 카렘을 어떻게 여겨왔는지 알 수 있다. 그러나 이것은 카렘에게 있어 큰 수확이었다. 이 일로 인해 카렘의 이름이 프랑스 국외의 수뇌 귀족들 사이에 널리 알려지게 되었기 때문이다. 나폴레옹의 패배는 프랑스에게는 불행한 일이었지만 카렘의 경력에는 오히려 다행이었다. 이것 또한 카렘의 운이 좋았다는 것을 나타내는 좋은 예라고 말할 수 있을지 모른다.

그 후 10년 가까이 카렘은 외국을 돌아다니며 각 나라 수뇌부의 메트르 도텔로 지내게 된다. 하지만 그것이 항상 평온하고 원만한 환경에 놓여 있었다는 것을 의미하는 것은 아니었다. 카렘은 자주 향수병에 걸렸으며 그럴 때마다 프랑스에 돌아오기도 했으나 적어도 그의 사회적인 지위는 완전히 상승했고 옛날부터 간절히 원했던 것을 실제로 손에 넣을 수 있게 되었다.

1822년 세 번째 책으로 발행된 『프랑스의 메트르 도텔』[071]은 카렘의 메트르 도텔 선언이라고 말할 수 있는 저작이다.

이 책에는 '옛날의 요리와 현재의 요리 비교'라는 부제가 붙어 있다. 카렘은 실습생이었을 때부터(아마도 왕립도서관에서) 오래된 요리서를 닥치는대로 읽었고 또한 그것을 베껴 썼다. 그곳에서 비축한 풍부한 지식은 실제로 요리에 몸담을 수 있게 된 카렘의 이론적 기반이 되었는데, 동시에 요리서로부터 배운 것과 실천으로 얻은 것과의 차이에 눈을 돌리게 되는 계기가 되어 프랑스 요리 발전의 과정에 관해 관심을 갖게 되었다. 머리말에 카렘은 다음과 같이 쓰고 있다.

"내가 행한 구시대와 현대의 요리 비교 중에서 특히 마음이 끌린 것은 누벨퀴진 Cuisine nouvelle(신요리)의 상황과 발전을 탐색하는 것이었다." 071

두 권으로 구성되어 있는 『프랑스의 메트르 도텔』의 제1권 제1장은 구시대 요리의 고찰에 초점이 맞춰져 있는데, 여기서 다루고 있는 것은 18세기 요리서인 『코무스의 선물』과 『궁정의 식탁』, 그리고 라 샤펠의 『현대의 요리사』이다. 이 세 권의 요

『프랑스의 메트르 도텔』에 삽입된 요리, 파티스리, 피에스 몽테 등이 장관인 장식 도판.

리서에서 카렘은 각각 수많은 종류의 메뉴를 골라내어 충실하게 베껴 쓰고 구시대의 요리 분석을 시도하고 있다.

"나는 이렇게 뛰어난 기능을 가진 사람들이 자신들의 예술을 써서 남기고자 한 열의를 존경한다. 이 저자들은 찬양받아야만 한다. 그러나 유감스럽게도 그들의 책은 케케묵었고 지금에는 그들의 일도 현대 요리사와 동일하다고 생각할 수 없다. 이 두 시대는 확연히 다르다. 그리고 내가 놀라는 것은 그들 시대의 식탁에 맛있는 것이 과다하게 많이 올라가 있는 것이다. 그것은 고상하지 못하다." [071]

카렘은 이어진 제2장부터 제1권의 나머지 전부와 제2권의 약 1/4을 할애해 현대의 메뉴를 소개하고 해설을 첨가했다. 이 부분은 한 장이 1개월에 해당하며 제2장부터 제13장까지, 즉 1월부터 12월까지 거의 매일의 메뉴가 이어지고 있다. 카렘 자신의 말에 의하면 "유복한 식탁에 제공하는 1월 초부터 12월 말까지의 사계에 따른 현대 요리 메뉴 구성의 고찰과 전개" [071]이다.

이 구성을 보고 생각할 수 있는 것은 탈레랑이 카렘에게 부과했다는 "1년 365일, 각각 다른 메뉴를, 그 계절에 적절한 식재료를 사용해서 만들어라."라는 지시이다. 이것도 또한 카렘에 관한 무수히 많은 전설의 하나일 수도 있으나 그것 그대로를 카렘이 완수했다고 해도 전혀 이상하지 않다. 현실적으로 『프랑스의 메트르 도텔』에 게재된 1년 치의 메뉴는 틀림없이 카렘이 실제로 경험한 것이다. 예를 들어 제2장의 79페이지부터 86페이지에 걸쳐 기록된 1월 6일의 연회 메뉴는 전체가 7개 파트로 나뉘져 25개의 테이블에서 이루어졌는데, 이 연회에 관해 카렘은 다음과 같은 설명을 곁들였다.

"왕의 날 jour de Rois'은 고귀한 사람들 사이에서는 일상적으로 기념되어 왔다. 여기서 소개하고자 하는 것은 엘리제궁에서 행해진 외국 귀인의 딸 결혼에 앞서 열린 큰 연회(엑스트라오르디네르)이다." [071]

이 메뉴는 라귀피에르와 로베르가 지시한 것인데 이 둘은 카렘의 요리 스승이라

『프랑스의 메트르 도텔』 제2권 첫머리에는 두 명의 요리사가 그려진 데생이 삽입되어 있다. '구시대 요리사와 현대 요리사의 작업복의 비교'라는 제목의 이 데생에 대해서는 책 마지막에 카렘의 설명이 있다. "나는 우리들 일의 우아한 아름다움에 대한 생각에 항상 둘러싸여 있으며 오랫동안 우리들이 쓰고 있는 면화 모자를 바꿀 방법을 생각해왔다. 왜냐하면 나에게는 모자를 우리들의 작업복 이외의 부분에 맞는 청결한 느낌으로 바꾸는 것이 무엇보다 필요하다고 생각했기 때문이다. 대단히 청결하다는 것은 요리사의 가장 좋은 자질이다." 이 같은 설명 뒤에 카렘은 "어느 쪽이 현명한가는 독자의 판단에 맡긴다."라고 덧붙이고 있다. 왼쪽이 옛날 타입. 오른쪽이 새로운 타입이다.

고 할 수 있는 요리사로 당연히 카렘 자신도 이 장소에 있었다고 생각할 수 있다.

카렘은 메트르 도텔로서 자신의 메뉴를 만들기도 했으나 동시에 자신이 체험한 연회의 메뉴는 설령 그것이 다른 요리사의 손을 거친 것이라도 모두 그 내용을 자세하게 기록했다. 이 기록하려는 집착은 그의 책에 충분히 나타나 있다. 『프랑스의 메트르 도텔』제2권의 나머지 부분은 카렘 자신의 외국 원수나 고관을 위한 메뉴집으로, 주목해야 할 것은 그 메뉴가 만들어진 연회 날짜가 전부 기재되어 있다는 것이다. 연회마다 카렘이 성실하게 기록을 남긴 무엇보다 좋은 증거일 것이다.

한편, 러시아의 알렉산드르 1세나 영국의 조지 4세 등 한 나라를 지배하는 원수의 메트르 도텔로 근무한 것을 강조하는 듯한 이러한 기록은 카렘의 자기현시욕을 강하게 나타내고 있는 것처럼도 보인다. 카렘의 강열한 자기현시욕은 부정할 수 없는 사실이다. 그러나 그것을 단순한 허영심으로 간주해버리는 것은 올바르지 못하다. 높이 오르려고 필사적으로 노력해온 카렘은 여기에 이르러 겨우 원하던 지위를 손에 넣었다. 『프랑스의 메트르 도텔』은 그 증거가 되는 책이다. 이제는 단순한 파티시에도, 단순한 퀴지니에도 아닌, 확고부동한 그랑드 메종의 메트르 도텔이다. 그러한 카렘의 큰 목소리가 이 책에서 들려오는 듯하지 않는가? 『프랑스의 메트르 도텔』을 선언의 책이라고 부르는 것은 이러한 이유에서이다.

이 책의 저자명에 카렘은 처음으로 '앙토넹 카렘 드 파리'라는 명칭을 사용하고 있다. '드 파리'라는 것은 귀족을 흉내낸 명칭으로 이 명칭을 사용하기 위해 루이 18세의 허가를 받지 않으면 안 됐다. 그러나 그것이 허가되었다는 것은 바꿔 말하면 카렘이 그것에 상당하는 인물로 인정되었다는 사실을 나타내고 있다. 그것에는 큰 의미가 있다. 그렇게 이름이 올랐다고 해서 진짜 귀족이 되는 것은 아니었지만 카렘에게 있어서는 인생의 온갖 심정이 담긴, 더할 나위 없이 소중한 명칭이었던 것이다.

V. 요리사의 왕

1

앙토넹 카렘을 '요리사의 왕'이라고 최초로 부른 사람은 누구일까?

"1833년 1월 12일 카렘의 사후, 많은 대공(大公)이 그들의 영지를 잃었고 많은 왕이 왕좌로부터 전락했다. 그의 천부적인 재능에 의해 요리의 왕이 된 카렘은 아직 그 자리에 그대로 서 있으며 그 영광을 가릴 만한 라이벌은 등장하지 않았다." [072]

이것은 알렉산더 뒤마가 『요리대사전 Le Grand Dictionnaire de Cuisine (1871)』의 카렘 항목에 기록한 문장이다.

'요리사의 왕'이라는 세속적인 형용사를 처음으로 사용한 것이 누구든 간에 카렘은 분명 그 명칭에 어울리는 존재였다. 지금까지 봐온 것처럼 카렘의 공적은 무엇보다도 우선 요리사의 사회적 지위를 높여 세상으로부터 인정받은 것이다. 그것을 위해 카렘은 헤아릴 수 없는 고통을 맛보았으며 주위에 많은 적을 만들게 되었으나 그것에 걸맞은 명예와 지위(그리고 물론 수입)를 얻었다. 이렇게 카렘이 개척한 길은 바로 가스트로노미의 왕도였다. 그 뒤를 이은 유능한 요리사들은 모두 그 길을 통해 프랑스 요리의 역사에 이름을 새겨왔다.

하지만 여기서 생각하지 않으면 안 되는 것이 있다.

카렘의 생애는 분명히 요리사의 명예와 지위를 획득하기 위한 투쟁이었다. 투쟁에는 무기가 필요하다. 카렘에게 있어 최대의 무기란 과연 무엇이었을까?

이 물음에 답하기 위해서는 프리실라 퍼거슨의 질문을 검토해볼 필요성이 있을 것 같다.

"카렘은 실제로 어떤 요리를 내놓았던 것일까?" [069]

지금까지 카렘의 발자취를 더듬어왔지만 가장 중요한 카렘의 요리를 많이 접하지 못했다. 그러나 카렘이 파티시에이면서 퀴지니에인 이상 그가 달성한 성과도 요

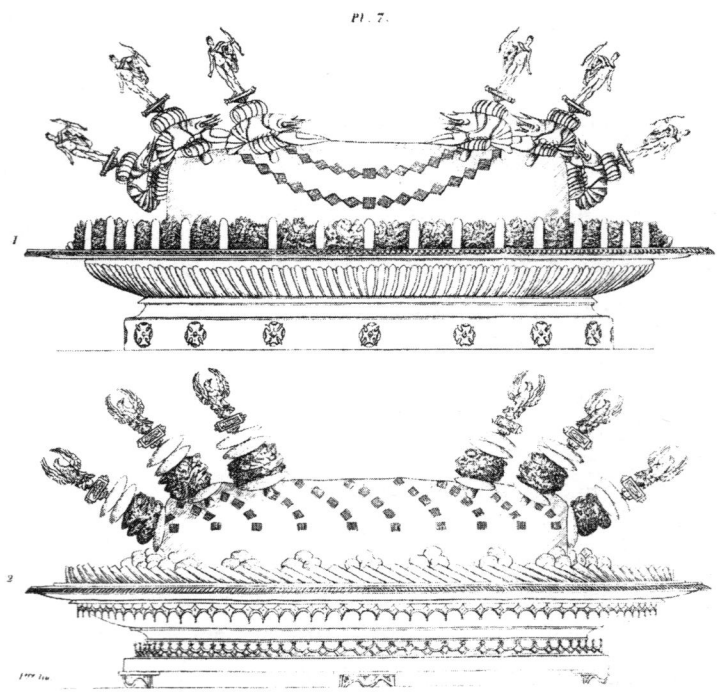

「19세기의 프랑스 요리예술」 제2권에 삽입된 큰 장식의 요리 도판. 에스트라존 아 라 그레크(위). 에스트라존 아 라 보베르네(아래).

리사로서의 일을 제외하곤 말할 수 없을 것이다. 요리야말로 카렘의 최대의 무기여야 한다.

17세기부터 18세기에 걸친 저명한 요리사들과 마찬가지로 카렘도 요리에 혁신을 가져왔다. 바렌을 시작으로 므농, 마랑, 마시알로, 라 샤펠 등 당대의 일류 퀴지니에들은 누구나 요리서를 썼고 자신의 요리야말로 가장 새로운 것이라고 입을 모아 세상에 알렸다. 그러나 카렘은 그러한 대선배들의 메뉴를 '케케묵었다.'고 말하며 잘라버렸다.

그렇다면 카렘 요리의 무엇이 혁신적이었을까?

그 대답의 힌트는 앞서 인용한 카렘 자신의 말 속에 있다. 되돌아가게 되지만 여기서 한번 더 확인해보자.

"내가 놀라는 것은 그들 시대의 식탁에 맛있는 것들이 과다하게 많이 올라가 있는 것이다. 그것은 고상하지 못하다." [071]

카렘의 저서에는 자주 '단순'이라는 단어가 등장한다. 예를 들면,

"알렉산드르 1세 황제나 영국 황태자, 그리고 비엔나 대사인 스튜어드 경 밑에서 일할 때, 나는 상류사회에서도 프랑스의 그랑드 메종에서 해온 것과 똑같은 방식으로, 요리를 제공하기 바로 전에 다양한 프티 소스를 만드는 것이 일과였다. 그러나 최근에는 그러한 기회도 좀처럼 없어져 나는 현대 요리의 쇠퇴를 개선하기 위해 처리를 단순화해서 가능한 한 신속히 일을 수행하고 싶어졌다." [073]

앙시앙 레짐의 궁정 식탁의 규범을 요구하며 신분이 높은 후원자 옆에서 일상적으로 큰 연회만을 경험해온 카렘. 그가 '프랑스 요리의 쇠퇴'라는 현실에 눈을 돌렸을 때, 그 원인이 요리 자체였다는 것을 알게 된 것은 어쩌면 건축에 정통했던 것과 관계가 있을지도 모른다. 비뇰라의 오르드르(기둥 양식) 연구에 몰두했던 카렘은 고상한 아름다움을 만들어내는 것은 복잡하고 과장된 스타일이 아닌, 질서 있는 단순한 요소의 조합이라는 것을 알았다. 요리 역시 마찬가지. 라 샤펠은 위대한 요리사였지만 그의 요리 스타일은 루이 15세 시대에나 통용된 것으로 바야흐로 시대는 바뀌었다. 프랑스 혁명이 앙시앙 레짐의 화려하고 고상한 풍속을 씻어내 버리고 나폴레옹 제정 시대를 거쳐 이제 다시 부르봉 가에 의한 왕정이 부활했지만 그것은 앙시앙 레짐 시대가 돌아왔다는 것을 의미하는 것은 아니었다. 새로운 시대에는 새로운 요리가 필요하다. 그리고 그 새로운 요리는 현대 프랑스 요리의 새로운 규범

이 되어 장래에 프랑스 요리를 발전으로 이끄는 것이 아니면 안 되었다.
　카렘의 혁신은 이렇게 힘차게 첫발을 내딛었다.

2

　프리실라 퍼거슨은 카렘 요리의 키워드로 '단순함'과 '조화'를 꼽았다. '단순함'에 관해서는 앞서 말한 대로이며 '조화' 역시 카렘이 중요시한 요소였다. 『19세기의 프랑스 요리예술』에는 '조화'에 대해 기술하고 있는 부분이 있는데 퍼거슨도 인용하고 있다.
　"요리사의 예술은 화가나 음악가의 예술과 같다. 색채에 의해 부여되는 뉘앙스가 회화에 큰 조화를 만들어내 보는 이의 눈과 상상력을 자아낸다. 음악가는 음표의 조합에 의해 하모니를 만들어내고 그것을 듣는 우리들에게 달콤한 감각을 불러일으킨다. 우리들도 요리를 통해 이러한 일들을 수행할 수 있다. 훌륭한 식사를 가만히 바라보는 가스트로놈Gastronome(미식가)의 후각과 미각의 감각은 회화나 음악 애호가와 마찬가지의 감각이다."035
　이 인용에 이어 퍼거슨은 다음과 같이 썼다.
　"또한 중요한 것은 이 단순함과 그 결과로 얻어지는 조화는 요리 시스템을 보완한다. 그의 최대 공적은 건축적인 창조도, 수많은 발명이나 개혁도 아닌 이 시스템을 만들어낸 것이다. 카렘이 현대 프랑스 요리의 창조자로 여겨지고 있는 것은 오래된 방법을 새로운 기술과 합쳐 온갖 레시피나 해설을 상호관계의 모순 없이 일관된 구조물로 정리했기 때문이다. 그는 다양한 요리의 실천적 지식을 모아, 지금까지 어떤 요리서도 시도하지 않은, 더욱이 완성된 적이 없는 완전한 체계를 쌓아올렸다. 지금까지 레시피의 집합에 지나지 않았던 것이 지금은 요리의 총체적인 시스템이 된 것이다."069
　카렘의 새로움은 하나하나의 요리에 있는 것이 아니라 기존의 것과 새로운 것을 일단 모두 조합한 다음 상호 연관성을 고려해가며 체계적으로 재구축한 점이다. 단순한 것을 조합해서 조화를 생성해낸 비뇰라의 발상이 요리의 세계에서 결실을 맺은 것이다. 카렘은 그 체계를 책으로 발간해 동시대의 요리사에게, 또한 후세의 요리사에게 전하고자 했다.

『프랑스의 메트르 도텔』 이후 카렘은 두 권의 책을 더 저술했다. 한 권은 1828년 출판된 『파리의 요리사 Le Cuisine Parisien』, 그리고 다른 한 권은 이미 몇 번이나 인용한 『19세기의 프랑스 요리예술』이다.

『파리의 요리사』는 카렘이 직접 쓴 최초의 요리서인데 이 시점에서는 전체를 체계적으로 조합할 충분한 준비가 되어 있지 않았다. 게다가 1824년경부터는 로스차일드 가의 메트르 도텔로 바쁜 나날을 보냈기 때문에 시간적인 여유도 없었을 것으로 여겨진다.

카렘이 다시 『19세기의 프랑스 요리예술』을 저술하고자 생각한 것은 『파리의 요리사』에서는 다 쓰지 못했던 자신의 요리연구 성과를 어떻게든 정리해서 후세에 전하고 싶었기 때문일 것이다. 그 때문에 카렘은 로스차일드 가의 일을 그만두고 저작에 전념하려는 결의를 굳히고 만전을 기해 임했다.

그러나 실제로는 카렘의 큰 꿈은 완전히 실현되지는 못했다. 오랜 세월에 걸친 가혹한 노동과 열악한 당시의 주방 환경이 카렘의 건강을 서서히 갉아먹고 있었기 때문이다.

『19세기의 프랑스 요리예술』은 전부 다섯 권으로 기획되었다. 그중에서 카렘 자신의 손으로 완성할 수 있었던 것은 최초의 두 권뿐이었다. 제3권(가장 분량이 많으며 500페이지 이상)은 딸에게 구술필기를 시켜 겨우 완성했다고 한다. 제4권과 제5권은 카렘의 자필원고를 토대로 제자이자 친구인 아르망 플뤼메레 Armand Plumerey가 완성시켰는데, 이 두 권이 출판된 것은 카렘이 죽고 10년이 지난 1843년의 일이었다. 최초의 세 권도 카렘 생전에는 결국 출판되지 못했다.

그렇지만, 아니 그렇기 때문에 『19세기의 프랑스 요리예술』에는 카렘의 평범치 않은 집념이 담겨 있다고 말해도 좋다. 퍼거슨이 "카렘이 현대 프랑스 요리의 창조자로 여겨지고 있다." [069]라고 쓸 수 있었던 것도 『19세기의 프랑스 요리예술』에 의해 카렘의 사상이 후세에 올바르게(완전히 카렘이 의도한 그대로) 전해졌기 때문이다.

『19세기의 프랑스 요리예술』에서 카렘이 구축한 프랑스 요리의 체계를 실제로 확인해보자.

제1권의 처음 부분에는 로스차일드 부인에게로의 헌사와 이미 소개된 레이디 모건에게로의 헌사에 이어 요리에 관한 카렘의(시와 비슷한) 에세이가 게재되어 있다. 이것만도 120페이지 분량으로 그중에는 세인트 헬레나 섬에 유배된 나폴레옹의 식생활에 관한 것이나 그리스, 로마, 프랑스의 식(食)에 관한 역사적 고찰 등 흥미 있는 글도 적지 않지만 여기에서는 깊이 들어가지 않겠다. 단 카렘이 이 책에서 지향했던 바가 단순한 레시피집이 아니었다는 사실을 이 긴 앞부분만 봐도 엿볼 수 있다는 점을 지적해두고 싶다.

『19세기의 프랑스 요리예술』 전5권 중 카렘이 실제로 쓴 최초의 1권(제1부 및 제2부)은 요리의 가장 기본적인 조작인 부이용이나 포타주(수프) 기술로 채워져 있다. 우선은 이것에 주목하자.

요리서의 맨 처음에 포타주를 싣는 것은 카렘이 최초는 아니었다. 17세기 바렌의 『프랑스의 요리사』도 처음에 '포타주 만드는 법'이 실려 있으며 카렘이 큰 영향을 받은 18세기의 라 샤펠도 『현대의 요리사』 제1장을 '포타주와 부이용에 관해'라는 항목으로 시작하고 있다. 모든 요리를 한꺼번에 제공하는 19세기 중반까지의 프랑스식 서비스법에서도 수프를 처음 내는 것이 규칙이었으므로 이것은 그 형식에 따른 요리서의 정형이라고 해야 할 것이다. 단지 카렘의 책이 그때까지의 요리서와 달랐던 것은 명확한 의도가 존재했다는 것이다. 제1권의 머리말에서 카렘은 그 의

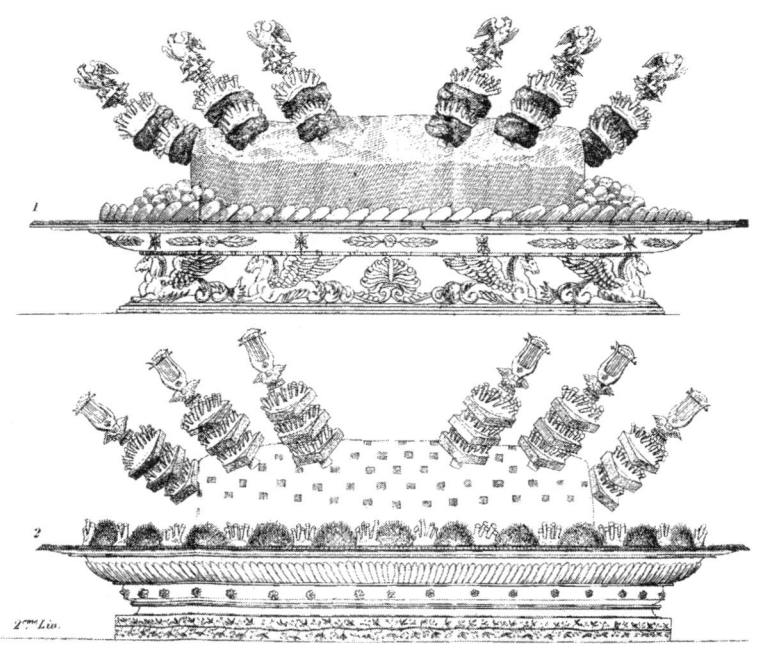

『19세기의 프랑스 요리예술』 제3권에 삽입된 큰 장식의 요리 도판.
로스비프 달로와요 아 바그라시옹(위), 달로와요 브레제 아 라 몽테베로(아래).

도에 관해 설명하고 있다.

 "나는 (지금까지의 책과) 동일한 분류 방법으로, 동일한 카테고리에 속하는 요소를 하나의 부(部)로 합쳤고 각각의 부(部)를 유사한 항목을 포함하는 장(章)으로 나눠 설명을 더했다." 035

 이렇게 카렘은 자신이 손댄 세 권을 제1부부터 제5부까지 나눴고 여기에 각각 장(章) 단위로 레시피마다의 상호연관성을 명확하게 파악할 수 있도록 구성을 다

들었다.

제1부 맨 처음에 포토프Pot-au-feu(고기와 야채를 삶은 스튜)가 배치된 것도 당연히 이 의도에 따른 것이었다.

그러나 포토프라는 것은 조금 뜻밖의 선택으로 여기에서 카렘의 진면목이 드러난다. 왜냐하면 궁정이나 그랑드 메종의 식탁을 염두에 두고 쓰인 요리서에 소박한 수프인 포트프를 소개하는 것은 지극히 이례적인 일이기 때문이다. 이 항목에 덧붙여진 카렘의 소견observation에 귀를 기울여보자.

"먹을 것에 관해 쓴 18세기의 사람은 이 검소한 포토프에 주의를 기울여 기술하려고 하지 않았다. 그러나 이것은 우리나라 노동자계급의 기본적인 먹을거리이며 가치 있는 먹을거리이다. 현대 요리서의 저자도 마찬가지로 경멸하는 태도를 나타내거나 이 검소한 고기 수프에 관한 이론에 대해 어떤 분석도 더하지 않았다. 그러면서 한편으론 큰 조리장에서 맛있는 부이용을 본 적이 없다고 부끄러워하지도 않으면서 쓰고 있다. 그것을 개선하기 위한 새로운 방법에 대해 어떤 지시도 하지 않는다. 얼마나 무지스러운 일인가! 어떤 아둔함이 당신들을 둘러싸고 있는 것인가! 당신들은 자만심에 빠져 있는 것이다." 035

카렘이 잘하는 공격적인 개탄의 후반부는 말하지 않는 편이 좋았겠지만 적어도 처음의 포토프를 소개한 이유는 이해할 수 있다. 단순한 요소를 조합해서 복잡한 요리를 완성하는 카렘이 가장 심플한 수프인 포토프부터 제1장을 시작하는 것은 아마 필연적인 것이리라.

그 뒤로 기본적인 부이용에 관한 설명이 더해지고 다음의 제2장에서는 콩소메(맑은 수프)와 퓌메(버섯 등이 든 진한 수프), 제3장에서는 지금까지 설명한 부이용의 단식기간용 레시피가 소개된다. 또한 제4장에서는 한층 차원 높은 부이용, 제5장에서는 포타주의 베이스로 사용하는 미르푸아 Mirepoix나 브레제 Braiser(미르푸아나 브레제는 당근이나 양파 등을 잘게 썰어 기름에 볶은 다음 찐 것), 제6장은 파테나 카스롤을 채우는 데에 사용하는 커넬Quenelle(고기 완자)이나 파르스 Farce(고기, 야채 등의 다진 속을 넣은 요리)를 만드는 방법과 설명이 기재되었다. 소스에 사용하는 루Roux(밀가루와 버터를 섞어 익힌 것으로 소스를 진하게 하는 데 쓰임)도 여기서 등장한다.

그리고 제2부는 모든 페이지가 포타주로 할당되어 있다. 부이용이나 콩소메는 단독 요리로 제공되지 않지만 포타주는 훌륭한 단품요리이다. 포타주의 베이스로는 당연히 부이용이나 콩소메가 사용된다. 그리고 여기서도 단순한 것에서 더욱 복잡한 것으로 흐름이 반복된다.

제2권은 제3부가 전체를 차지하고 있는데, 여기에서는 연회에 내놓을 법한 장식을 곁들인 큰 생선요리Grosses Pieces de Poisson가 소개되고 있다.

제3권의 전반은 제4부에 해당되며 여기서는 소스가 주인공이다. 이 제4부는『19세기의 프랑스 요리예술』전체 중에서도 카렘의 체계화 지향이 특히 강하게 표현된 부분일 것이다.

카렘은 소스를 우선 4종류의 큰 소스Grandes sauces와 수많은 작은 소스 Petites sauces로 분류한다. 큰 소스는 작은 소스의 기본이며 브라운계의 소스 에스파뇰과 소스 벨루테, 화이트계의 소스 베샤멜과 소스 알망드가 있다. 이 4종류의 소스를 베이스로 카렘은 무수히 많은 작은 소스를 파생시켰다.

그때까지 요리서에서 이렇게까지 소스를 철저하게 분석한 책은 없었다. [15]

제3권 후반의 제5부에서는 드디어 고기요리인 그로스피에스 Grosspiece(메인 코스)가 등장한다. 그러나 카렘의 기력과 체력은 여기서 다하고 만다. 제4권과 제

---

[15] 카렘과 동시대 인물로 유명한 레스토라퇴르, 보빌리에도 다년간의 경험을 살려 1814년에 2권인 요리서『요리사의 기법 L'Art du Cuisinier』을 출간했다. 그 책의 소스 항목에서도 '큰 소스'라는 명칭을 볼 수 있으나, 양적으로나 질적으로나 카렘의 소스 기술과는 비교할 만한 것이 못 된다. 또 체계적이지 않고, 각각 소스의 상호관계도 확실치 않다.

5권은 앞서 말한 대로 카렘의 사후 플뤼메레의 손에 의해 계승되어 10년 후 세상에 나오는데, 이것을 어디까지 카렘의 저작이라고 부를 수 있는가는 토론의 여지가 남아 있는 부분이다.

어떻든 간에 앞선 세 권에 카렘이 전하고자 한 것은 대략 전달되지 않았나 하는 생각도 든다. 제1권의 머리말에서도 이 책 전체가 5부로 나뉘어 있다고 명기해두었기 때문에 카렘은 처음부터 전5권을 예정하고 있었는지 어땠는지 이것 역시 토론의 여지가 있을지도 모른다.

그러나 제4권 이후가 비록 출판되지 않았다고 하더라도 『19세기의 프랑스 요리예술』의 가치는 조금도 줄어들지 않았을 것이다. 카렘이 남긴 프랑스 요리의 체계적인 파악 방법이라는 자산은 그 후세의 시대에 출현한 수많은 요리사에 의해 이어졌고 현재에 이르기까지 계승되어 프랑스 요리왕국의 주춧돌을 쌓고 있기 때문이다.

그런 의미에서도 카렘은 정말 '요리사의 왕'이었다.

Ⅵ. 카렘의 죽음, 그리고 전설의 시작

1

"지난 1월 카렘이 세상을 떠났다. 50세의 나이였다." [066]

이것은 1833년 발행된 『파리 또는 101권의 책 Paris, ou Le Livre des cent-un』 제12권에 실린 프레데릭 파요의 '카렘의 죽음 La Mort de Careme'이라는 에세이의 첫머리 부분이다. '카렘의 비서 Secrétaire de Carême'라고 자칭하는 파요의 이 문장은 그 후에 다양한 변형을 창출해내며 끝없이 구전되는 카렘 전설의 출발점이 되는 것으로, 카렘이 소년시대에 부친으로부터 버림받는다는 유명한 에피소드가 최초로 등장하는 것 또한 이 에세이에서이다.

  카렘의 명성은 이미 생전부터 자자했지만 이는 요리계와 사교계라는 제한된 영역에서의 명성이었다. 카렘의 이름이 일반인들 사이에까지 널리 알려지게 된 것은 오히려 그의 사후였다. 그리고 그 인지도를 높이는 큰 역할을 한 것은 서적이나 잡지, 신문과 같은 미디어의 힘이었다. 특히 카렘이 마지막으로 손수 지휘한 로스차일드 가의 만찬회의 모습을 자신의 책에 묘사한 레이디 모건, 그리고 카렘 생애의 에피소드를 적극적이면서도 지속적으로 소개한 파요의 공적은 컸으며, 이 두 사람의 활동이 없었다면 요리사로서 카렘의 존재도 이렇게까지 대중적으로 알려지진 않았을 것이다.

  레이디 모건은 1831년 출판된 『1829년부터 30년에 걸친 프랑스(1829~1830)』라는 서적 제2권에 자신이 주빈의 한 사람이었던 1829년의 만찬회에 관해 상세하게 보고하고 있다.

  "우리들이 샹젤리제를 거쳐 로스차일드 씨의 아름다운 저택이 있는 샤토 드 블로뉴의 만찬회로 향한 것은 매력적인 7월의 저녁 무렵이었다. 그곳에 도착해 우리들의 목적을 이루기 위한 문이 열린 그 순간부터 우리 주위를 낙원이 둘러쌌다. (중략) 온갖 나라 상류계급의 유명한 사람들이 끝없이 유쾌한 이야기를 주고받는 사이, 디너 시간은 다가오고 있었다. (중략) 제라르[16]와 이야기를 하고, 로시니[17]의 도착을 기다리면서도, 나의 마음에서는 그 불멸의 카렘이 떠나지 않았다. (중략) 카렘의 요리를 나는 아직 경험한 적이 없었다. 저명한 실무가의 지적인 재능이 만들어낸 그 기능의 계량에 관해 나는 아직 판단할 기회를 갖지 못한 것이다. '마

---

[16] 프랑수아 제라르François Gérard (1770-1837). 프랑스의 화가.

[17] 조아키노 로시니(Gioachino Rossini 1792-1868). 이탈리아의 작곡가. 「세빌랴의 이발사」 등의 오페라로 알려져 있고, 현대에 있어 더 인기가 높은 작곡가의 한 사람이다. 미식가로서도 유명하며 1820년대부터 30년대까지 파리에 체재하며 카렘과도 친교가 있었다.

담, 식사 준비가 되었습니다.'라고 알렸을 때, 나는 가슴이 설레지 않을 수 없었다. (중략) 만찬을 위한 방은 안채로부터 떨어진 오랑주리(오렌지나무용 온실) 안에 준비되어 있었다. 그곳은 그리스 대리석으로 만든 직사각형의 우아한 건물로, 물줄기를 공중에 내뿜어 신선한 기분을 만들어주는 분수가 있었고, (중략) 어떤 귀금속보다 값비싼 도기에는 사치스러운 평이함이라고 하는 보편의 성질이 구비되어 있었다. (중략) 가장 섬세한 육류의 진수는 과학적인 정확성으로 은빛 이슬처럼 유출되고, (중략) 모든 고기가 본연의 자연적인 향을 발산하며 모든 채소가 신록의 그림자를 떨쳐내고 있었다. (중략) 인간성이나 지식이나 우아함이라는 것은, 그 미각과 절도가 카렘이나 그를 고용한 앙피트리옹처럼, 철학자의 과학에 의해 알맞게 규제되는 사람들에게 속하는 것이다." [075]

레이디 모건은 아일랜드 출신의 작가로 당시에는 상당히 저명한 인물이었다. 따라서 그 영향력도 대단해 영국에서의 카렘의 인지도를 순식간에 높였다. 이것은 카렘에게 매우 기쁜 일이었음에 틀림없다. 카렘이 생각하는 세계에 프랑스 요리의 우위성을 알리는 매체로써의 역할을 해주었기 때문이다.

레이디 모건은 로스차일드 가의 만찬회에 출석하기 전에 깔끔하게 예습을 끝냈다. 즉, 카렘에 관한 다양한 지식을 사전에 충분히 입수하고 있었던 것이다.

"그 일에 관해서도, 에피소드에 관해서도 카렘의 일에 대해 내가 모르는 것이 없다." [075]라고 그녀는 쓰고 있다. 모르는 것이 없다고 호언장담한 것에 반해 카렘의 태생에 관해 "나는 그의 선조가 바티칸의 조리장으로 교황 레오 10세를 모시고 있던 유명한 셰프임을 알고 있다." [075]라고 쓴 것은 이상하게 생각되지만, 그래도 카렘 요리의 핵심이 18세기까지의 과장된 상차림 스타일이나 향신료의 과다 사용을 배제한, 단순한 스타일로의 변혁에 있다고 하는 것은 정확히 이해하고 있었다. 어떤 의미에서는, 그녀에 의해 카렘은 시대를 선취한 일종의 영웅이었다고 말해도 좋을 것이다. 그리고 그것도 카렘의 평판에 좋은 영향을 끼쳤다. 만찬회에 관한 기사를 쓴 레이디 모건이 넌지시 암시하는 "바텔에 대한 세비녜 공작부인의 역할을 카렘에 대해서는 자신이 짊어진다."라는 의도를 카렘 자신도 정확하게 받아들이고 있었다. 카렘은 그의 책 『19세기의 프랑스 요리예술』에서 그녀에게 헌사를 바치며 넌지시 바텔의 자살을 언급한다. 이것은 마치 레이디 모건의 소망을 부채질하는 것처럼 보이는데 그것은 바로 카렘이 원하는 것이기도 했기 때문이다.

또한, 카렘이 교황 레오 10세 요리사의 손자라고 하는 잘못된 일화에 대해서도 동일하다고 말할 수 있을 것이다. 이 에피소드는 레이디 모건의 책에 의해 그대로 영국권의 저널리스트 사이에 퍼져 1830년대 이후 영국에서 발행된 많은 신문과 잡지기사에 반복해서 실렸다(18). 그러나 카렘은(그 기회가 있었음에도 불구하고) 그것을 사망할 때까지 단 한 번도 수정하려 하지 않았다. 아마도 오해가 유포되는 것과 영국에서 자신의 경력에 부가가치가 더해지는 것을 저울질해본 결과 후자를 택했을 것이다. 그 후의 경위를 보면 레이디 모건은 확실히 카렘에게 있어서 세비녜 공작부인이었다.

한편, 파요에 관해서는 사정이 조금 다르다.

파요의 상세한 경력은 알지 못하지만 현재의 많은 요리관련 자료에 남아 있는 것처럼 단순히 '카렘의 비서'가 아니었던 것은 확실하다. 요리와 전혀 관계 없는 저서도 적지 않으며 그중에는 『폴란드의 역사(1832)』나 루이 피에르 앙케틸의 일을 이어받은 『프랑스의 역사(1830)』 등의 본격적인 역사서가 포함되어 있다. 『프랑스 문

---

(18) 카렘이 교황 레오 10세 요리사의 자손이었다는 설은, 레이디 모간에 의해 주로 영국에 넓게 유포됐으나 그녀가 도대체 어디서부터 이런 엉뚱한 이야기를 가져온 것일까? 현재도 간행이 계속되고 있는 프랑스의 명문잡지 「메르큐르 드 프랑스」의 1829년 판에도 「요리의 과학」이라는 제목으로 카렘에 관한 기사가 게재되었는데 거기서도 아무 이유도 없이 레오 10세의 이름이 등장한다. 게다가 카렘 자신도 『19세기 프랑스 요리술』의 제3권에 '레오 10세풍의 거만함'이라는 닭요리를 싣고 있다. 여기서 추측 가능한 것은 레오 10세에 얽힌 설은(카렘 자기 자신이 말한 것은 아닌 것으로 하자) 당시 사람들 사이에서 은밀하게, 혹은 공공연하게 화제가 되고 있었을지도 모른다는 것이다.

학 La littérature française(1877)』에서도 파요를 '역사가, 문학자'라고 기재하고 있다. 20대였던 1822년에는 『코시치우슈코[19] 생애에 관한 비망록』이라는 책을 썼으며 적어도 역사 저술에서는 상당히 알려진 존재였던 것 같다.

그 파요가 왜 카렘의 비서를 자칭한 식(食) 저널리즘의 세계에 발을 들여놓게 된 것일까?

1829년의 '르뷔 드 파리Revue de Paris' 지(紙)에 「타간로크의 나날」이라고 이름 붙여진 에세이가 실려 있다. 이것은 1825년에 흑해 연안의 타간로크 별궁에서 열병으로 급서한 러시아 황제 알렉산드르 1세의 최후를 그곳에 함께 있던 필자가 엮은 회상기인데, 이 필자의 이름이 프레데릭 파요이다. 에세이에 덧붙여진 소개문에는 "이 기사의 필자인 프레데릭 파요 씨는 러시아와 페르시아에서 오랫동안 머물렀다."[076]라고 되어 있고, 또 『니콜라이의 생애(1854)』에 수록된 이 기사의 영문번역판에서는 "상트 페테르부르크 제국연구소의 전 프랑스어 교수 프레데릭 파요 씨의 회상기로부터."[077]라는 설명이 붙어 있다. 이 프레데릭 파요 씨가 카렘의 비서를 자칭하는 프레데릭 파요와 동일인물이라면(그 가능성은 높다) 알렉산드르 1세와 상트 페테르부르크가 카렘과 접점의 열쇠일지도 모른다.

어떻든 간에 파요는 『폴란드의 역사』를 마지막으로 역사서를 쓰는 것을 그만뒀다. 그 대신 그가 손을 댄 것은 카렘을 축으로 하는 가스트로노미에 관련된 저술이다. 1833년의 「카렘의 죽음」은 그것의 선구가 되는 에세이인데, 당연히 그 전부터, 즉 카렘이 살아 있을 때부터 두 사람 사이에는 틀림없이 교류가 있었다. 비서를 의미하는 'Secrétaire'라는 단어에는 '서기(書記)'라는 의미도 있다. 로스차일드 가의 메트르 도텔을 그만두고 글쓰기에 전념하게 된 카렘은 급속히 체력과 기력이 떨어

---

[19] 타데우츠 코시치우슈코 Tadeusz Kościuszko(1746-1817). 폴란드 리투아니아 공화국장군. 러시아 지배에 대해 반기를 들었던, 1794년 초시치우슈코 봉기를 주도했다. 결과적으로 패배를 당하지만 현재에도 폴란드의 영웅으로서 이름이 칭송되고 있다.

지기 시작했다는 것을 알고 자기 대신 저술을 전문으로 하는 인재, 즉 서기를 둘 필요성을 느끼게 된 것은 아닐까?

그러한 서기의 기능이 파요에게 주어진 역할이라고 한다면 그 후 파요의 일련의 활동에도 납득이 간다. 카렘 사후에 재판된 초기 3개의 저작 모두에 파요가 관계되어 있는 것을 알 수 있다. 『19세기의 프랑스 요리예술』 제4권 서두에 '편집자에 의한 머리말'이 있는데, 카렘 자신이 완성시킬 수 없었던 경위 등이 쓰여 있으며 그 머리말에는 'F.F-T'라는 서명이 붙어 있다. 분명 파요이다.[20]

파요는 『19세기의 프랑스 요리예술』 가운데 카렘 자신의 저술인 최초의 3권에도 관련되어 있을 가능성이 있으나 물론 이것은 근거 없는 추측의 영역일 뿐이다.

「카렘의 죽음」은 가스트로노미 관련서는 아니며 일반인 상대의 『파리 또는 101권의 책』에 발표되었기 때문에 널리 반향을 불러일으켜 그 후 카렘의 평가에 큰 영향을 끼쳤다. 카렘에 대해 기술한 많은 서적이 「카렘의 죽음」에 나오는 파요의 문장을 대부분 그대로 유용해 썼기 때문에 그것에 의해 사람들은 보편적인 카렘 상을 그린 것이다.

1840년대에 들어서면 파요는 『식탁의 고전』을 편찬하며 여기에서도 여러 번 카렘을 내세우고 있는데, 내용적으로는 「카렘의 죽음」을 넘어서는 것은 아니었다. 또한 이곳에 처음으로 수록된 「카렘 자신에 의한 미발표 회상록」은 이미 「카렘의 죽음」의 주석(註釋) 중에 "애제자 제이 씨에 의해 곧 공개된다."라고 예고된 것이다. 그러나 이것은 결국 공개되지 않았다. 왜 제이 씨는 공개하지 않았던 것일까. 왜 식탁의 고전에 수록되게 되었는가. 알 수 없다. 정말로 카렘이 쓴 것인지 어떤 것인지도 알 수 없다.

결국 오늘날 카렘의 이미지라는 것은 1830년대부터 50년대에 걸쳐 파요가 문필

---

[20] F. F-T는 F(rederic) F(ayo)T 의 약자라고 생각된다.

활동을 통해 쌓아 올린 것이 전부이다. 레이디 모건에게 있어 카렘은 영웅이고 그것은 그녀 자신이 여주인공이 되기 위해 필요한 존재였다.

반면 파요에게 있어 카렘은 가스트로노미라고 하는 정신문화의 절대적 존재였으며 파요는 그 고매한 생애를 사람들에게 알리기 위한 전도사였다고 말할 수 있을 것이다. 카렘은 적당한 때에 좋은 사람을 얻게된 것이다.

2

앞서 다룬 것처럼 일반인들에게 있어서 카렘의 명성은 오히려 그의 사후에 높아졌다. 그 견인차 역할을 한 것은 레이디 모건과 프레데릭 파요이다. 특히 아일랜드 사람인 레이디 모건은 영국을 주 무대로 활동하고 있었기 때문에 그녀의 20페이지도 되지 않는 짧은 문장에 의해 카렘의 이름은 프랑스 밖으로도 널리 퍼졌다.

파요의 '카렘의 죽음'이 카렘의 죽음을 알리는 최초의 추도문이었을까? 당시의 정보사정을 생각하면 그 가능성은 다분하다. 그러나 카렘이 사망한 지 겨우 2개월 후인 3월 중순에는 바다를 건너 영국 신문에 카렘의 죽음과 그의 공적을 전하는 기사가 게재되었다. 당시 레이디 모건의 영향력을 나타내는 예라고 말할 수 있다.

「무슈 카렘, 요리사의 프린스」라는 이름의 이 기사는 1833년 3월 16일자 『코트 저널』에 실렸다.

"몇 주일 전에 그리뇽의 가게에 들어갔을 때, 나는 매우 정중하게 내걸린 상장 Carte en deuil(喪章)을 보고 놀랐다. 주위를 열심히 둘러보며 그 의문을 풀어줄 인물을 찾고 있던 터에 한쪽 구석에서 「라 꿔띠디엔느 지(紙)」를 읽고 있던 정통한 미식가이면서 커피 친구이기도 한 남성이 이 일에 대해 침통한 목소리로 설명해주었다. "아 친구여, 카렘이 사망했어요. 이 크나큰 손실을 슬퍼하고 있을 왕이나 외교관의 위장이 하나만은 아니겠지요. 그러나 천재가 만들어낸 창조물에 감사하기로 하죠. 그는 그 위대한 업적 속에서 계속 살아 있을 것이며 신성한 프랑스 요리의 불도 영원히 꺼지지 않을 것입니다.", "그런데 당신이 그렇게도 죽음을 애도하고 있는 카렘 씨라고 하는 분은 대체 누구입니까?"라고 나는 물었다. "솔직히 말하자면 그의 명성에 대해 나는 한 번도 들어본 적이 없습니다." 나를 보는 그 노인의 표정에서 분명 나를 미개한 야만인이라고 생각하고 있다는 것을 알 수 있었다." 078

이후에 그 '노인'은 '나'를 향해 카렘에 관한 설교를 끝없이 늘어놓기 시작했다. "위대한 요리사가, 동시에 조예 깊은 화학자가 아니란 것이 있을 수 있는 일입니까? 위대한 요리사가, 그의 일의 무한한 수레바퀴 속에서 공기나 물, 그리고 대지로부터 만들어진 것에 몰두한다는 것이, 만약 그가 자연과학자가 아니라면 과연 가능합니까? 저명한 한 명의 파티시에가 이렇게 정교하고 세밀하며 고귀한 구축물이나 직업상 표정 풍부한 엠블런이나 또는 풍요로운 앙피트리옹의 미각이라는 것을 구축하는 것, 만약 그가 화가이면서 동시에 조각가이면서 수학자이면서 건축가이면서 기술자가 아니었다면 해낼 수 있었을까요? 그럼요, 카렘은 그 전부였습니다." 078

노인이 필자에게 했다는 이 말은 아마도 필자의 창작이었을 것이다. 그러나 여기에서 말하고 싶은 것은, 카렘의 죽음 직후 그에 대한 영국인의 평가이다. 그리고 그 평가의 바탕이 된 것은 레이디 모건의 저작과 발행된 지 얼마 되지 않은 『19세기의 프랑스 요리예술』을 포함한 카렘 자신의 저작이었다.

이러한 기사는 그 뒤에도 영국에서 산발적으로 등장했다. 아브라함 헤이워드는 『런던 쿼틀리 리뷰』의 1835년 7월호에 프랑스 가스트로노미의 흥성과 영국에의 침투에 관해 논문을 썼고 그중 카렘의 업적을 몇 페이지에 걸쳐 소개하고 있다. 그러나 문장 중에 '만찬으로의 초대'에서의 긴 인용이 있는 것으로도 알 수 있듯이 내용적으로는 레이디 모건의 견해를 받아들이고 있다고 해도 좋다. 이 논문은 그 뒤의 논술과 합쳐져 한 권의 책으로 엮여 1842년에 『식사의 예술 The Art of Dining』이라는 타이틀로 출판되었다. 그 시대, 프랑스의 가스트로노미에 대한 관심은 영국에서도 상당히 고조되어 있었다.

개중에는 그 시대에 어울리는 기묘한 기사도 있었다.

1847년 3월 6일자 하그 위클리 인스트랙터 지(紙)에는 '현대의 요리사'라는 제목의 기사가 게재되어 카렘에 관해 언급하고 있는데, 여기서 필자는 "레이디 모건은 저서의 1장에 카렘을 칭찬하며 우리 국민이 그를 알고 평가할 수 있는 기회를 안겨 주었다." 079 라고 쓰고 있다. 여기까지는 문제가 없다. 그러나 바로 뒤에 "장 드 카렘은 파리에서 태어났고 그의 부친은 가난한 노동자로 쓸데없이 15명이나 되는 아이들이 있었다."라고 썼다. 이것은 말할 필요도 없이 파요가 공개한 카렘의 소년 시절의 에피소드를 그대로 유용한 것이다. 즉 필자는 레이디 모건을 참조하면서도 동시에 '교황 레오 10세 요리사의 손자'라고 하는 레이디 모건의 설을 거스르는 모순을 범하고 있는 것이다. 게다가 '장 드 카렘'은 레이디 모건이 '레오 10세에 의해 카렘의 선조에 부여된 이름'이라고 소개하고 있는 것으로(21) 이 필자에게는 카렘의 이름조차 제대로 파악되지 않았던 것을 알 수 있다.

레이디 모건과 프레데릭 파요. 이 두 명의 정보원 틈에서 아마도 당시 저널리스트들은 상당히 혼란스러웠을 것이다.

한편, 프랑스 내에서는 그가 사망한 다음해에 간행된 『유명인 백과사전 Encyclopedie des Gens du Monde(1834)』에 이미 카렘 항목이 등장하고 있다. 파요가 이 사전 집필진의 일원이었다는 것을 생각하면 이 항목의 선택에 수긍이 갈 것이다. 내용도 파요의 「카렘의 죽음」에 따르고 있다. 단지 이 항목을 집필한 것이 파요 자신은 아니었던 것 같다.

---

(21) 레이디 모간은 카렘의 조상이 레오 10세의 셰프였다는 이야기에 이어서, 그 조상이 교황을 위해 창작한 사순절(카렘)용 수프에 대한 포상으로 장 드 카렘이라는 이름을 받은 일화도 소개하고 있다.

1810년 신문에 게재된 카렘에 대한 냉소적인 기사 중에 '카푸신 거리 모서리의 그의 가게 안에서 볼 수 있다'는 대목이 있는 것처럼 카렘은 자신의 가게를 소유하고 있었다. 가게를 연 것은 아마도 1805년경의 일로 엑스트라에 전념하기 위해 장드롱의 가게를 그만둔 전후라고 여겨진다. 카렘은 이 가게를 파티스리를 판매하기 위한 점포라기보다는 엑스트라를 위한 거점으로 이용했다고 한다. 카렘 자신은 1814년경에는 이 가게를 처분한 듯한데, 가게 자체는 '카렘'이라는 이름 그대로 1860년대 후반까지 이어졌다. 가게가 있었던 장소에 관해서는 현재의 자료에서는 평화 거리(rue de la Paix)에 있었다고 많이 일컬어지지만 카렘이 관여하고 있던 때의 이 거리는 나폴레옹 거리(rue Napoleon)라고 불렸다. 1814년 나폴레옹의 실각으로 거리 이름이 바뀌었다. 또한 나폴레옹 거리는 카푸신 거리(Boulevard des Capucines)와 교차되었는데, 카렘의 가게는 그 모서리에 있었다고 한다. 『식탁의 고전』에 게재된 이 도판은 1840년대 전반의 가게 외관이다.

"그의 이름은, 요리에 종사하는 사람치고는 기묘하지만[22] 역사적인 것이 되었다. 왜냐하면 요리예술의 이론과 실천에 있어 그 이상으로 출중한 인물은 존재하지 않기 때문이다." 080

또한 1836년의 『만국인명록Biographie Universelle』에도 카렘 항목이 있는데 여기에서는 기사의 양도 대폭 늘어났다. 그러나 내용적으로는 역시 「카렘의 죽음」의 재탕에 지나지 않는다. 다만 그중 한 가지가 파요의 문장에 없는 것이니 지적해두자.

"카렘. 저명한 요리사. 그가 실행해 명예와 성공을 얻은 일에 대한 책 몇 권의 저자이며 1784년 6월 8일 파리에서 태어났다." 081

카렘이 태어난 날에 대해 구체적으로 언급한 것은 아마도 이 인명록이 최초이다. 날짜는 그 후에 대부분의 사전이나 인명록에서 카렘의 생일로 그대로 채용되고 있다. 확실히 주목해야 할 새로운 사실이라고 말하고 싶으나 유감스럽게도 이 날짜를 어디서 가져왔는지 그 근거는 불명확하다.

1840년대에 들어서면 파요의 『식탁의 고전』이나 브리포의 『식탁의 파리』 등 가스트로노미를 테마로 한 서적이나 잡지의 출판이 계속 이어져 미식 저널리즘은 최초의 전성기를 맞이한다. 카렘도 생전보다 더욱 입에 오르내리는 기회가 많아져 그 웅장하고 아름다운 식탁은 사람들의 기억 속에 찬연히 계속 빛났다. 요리계에서 카렘이라는 존재는 반 이상 신격화되어 그가 남긴 저작은 그를 숭상하는 사람들의 신성한 경전이 되었다.

이렇게 앙토넹 카렘이라는 전설이 시작되었던 것이다.

---

(22) 무엇보다 엄격한 단식기간인 사순절(카렘)과 같은 이름을 가지고 있다는 것은, 확실히 요리사로서는 기묘한 우연의 일치는 아닐까?

제5장
가스트로노미의 변모

앙드레 질이 그린 샤르르 몬슬레의 캐러커처. 오른손에 붓펜을, 왼손에는 포크를 들고 있다. 질은 1800년 후반에 발행된 신문 『라 린느 La Lune』 소속 스타일리스트로 풍속화가 특기이다. 『라 린느』는 「오늘의 인물」이라는 제목으로 매호 저명인의 일러스트를 게재했지만, 1867년 12월에 게재된 나폴레옹 3세의 캐리커처가 황제의 화를 사서, 발행정지 처분을 받았다. 그때 정부 관리가 발행인인 프랑세르 폴로에게 "라 린느는 실직할 것이다."라고 말했지만, 폴로는 새롭게 『레크리프스 L'Eclipse』라는 신문을 발행해, 거기에 실을 풍속화를 그리게 했다.

I. 환상도시 파리의 실상

1

 카렘이 주방을 뒤로하고 저술에 전념하고 있던 1820년대 말부터 1830년대 초반, 파리는 커다란 정치적, 사회적 혼란기에 있었다.

 1815년 나폴레옹의 백일천하를 거쳐 제1제정은 완전히 막을 내리고 루이 18세에 의해 복고정치가 본격적으로 시작되었으나 프랑스 혁명 후의 공화제나 제정시대에의 반발로 왕당 파에 의한 아나크로니즘Anachronism(시대착오)의 거센 바람이 프랑스에 몰아쳤다.

 복고정치기의 초기 프랑스 남부 로데스에서 일어난 원죄(冤罪, 억울하게 뒤집어쓴 죄) 사건을 소재로 한 서적 중에서 저자인 피에르 다르몽이 그 상황을 기술하고 있다.

 "백일천하의 실패는 과격왕당 파에게 불을 지펴 프랑스 남부에서 피비린내 나는 보복을 불러일으켰다. 마르세이유를 시작으로 프로방스 지방에 이르기까지 소요가 일어나 내란의 양상을 띠고 있었다. 여기저기에서 백색 테러(과격왕당 파에 의한 공화 파, 나폴레옹 파에 대한 테러)나 비열한 복수심이 사람들 사이에 격한 공포를 불러일으켜 죄가 없는 희생자를 죽음에 이르게 하고 있었다. (중략) 가는 곳마다 '정의의 아군' 일당의 손을 벗어나기 위해 공화 파나 보나파르트 주의자는 도망치며 몸을 숨겼다. 그리고 가는 곳마다 살육자들은 격한 공포를 주거나 사람의 입을 틀어막고 암묵적 합의를 얻어내기도 했다. 고발되거나 기소된 암살은 드물었다. 그 정도로 보복을 두려워하고 있었다." [082]

 이러한 정황은 파리에서도 마찬가지였다. 본래 앙시앙 레짐의 부활에 열심이었던 루이 18세의 기대마저 훨씬 넘어서는, 과격왕당 파의 맹진은 시대를 한꺼번에 중세의 암흑 속으로 되돌릴 것 같은 기세였다. 그것은 마치 지하에 매장된 죽은 자가 무덤을 뚫고 다시 지상에 올라온 것과 다름없었다. 대량의 피를 희생한 혁명의 이념도, 그것을 토대로 꽃을 피운 나폴레옹 제정기의 부르주아 문화의 무르익음도 이제는 경멸과 규탄의 대상이었다. 왕후귀족들은 복권을 이뤘고 다시 역사의 무대에 서게 되었으나 그들이 아무리 예전 영화의 복구를 원해도 한번 무너진 것이 본래대로 될 리가 없었다. 앙시앙 레짐은 귀족사회의 우아함도 장중함도 전부 잃어버린 과거의 환상이었고 복고왕정의 좀비와 같은 귀족들이 그것을 몸에 맞추려 해도 휘감은 모래처럼 무너져 사라지고 마는 것이었다.

그러한 환경 속에서 가스트로노미를 포함한 어떤 화려한 문화도 성장할 수가 없었다. 복고왕정기의 개시에 때를 맞춘 것처럼 카렘이 프랑스를 떠나 외국으로 향했고, 러시아 황제 알렉산드르 1세를 시작으로 왕후귀족의 메트르 도텔로 일한 것도 어쩌면 우연이 아닐 것이다. 갑자기 출세한 왕당 파가 제멋대로 날뛰는 파리에서는 이미 자신의 지식과 기량을 마음껏 발휘할 수 있는 그랑드 메종이나 엑스트라가 존재하지 않는다고 카렘이 굳게 믿었다 해도 이상할 것 없는 상황이 그곳에 전개되고 있었다.

그런 그가 1820년대 중반에 이르러 겨우 파리에 정착해 로스차일드 가의 일을 하게 된 것은 어떤 의미에서는 상징적이라고 말할 수 있다. 파리의 로스차일드(프랑스어의 발음으로는 로스칠드) 가의 당대의 호주였던 제임스는 남작이라고 하는 귀족으로 불리었는데, 이 칭호는 1822년 오스트리아 황제인 프란츠 1세로부터 받은 것으로 본래부터 귀족은 아니었다. 국제적인 은행가로 막대한 재산을 소유한 로스차일드 가는 그 재산으로 유럽 각국의 경제에 막대한 영향력을 미쳤고 남작의 칭호는 그 월등한 재력과 영향력으로 부여된 것이었다.

부인 베티가 예술문화 애호가이기도 해 파리의 로스차일드 가는 로시니나 쇼팽, 발자크, 들라크루아와 같은 뛰어난 예술가들을 후원함으로써 복고왕정기 이후 파리의 문화적 수호자였다. 묘지로부터 되살아난 옛날 귀족이 눈앞의 권익만을 쫓던

민중을 이끄는 자유의 여신(들라크루아 작). 7월 혁명을 찬양하는 이 유명한 그림은 1831년 살롱전에 출품되었다. 중앙에서 삼색기를 흔들면서 시민들의 기세를 돋우는 여성은 실제 모델이 있는 것이 아니라 프랑스를 상징하는 마리안느라고 하는 비유적인 존재를 묘사한 것이다. 빅토르 위고는 '레 미제라블'에서 가브로슈 소년을 쓰기에 앞서 오른쪽 옆 양손에 권총을 든 소년으로부터 영감을 얻었다고 한다.

불모의 시대에 정통적인 귀족 문화를 계승한 것은, 실은 이러한 신흥귀족이었던 것이다.

이 시대에 카렘이 진정한 앙피트리옹이라고 인정한 것이 신흥귀족 로스차일드 가였다는 것도 가난한 서민계층 출신의 카렘다운 리얼리즘이라고 말할 수 있다.

카렘이 로스차일드 가를 떠난 1829년에는 루이 18세와 그의 사후에 후계자가 된 샤를르 10세의 통치에도 확실한 한계가 보였다. 도를 넘은 회고주의가 민중의 반발을 불러와 특권을 내세우는 귀족에의 불만이 더해지고 있었다. 그리고 1830년 7월 27일, 파리의 민중은 공화제의 상징인 삼색기를 내걸고 일제히 봉기했다. 왕정군과 시민군 사이에서 시가전이 전개되어 그날 튀를리궁이, 이틀 후인 29일에는 루브르궁이 함락되었고 8월 2일에 샤를르 10세는 퇴위하여 오스트리아로 망명, 민중의 환호를 받으며 오를레앙공 루이 필립이 새로운 프랑스 왕으로 즉위했다.

오를레앙 가(家)도 부르봉 가 계통의 귀족이었으나 복고왕정과 결정적으로 다른 것은 7월 혁명이라고 불리는 이 정변을 주도한 중심인물이 작크 라피트라고 하는 은행가, 즉 부르주아였다는 점이다. 사실 이 혁명은 부르주아들의 지지를 기반으로 이루어졌으며 루이 필립을 옹립한 것 또한 부르주아들이었다. '부르주아의 왕'이라 불린 루이 필립은 입헌군주제의 기반, 대다수의 국민의 지지를 얻어 정치개혁을 실천했다.

 카렘이 저술에 온 힘을 기울이면서 너무 빠른 죽음을 향해 최후의 발걸음을 내딛고 있던 1830년대 초기의 몇 년간은 파리에 있어 결코 평온한 시기는 아니었다. 더욱이 파리의 거리 자체가 속으로 심각한 문제를 안고 있었고 그것이 바로 사회의 표층을 뚫고 분출하려 하고 있었다.

 가스트로노미의 성지인 파리의 실상은 정치적으로도 사회적으로도 결코 그 이름에 어울리는 곳이라고는 말할 수 없었다.

2

 7월 왕정이 이행되고 2년도 채 지나지 않은 1832년 3월, 커다란 위협이 파리 거리를 엄습했다. 그러나 이번 위협은 전쟁이나 테러와 같은 인위적인 것이 아니었다. 그 위협은 인도의 갠지스 하구를 근원으로 서서히 세계로 퍼져 동유럽 국가로부터 잉글랜드를 거쳐 프랑스에 침입했다.

 콜레라라는 이름으로 알려진 공포의 병으로 인해 파리에 최초의 사망자가 나온 것은 3월 26일의 일이었다. 그로부터 겨우 한 달 동안 사망자 수는 1만 3천 명까지 급증했다. 폭발적인 유행은 9월까지 6개월간 이어져 최종적으로 1만 8천 명 이상의 사망자를 내게 되었다.

 파리의 시민은 누구든 죽음의 공포에 떨었고 거리의 기능은 완전히 정지되었다.

 "프랑스의 수도가 무서운 병의 제물이 되었고 이 병에 대응할 방법도 뚜렷이 없으며 그것이 언제 끝날지도 정확히 모르며 그 맹위가 어느 정도의 것인지도 예상할 수 없었던 그때에, (중략) 더군다나 거리에서는 숨이 끊어질 듯한 환자나 이미 죽은 자를 들것으로 가까운 병원에 옮기는 비참한 광경이 펼쳐지던 때, 또는 커다란 사륜마차를 덮은 음산한 천막이 바람에 휘날려 가득 실려 있는 많은 관이 모습을 드러내는 무서운 광경을 거리에서 볼 수 있을 때, 이러한 때에 고뇌와 공포는 여지없이 부풀어 올라 파리에 있으면 반드시 죽음이 찾아들 것이라고 생각한 시민은 파리가 그들의 묘지가 될 것이라고 여겨 그곳으로부터 탈출을 서두르고 있었다." (키야스 아키라(喜安 朗)『파리의 성(聖) 월요일』중 '파리 및 센 마을의 콜레라의 유행과 결과에 관한 보고'를 인용) 083

　유럽을 뒤덮은 병마로는 페스트가 옛날부터 알려져 있다. 흑사병이라는 이름의 이 전염병에는 늘 중세의 냄새가 따라다니는데, 실제로 프랑스는 18세기까지 그 위협으로부터 벗어날 수가 없었다. 마지막으로 대유행했던 1720년대 초반 마르세이유의 사망자 수는 약 4만 5천 명. 이것은 당시 마르세이유 전인구의 거의 반에 해당된다. 모니크 루스트에 의하면 "외과의 견습생 전원과 대다수의 헌옷가게, 어부가 사망했다." 그렇기 때문에 "1723년 사순절에 주교는 거의 손에 넣을 수 없는 고가의 생선 대신 달걀과 우유를 사용할 것을 결정했다."라고 말한다. 084

　성직자마저 교의를 저버리지 않을 수 없을 정도의 절박한 상황이었다는 것을 알 수 있다.

　이러한 전염병 유행의 온실이 된 것은 평소의 열악한 위생환경이었다. 1832년 파리의 콜레라 유행도 역시 그러했다.

　파리는 아름다움과 예술의 도시이면서 패션의 중심지라는 화려한 이미지를 가지고 있어 현대의 우리에게는 믿기 어려운 일이지만 옛날의 파리는 '세계에서 가장 불결한 도시'로 불리었다. 그것도 그렇게 먼 옛날이야기가 아니다. 지금으로부터 겨우 150년 전인 19세기 중반까지 그러했다. 콜레라의 대유행이 결코 의외의 일은 아니었다.

　파리는 왜 그렇게까지 더러웠을까? 19세기의 역사저술가 알프레드 프랑크랑은 '위생'이라는 제목의 저술 중에서 이렇게 쓰고 있다.

　"변소는 파리에서는 여전히 매우 드물었다. (중략) 대부분의 시가지에서 가옥의 소유자는 이 가옥에 20~25명의 가족이 거주하고 있는 경우에도 변소 만드는 것을 피해왔다. 이것이 대부분 심한 악취의 원인이 되었다. (중략) 변소가 없었기 때문에 그것을 대신할 것이 필요했는데, 거리가 그 역할을 맡았다. 마을에서 심한 냄새를 발산하지 않는 장소는 없었고, 안전하게 걸을 수 있는 장소 또한 없었다. 네거리, 교회 주변, 가장 북적이는 거리는 악취를 내는 대변 투성이었다. (중략) 루브르 궁조차 구역질나는 양상을 보였다. 즉 중정원, 계단, 발코니, 문 뒤편에선 방문자들이 그들의 욕구를 해소했고 궁정인들은 누구도 그것을 저지하지 않았다. 모두 벌건 대낮에 이루어졌으며 감추려고도 하지 않았다." 085

이것은 17세기의 이야기이지만 18세기, 19세기가 되어도 파리의 위생 상태는 비슷했다. 변소의 수는 늘었지만 그것은 매우 간이적인 것으로 정화장치도 없었고 오물은 지하에 묻은 다음 하수구에 흘려보내거나 또는 오물 수거인이 대소변을 퍼내어 몬포콘 등의 투기장에 갖다 버렸다. 하수구에 흘려보내든지 몬포콘에 버리든지 그것은 최종적으로는 동일한 목적지에 도달하게 된다. 바로 센 강(江)이다.

세바스티앙 메르시에가 1782년에 이렇게 썼다.

"오물 수거인은 또, 용변을 시외(몬포콘을 가리킴)로 운반하는 번거로움을 줄이기 위해 동틀 녘이 되면 하수나 도랑에 버린다. 그 무시무시한 침전물은 도로를 따라 센 강을 향해 천천히 흐르면서 결국 그 강변을 오염시키는데, 아침이 되면 그곳에서 물장수가 통에 물을 긷고 그 물을 아무것도 모르는 파리 사람들이 마시는 것이다." 020

센 강의 물은 대다수의 파리 시민의 생활수였다. 상수도가 개발되지 않았던 19세기까지 사람들은 시내에 설치된 50군데 남짓의 급수장까지 일부러 가서 물을 받은 무거운 통을 짊어지고 집까지 옮기거나 그렇지 않으면 물장수로부터 물을 사는 것 이외에는 물을 구할 방법이 없었다. 어느 것이나 그 물은 많든 적든 간에 오염되어 있었다.

거리를 뒤덮고 있는 오싹함이나 분뇨, 진흙, 참기 힘든 악취, 더러운 물. 그것

파리 빈민가 뒷골목 풍경. 거리에는 남자들이 치고받으며 싸움을 하고 위층의 창문에서는 싸움을 말리려고 물을 끼얹고 있는데, 이것은 오히려 역효과를 냈을 것이다.

은 파리의 거리가 수세기에 걸쳐 골머리를 앓던 병의 원인이었다. 그리고 그곳에 프랑스 혁명 이후의 급격한 인구증가가 더 큰 문제를 초래했다. 파리는 순식간에 물부족 위기에 처했다. 그것을 해소하기 위해 우르크 운하의 건설이 진행되었는데, 1825년 운하의 완성만으로는 문제 해결이 되지 않았다. 해결은 고사하고 오히려 문제가 확대되었다고 키야스는 지적한다.

"우르크 운하에 의한 급수양의 확대는 또 다른 심각한 문제를 야기시켰다. 그것은 관련된 파리의 시설 정비가, 물양의 확대에 좀처럼 따라가지 못한다는 것이었다. 도로의 정비와 하수도의 건설이 급수양의 확대에 동반되지 않는 한 파리는 더러운 물로 넘쳐나게 될 것이다." 083

이러한 위생상의 다양한 문제를 껴안고 그것에 대한 유효한 수단을 강구할 방도가 없는 채로 1832년에 파리는 콜레라의 맹위에 처하게 된다.

카렘이 사망한 1833년 1월은 파리의 콜레라가 종식되고 몇 개월이 지나지 않은 때였다. 파리 시민은 아직 그 공포로부터 회복되지 못했고 어느 묘지나 넘쳐나는 사망자와 무리하게 이장해서 급조한 묘로 가득 찬 상태였다. 희대의 요리사로 그 이름을 알린 카렘이지만 그의 죽음은 적적하면서도 무관심하게 장례가 치러졌다고 한다. 아마도 사망자가 넘쳐났던 수개월의 불길한 여운이 아직 파리 시내에 질게 남아 있어 카렘이든 누구든 극진하고 정중하게 죽음을 애도할 여유가 사람들의 마음에 남아 있지 않았을 것이다.

19세기의 막을 여는 것과 동시에 꽃을 피우고 휘황찬란한 양상을 띠던 파리의 가스트로노미도 일단 현실을 바라보면 불결과 비위생으로 뒤범벅된 파리의 실상 위에 구축된 환상과도 같은 것이었다고 말할 수 있다. 그러나 그 환상 자체가 파리를 더할 나위 없이 매력적으로 보이게 했고 프랑스 국내는 물론 세계적으로도 사람들을 끌어당기는 원천이기도 했다.

당연한 일이지만 시간의 흐름과 함께 실상 또한 변한다. 부정적인 부분이 조금씩 극복되면 그 위에서 흔들리던 환상도 실체를 얻게 되는 것이다. 카렘 사후에 가스트로노미가 서서히 변모되어 가는 이유도 역시 여기에 있다.

파리의 가스트로노미는 이렇게 새로운 단계를 맞이하게 된다.

II. 그리모의 재고(再考), 그 빛과 그림자

1

가스트로노미의 변모에 발을 들여놓기 전에 잠시 다른 길을 들러볼까 한다.

19세기 초반 파리의 가스트로노미 흥성에 큰 기여를 한 그리모 드 라 레니에르는 그 후 어떻게 되었을까? 그리고 그의 활동은 후세에 어떠한 영향을 끼친 것일까?

그리모가 심혈을 기울였던 『식통연감』이 1812년 제8권을 마지막으로 기세가 꺾일 수밖에 없었던 이유는 제3장에서 이미 밝힌 바 있다. 그 후, 그리모는 가스트로노미에 관계된 문필활동을 대부분 멈춰버린다. 『식통연감』에서 거론된 가게나 요리 선정이 불공평하고 제멋대로라는 비난이 계속해서 터져 나왔고, 그러한 샴라만

상의 온갖 소란에 그리모가 진력이 났다는 것이 그 이유 중 하나인 것은 확실하다. 그러나 그뿐만이 아니었다. 그 시대 파리의 공기 자체가 그리모, 그리고 그가 구현한 구르망디즈(식도락)에 대해 너그럽지 못했기 때문이다.

1812년, 무슨 일이 일어난 것일까?

그해 6월 23일, 나폴레옹은 러시아 침공계획을 실행에 옮긴다. 70만 명에 이르는 대군을 보내 9월 14일에 모스크바를 점령했으나 러시아를 굴복시킬 수는 없었다. 러시아군은 과감하게 반격했고 1개월 남짓의 전투 후에 나폴레옹군은 결국 모스크바로부터 퇴각했다. 러시아는 이미 혹독한 겨울에 접어들어 있었다. 퇴각군의 비참함은 극에 달했고 추위와 배고픔, 피로에 병사들은 차례차례 길 위에 쓰러졌다. 70만 명을 넘었던 병사들 중 프랑스에 살아 돌아온 것은 겨우 2만 명 남짓. 카렘의 스승이라고 불리던 라귀피에르가 퇴각하는 마차 속에서 동사한 것도 이때의 일이다.

나폴레옹의 러시아 원정의 대패는 프랑스의 공기를 일변시켰다. 그때까지 모든 전쟁에서 승리를 거둬왔던 나폴레옹의 불패신화가 처음으로 깨진 것이다. 그것은 말하자면 마치 지금까지 꽉 차 있던 바닷물이 한순간에 빠져나간 것과 같았다.

그렇기 때문에 사회 분위기는 실질적인 것을 중시하는 경향으로 흘러가고 있었다. 밤이면 밤마다 화려한 만찬회를 열고 호사스런 향락을 탐닉하는 구르망들을 매서운 눈으로 바라보는 것은 어쩌면 당연한 것이었다. 자일스 맥도노는 그러한 사회 상황을 1812년에 간행된 『식통연감』의 마지막 권에 대한 언론의 신랄한 평가를 통해 알 수 있다고 말하며 가제트 드 프랑스La Gazette de france 지(紙)에 게재된 서평을 소개하고 있다.

"지난해에는 『식통연감』이 출간되지 않았으므로 나는 이 서적도, 저자인 늙은 애호가도 영락없이 소화불량으로 사망했다고 생각했는데, 이 양쪽 다 우리의 눈앞에 예전보다 더 살찌고 건강한 모습으로 나타났다. (중략)" [036]

이어 맥도노는 "조롱 섞인 첫머리에 이어 서평은 더욱 악의가 가득하다. 『식통연감』을 '인간이 지니는 모든 악덕과 미친 듯한 열정에 대한 변명의 글이며 이 늙은 애호가에게 도덕이나 종교에 대해 설명해도 그는 그저 엷은 웃음만을 띤다. 그것은 현명한 것이라고는 말할 수 없다.' 076 라고 쓰고 있다."라고 덧붙이고 있다.

이것은 제4장에서 소개한 카렘의 건축 지식에 기초한 피에스 몽테를 비웃은 신문의 악의에 가득찬 기사를 연상시키지 않는가? 카렘은 이러한 저널리즘에 적대심을 불태우며 분발했지만 자신도 저널리스트였던 그리모는 자신의 전신이라고 할 수 있는 신문의 비방기사에 큰 정신적 타격을 입고 그로부터 두 번 다시 회복할 수 없었다.

이 기사가 직접적인 동기가 되었는지는 확실하지 않다. 하지만 『식통연감』 제8권의 간행을 마지막으로 그리모는 가스트로노미 문학의 정식무대로부터 퇴장한다. 1812년 5월 26일에 연 '시식심사회'를 마지막으로 그는 6월 파리 근교의 빌리에 쉬르 오르주Villiers-sur-Orge의 별장에서 생활하게 된다. 사람을 싫어하는 그의 성격은 나날이 격해졌고 만년이 되자 가족이나 가장 가까운 친구를 제외하곤 빌리에 쉬르 오르주의 그리모 저택을 방문하는 사람은 거의 없었다. 끝까지 친구로서 인연을 나눈 조세프 로크[1]가 그러한 그리모의 만년을 그의 저서에서 기술하고 있다.

"그리모의 이름을 들으면 우리는 우리의 오랜 친구 그리모 드 라 레니에르를 떠올리지만 대중들은 어쩌면 그 유명한 미식가가 이 세상에 없다고 생각할지도 모른다. 『식통연감』의 저자는 아직 살아 있으며 매력적인 롱퐁의 골짜기에서 오늘도 먹고 소화시키고 잠자고 있다고 보증한다. 실제로 나는 겨우 몇 주 전에 그곳을 방문

---

[1] Josephe Roques(1772-1850). 의사. 식통으로도 알려져 있으며, 쿳시 백작과 함께 은퇴한 그리모와 마지막까지 왕래하였다. 그리모의 말년을 묘사한 이 문장은, 그의 4권짜리인 『신·유용식물개론』의 제3권에 수록된 '토마토 알 라 파르시 그리모'라는 요리의 설명에 부수되어 쓰인 것이나 오히려 로크는 이 문장을 쓰고 싶었기 때문에 그리모의 이름이 붙은 요리를 냈다고 말하는 것이 정확하다.

하고 왔다. 그러나 그는 변하고 말았다. 재치와 생기가 넘치고 독창적이고 정열적인 그러면서도 냉소적인 언어의 소유자였던 그가 지금은 빛으로부터 몸을 숨긴 저승 그림자와 같이 변했다. 시험 삼아 그에게 『식통연감』이나 『앙피트리옹의 입문서』의 이야기를 건네도 그는 거의 반응을 하지 않는다. 단지 그의 괴로움을 끝내줄 죽음이 와주기만을 기다리고 있다. (중략) 아침 9시, 그는 하인을 벨로 불러 불평을 늘어놓으며 수프를 가져오게 한다. 그리고 그것을 먹어 치운다. 소화가 시작되고 그의 위와 뇌가 반응하면 그는 그제야 평온함을 되찾는다. 그리고 그때는 죽음에 관한 이야기도 하지 않는다. 그는 파리의 최신 정보나 아직 살아 있는 늙은 구르망들의 일을 온화한 말투로 묻는다. 소화가 일단락되면 그는 말하는 것을 멈추고 몇 시간 잠이 든다. 눈을 뜨면 다시 불평을 늘어놓으며 죽고 싶다고 부르짖는다." [086]

1837년 12월 25일 오전 11시, 안락의자에 앉은 그리모는 부인인 아데레이드를 불러 물 한잔을 부탁한다. 그녀가 그리모에 컵을 건네자 그는 "지금 이 순간, 신 앞에 있으며 나는 가장 무서운 원수와 화해하고 싶다고 생각한다."라고 말하고 물을 마신 다음 숨을 거뒀다. 79세였다.

2

그리모의 죽음은 일반에게는 거의 알려지지 않았다. 죽은 지 3주가 지난, 다음 해 1월 14일자 주르날 데 데바 지(紙)에 겨우 사망기사가 게재되었다. 하지만 제3면 구석에 그것도 다른 기사에 묻히듯 실린 "『식통연감』의 유명한 저자인 그리모 드 라 레니에르 씨가 파리 교외에서 사망했다. 그는 1758년 11월 20일 출생했다."라는 고작 3줄짜리 기사였다.

그의 업적을 고려하면 너무나도 초라한 취급이지만 세상을 등지며 살아온 생애 마지막 20년을 생각하면 세상 사람들로부터 잊혀졌다고 해도 이상할 것이 없을 것이다.

『식통연감』의 연속 간행을 단념한 뒤에도 그리모는 글쓰기 자체를 그만둔 것은 아니었다. 1814년 3월에는 친구인 제프리 씨의 일 일부를 넘겨받는 형태로 주르날 드 랑피르Le Journal de l'Empire 지(紙)의 연극평론을 담당하게 되었다. 그러나 나폴레옹의 실각에 따라 동맹국이 파리를 점령하자 주르날 드 랑피르 지는 폐간되었고(2) 그리모는 겨우 얻은 일을 잃고 만다. 게다가 동맹국은 파리에서 거처할 곳으로 샹젤리제의 그리모 자택 일부를 압수, 영국 장군 웰링턴의 거처로 삼았다. 그것 또한 그리모가 빌리에 쉬르 오르주의 별장에서 은둔하며 지내게 되는 원인 중 하나가 되었다고 생각할 수 있다. 데누아르스트레의 그리모 전기가 이를 뒷받침하고 있다.

"빌리에 쉬르 오랑주를 손에 넣고 처음 2년 정도는 라 레니에르가 그곳에 체재하는 일은 많지 않았다. 그가 완전히 은퇴하겠다고 결심한 것은 1814년에 『주르날 드 랑피르』지의 일로부터 내몰린 후였다." 041

어쨌든 복고왕정기의 파리는 그리모의 이상인 파리와는 완전히 달랐다. 이제는 어디에도 그가 설 장소는 없었다. 아무리 싫더라도 시골의 별장에서 은둔하듯 지낼 수밖에 없었을 것이다.

이렇게 그리모는 샤를르 몽스레가 한탄했듯 '잊혀져버린 사람'이 되어버렸다. 그러나 가스트로노미에 있어 그의 영향력이 그것으로 소멸해버린 것은 아니다. 다양한 방면에서 그리모의 가스트로노미는 굳게 뿌리를 내리고 있었다. 하지만 그것은 그리모가 반드시 좋아할 만한 형태로 결실을 맺은 것은 아니었다. 맥도노는 그리모가 만년에 직면하지 않으면 안 됐던 몇 가지 시련에 대해 쓰고 있다.

"그 하나는 레온스 티에세와 오라스 라송에 의한 해적행위, 즉 강도질이었다.

---

(2) 주르날 드 랑피르 Journal de l'Empire 지(誌)는 '나폴레옹의 실각 후에 그의 명칭 『주르날 드 랑피르(제정신문)』가 부정하다고 하여 당국에 의해 폐간명령이 내려지고, 더욱 온건한 '주르날 드 데바(논단신문)' 라는 이름으로 변경되어 재간행되었다. 그러나 그곳에 그리모의 거처는 이미 준비되어 있지 않았다.

V. 가스트로노미의 변모

『신(新) 식통연감』에 삽입된 그림. 삽화는 오리지널 『식통연감』과 아주 흡사하다. 이것이 그리모를 표절했다고 보는 것도 무리는 아니다.

그들은 A.B.드 페리골의 이름으로 1825년과 1826년, 1827년에 『신(新) 식통연감』이라는 서적을 출판했다. 그리모는 자신의 책 재편집을 염두에 두고 있었기 때문에 본래는 자신의 일이었어야 할 책을 두 사람이 만들어버린 것에 대해 매우 놀랐다. 게다가 그 책에는 선구자인 옛 가스트로놈(그리모를 가리킴)을 위한 특별한 헌사 역시도 없었다. 또한 그의 저서의 표절판과 때를 같이해 그리모는 훨씬 심각한 서적 간행에 직면하지 않으면 안 됐다. 브리야 사바랭의 『미각의 생리학』이었다. 036

『구르망법』의 저자, 오라스 라송이 그의 책에서 사바랭의 『미각의 생리학』을 찬양하고 있는 것은 제3장에서도 잠시 언급했었는데, 『신(新) 식통연감』은 타이틀에서도 확실히 알 수 있듯 『식통연감』의 노골적인 재탕이다. 저작권 의식이 낮았던 19세기 프랑스에서는 이러한 표절이 아무런 비난도 없이 활개를 쳤다. 평판 좋은 서적의 아이디어와 요소를 약삭빠르게 차용해 책을 만드는 안이한 수법은 현대에서도 볼 수 있으나 『신(新) 식통연감』은 마치 그리모의 신작이라는 생각이 들게 할 정도의 당당한 확신범(確信犯)이었다.

한편, 사바랭의 『미각의 생리학』은 그리모의 표절이라고 잘라 말하기에는 다소 무리가 있을지 모른다. 그러나 『미각의 생리학』의 많은 부분이 『식통연감』을 따르고 있다는 것이 현재로서는 거의 정설에 가깝다. 맥도노도 그것을 언급하면서 사바랭이 1804년 뉴욕의 친구 앞으로 보낸 편지 중 『식통연감』의 첫 권을 읽었다고 알리며 '스타일과 내용 모두 비할 바 없는 장점을 가지고 있는 작품'이라고 쓴 사실을 밝히고 있다. 036 사바랭이 그리모의 강한 영향을 받아 『미각의 생리학』을 쓴 것은 틀림없다.

이전의 건강한 그리모였다면 즉시 공격적인 태도로 사바랭을 비난했겠지만 연단의 정식무대를 떠나 이미 10년 이상이 흐른 시점이었기에 완전히 그 기력을 잃어버렸다. 또한 그때 이미 사바랭이 고인이었다는 점도 조용히 이 베스트셀러를 받아들이게 했다. 이것 역시 제 3장에 이미 쓰여 있는 대로이다.

맥도노는 그리모와 사바랭의 비교에 관해 "『미각의 생리학』은 문학작품이지만 『식통연감』은 단순히 소재를 끌어 모은 것에 지나지 않는다."라는 발자크의 신랄한 평을 소개하고 있다. 그러나 당시의 젊은 발자크가 『구르망법』의 저자와 매우 가까운 관계에 있었으며 『신(新) 식통연감』의 제작에도 관련되어 있었을 가능성이 크다는 것을 생각하면 이 대작가의 말을 액면 그대로 받아들일 수는 없다.

『신(新) 식통연감』이든 『미각의 생리학』이든 그리모를 논하는 서적이 잇달아 등장하는 배경에는 다양한 칭찬과 비방에도 불구하고 그리모 드 라 레니에르의 존재가 저작을 통해 가스트로노미의 저널리즘에 큰 영향을 끼쳐왔음을 의미한다.

카렘이 주위에 많은 적을 만들면서도 요리의 세계에 새로운 방향을 제시한 것처럼, 그리모 역시도 자신의 영역인 저널리즘의 세계에서 가스트로노미의 새로운 방향을 제시했다. 지금은 당연한 것처럼 되어버린 미식 저널리즘이라는 장르를 최초로 만들어낸 것이 그리모가 아니라 하더라도 그것을 문학의 영역으로 끌어올려 만인이 인정하는 문화로 정착시킨 것은 틀림없이 그리모의 공적이다. 그리모 없이 사바랭은 결코 『미각의 생리학』을 쓸 수 없었을 것이다. 그것은 발자크라 하더라도 부정할 수 없는 사실이다.

실의 속에서 세상을 떠난 그리모이지만 실제로는 카렘과 함께 가스트로노미의 지표에 절대로 꺼지지 않는 업적을 확실하게 남겼다.

Ⅲ. 가스트로노미를 계승하는 사람들

1

카렘이 세상을 떠나고 그리모도 무대에서 물러난 후, 가스트로노미의 불꽃은 한동안 그 빛을 잃은 듯 보였다. 7월 왕정에 의해 파리는 안정을 되찾았고 사람들도 다시 여유가 생겼으나 카렘의 부재를 메울만한 뛰어난 요리사와 그리모처럼 가스트로노미의 본질을 구현하는 구르망이 없었다.

그러나 카렘과 그리모는 그들의 활동 속에 새로운 씨앗을 남겨두었다. 카렘은 어쩌면 의도적으로, 그리모는 아마도 자신은 그것을 눈치채지 못한 채 각각의 영역에서 다음 세대를 이을 후계자를 키우고 있었다.

카렘에게는 많은 제자가 있었다. 이안 켈리가 『궁정요리사 앙토넹 카렘』에서 "앙토넹은 제이를 사위로 삼아 뒤를 잇게 하고 싶었다."[067]라고 묘사한 제이가 그중 한 명이고, 카렘 사후에 『19세기의 프랑스 요리예술』의 제4권과 제5권을 완성시킨 아르망 플뤼메레도 그중 한 명이다. 제자들 중에는 후세에 이름을 남긴 뛰어난 요리사도 적지 않다.

예를 들어 찰스 엘름 프란차텔리는 런던 태생의 이탈리아계 영국인으로, 젊은 시절을 프랑스에서 보내며 요리사에 뜻을 두고 카렘 밑에서 일했다. 영국에 돌아가서는 몇몇 귀족 자택의 셰프로 근무한 후 런던 사교 클럽의 명문, 크락포드의 지배인으로 솜씨를 발휘했다. 그 뒤에는 빅토리아 여왕의 요리사나 이탈리아 클럽의 지배인 등 일관되게 햇빛이 비치는 길만을 걸었다.

프란차텔리의 공적은 영국의 상류계급에 카렘식의 프랑스 오트 퀴진을 보급시킨 것이다. 하지만 그의 활동범위는 영국에 한정되며 파리의 가스트로노미에는 어떠한 기여도 하지 않았다. 몇 권의 요리서를 썼으며 각 첫머리에 '유명한 카렘의 제자'라는 칭호도 잊지 않고 첨부하고 있지만 프랑스에서는 프란차텔리의 이름은

줄 구페(Jules Gouffé, 1807-1877)

거의 알려지지 않았고 카렘과의 연관성도 인식되지 않은 듯하다.

카렘의 제자로 파리의 가스트로노미 발전에 공헌한 인물로는 역시 누가 뭐래도 '아돌프 뒤글레레'와 '줄 구페'를 꼽을 수 있을 것이다.

뒤글레레는 프란차텔리와 같은 해인 1805년 보르도에서 태어났고 카렘이 메트르 도텔로 근무한 로스차일드 가의 주방에서 견습생으로 일했다. 그는 1848년 로스차일드 가를 그만둔 후 '트와 프레르 프로방스'나 '카페 앙글레' 등 당시 최고 레스토랑의 셰프로 근무하며 그의 이름을 가스트로노미의 세계에서 부동의 것으로 만들었다. 교양인으로 알려져 있으며 알렉산드르 뒤마는 『요리대사전』의 집필을 위해 그에게 여러 차례 조언을 구했다고 한다.

한편, 구페는 카렘의 진정한 후계자라고 말할 수 있을 것이다. 그것은 단순히 구페가 카렘 밑에서 일했기 때문만은 아니다. 구페 또한 몇 권의 요리서를 냈는데, 그 중 한권인 『파티스리의 책』 서문에 그는 이렇게 적고 있다.

"뛰어난 파티시에는 어렵지 않게 숙련된 퀴지니에(요리사)가 된다. 반대로 퀴지니에가 위대한 파티시에가 되었다는 이야기는 들어본 적이 없다. 브리야 사바랭이

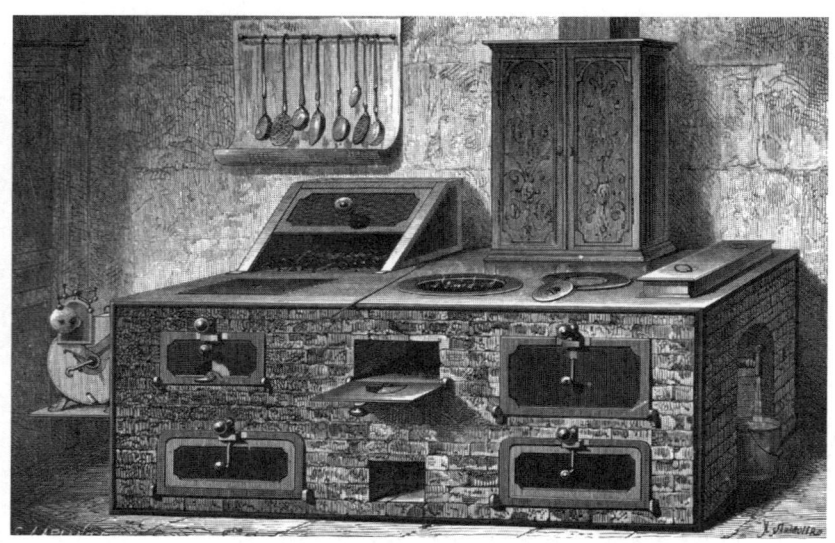

『요리의 책』에도 『파티스리의 책』에도 삽화가 다수 삽입되어 있다. 이 그림은 『요리의 책』에 게재된 당시의 전형적인 화덕.

말한 "사람은 퀴지니에가 된다. 그러나 로티쇠르(고기구이 장수)는 타고나야만 한다."⁽³⁾ 라는 유명한 격언에는 어긋나지만 뛰어난 파티시에는 역시 뛰어난 로티쇠르가 된다. 왜냐하면 로티쇠르의 기술은 간단히 말하면 시계를 보는 것으로 완성되고, 이것은 타고나는 재능이 아니라 시계의 문제이기 때문이다." 088

카렘과 마찬가지로 구페의 요리사로서의 출발도 파티시에였다. 파티시에의 지식과 기술을 베이스로 해 다양한 장르로 발전시킨다고 하는 발상은 바로 카렘의 생각 그 자체였다.

---

(3) 『미각의 생리학』의 첫머리 20개의 아포리즘의 15번째에 기재된 것으로 원문은 "on devient cuisinier, mais on naît rôtisseur."

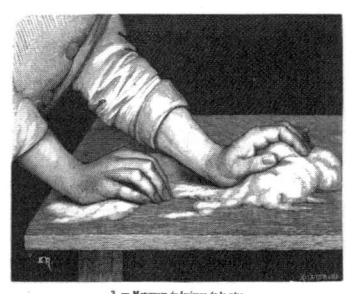 

3. — Manoeuvre du fraisage de la pâte.   17. — Feuilletage. — 3ᵉ opération.

구페의 책은 초보자도 이해하기 쉽게 하기 위해 여기저기 노력한 흔적이 보인다.
이 그림도 그중 하나로 작업 공정을 한눈에 알 수 있다. 『요리의 책』 중에서.

카렘의 출발점이 바이이 가게였듯이 구페의 출발점도 파티시에의 가게였다. 단, 카렘과 달리 그는 가족으로부터 버림받지도 않았으며 독학으로 모든 것을 공부할 필요도 없었다. 철이 들 무렵부터 익숙했던 그 가게를 경영하던 사람이 파리에서 꽤나 이름난 파티시에 루이 구페, 즉 그의 아버지였기 때문이다.

구페가 카렘 밑에서 일하게 된 계기에 관해서는 많은 자료에 소개되고 있는데, 이것도 『파티스리의 책』에서 구페가 확실하게 밝히고 있다.

"내가 이 숙련된 교사(카렘을 가리킴)의 지도 하에 경력을 쌓기 시작한 것은 열여섯 살 때부터였다. 아버지의 가게를 위해 쇼윈도 장식용으로 제작한, 파스티야주로 만든 2개의 바구니와 파트 다망드로 만든 피에스 몽테에 눈길을 멈춘 그 뛰어난 인물이 나에게 관심을 갖고 나를 데리고 갔던 것이다.

최초의 임무는 1823년 파리에서 치러진 앙글렘 공의 스페인 원정[4]을 축하하는 대무도회였다. 잊을 수 없는 그 파티에서 우리들은 7천 명분의 요리를 준비했다. 카렘의 담당은 찬 요리로 18개의 테이블에 설치된 100개의 커다란 피에스와 20개의 테이블에 설치된 300개의 앙트레였다. 총 17명의 요리사가 동원되었으며 4일간 쉼

장식용 쉬크르 티레의 작업 방법을 설명한 그림. 『파티스리의 책』중에서.

없이 작업했다." 088

구페는 카렘을 따라 로스차일드 가에서도 일했으며 이러한 도제관계는 카렘이 로스차일드 가를 떠나는 1829년까지 7년간에 걸쳐 이어졌다.

구페는 카렘의 요리를 계승하면서 한편으로는 새로운 시대에 어울리는 것으로 발전시켰다. 구체적으로 그가 쓴 최초의 서적 『요리의 책 Le Livre de Cuisine(1868)』에서 그는 당시의 요리서에서 흔했던 '누구를 위한 요리인가'에 대한 대상의 애매함을 배제했다. 서문에서 구페는 "통상의 요리서에서는 소규모petit 요리와 대규모grande 요리, 단순한 요리와 더욱 복잡한 장르의 요리가 혼동되어 기재되어 있으며 그로 인해 오늘날의 요리기술이 발전되지 못하고 있다."라고 적으면서 "이 책은 명확하게 두 부분으로 나뉬다. 즉 하나는 가정용 요리이며, 또 다른 하나는 상류계급의 요리cuisine d'extra이다."라고 각각의 대상을 확실하게 분리해서 밝히고 있다. 이것은 카렘이 그의 저작에서 시험한 '단순

---

(4) 앙그렘 공(公) 이를테면 루이 앙토안느는 프랑스 왕 샤를르 10세의 장남이다. 1823년 스페인에서 왕정 타도의 혁명이 일어났을 때, 앙그렘공은 왕당 파를 지원하기 위해 프랑스군을 지휘하여 스페인으로 향하고 스페인 왕 페르난도 7세의 복위에 공헌했다. 구페가 쓰고 있는 만찬회는 앙그렘 공이 스페인 원정으로부터 귀국했을 때 열린 것으로 생각되나 그렇다 하더라도 회식자가 7,000명이라는 것은 놀라운 것이다. 또 왕가의 대만찬회에서 이런 규모는 결코 드물지 않았던 것 같다.

놀랍게도 이 원서에서는 이 그림이 이미 컬러로 인쇄되어 있었다. 왼쪽은 여러 종류의 가토, 오른쪽은 여러 종류의 프티 가토가 있다. 『파티스리의 책』 중에서.

한 요소로부터 복잡한 구성으로의 분류'를 구페 나름대로 한층 더 추구하면서 얻은 결론이었다.

구페가 단순하면서도 이해하기 쉽게 기술함으로써 요리서는 처음으로 요리에 뜻을 둔 모든 사람들에게 유용한 실용서적이 됐다. 『요리의 책』이나 『파티스리의 책』이 현대에서도 요리서의 기본이 되고 있는 이유 역시 바로 이 실용성에 있다. 19세기 후반에 출판된 이 서적을 현대의 요리사들이 본다면 거기에 적힌 모든 레시피를 그대로 사용할 수 있다는 것에 놀랄 것이다.

구페는 1840년 자신의 가게를 포부르 생토노레 거리에 열어 인기를 휩쓸었지만 1855년 병으로 인해 요리계를 은퇴했다. 그러나 알렉산드르 뒤마를 시작으로 당시의 이름 높은 구르망들의 강한 요청에 의해 1867년 파리 쟈키 클럽의 오피시에 드 부셰(식사 관리인)로 다시 주방에 선다. 파티시에 겸 퀴지니에로서의 실력에 덕망도 높았다는 것을 살펴볼 수 있는 에피소드이다.

2

뒤글레레도 구페도 카렘의 교육을 받으며 성장한 요리사지만 그들의 활약이 명성으로 이어지는 것은 1850년대 이후의 일이다. 즉 카렘의 은퇴 후 약 20년간 카렘에 조금이라도 견줄 수 있는 요리사는 나타나지 않았다.

이 기간, 파리의 가스트로노미는 결코 쇠퇴한 것이 아니다. 7월 혁명에 의한 왕정으로 안정된 사회에서 부르주아는 또다시 세력을 되찾았고 멋을 한껏 부린 문화를 부흥시키고 있었다. 고급 레스토랑은 변함없이 번성했고 브리야 사바랭 덕분에 가스트로노미에 대한 관심도 높아지고 있었다. 그러나 가스트로노미는 그 본질이 조금씩 변해가고 있었다. 그것은 가스트로노미에 대한 사회의 요구가 변화되고 있었기 때문이다. 그리고 그 요구의 변화에 대응할 수 있는 요리사가 성장하기 위해서는 20년이라는 시간이 필요했던 것이다.

그 변화를 1860년대 이후 레스토랑의 주방에서 표현한 것이 뒤글레레였으며 요리서의 형태로 적어 넣은 것이 구페였다. 그리고 여기에 또 다른 한 명, 카렘의 직접적인 제자는 아니지만 19세기 후반의 가스트로노미의 새로운 발전을 이루는 데 빼놓을 수 없는 요리사가 등장한다.

위르뱅 뒤부아는 프랑스 남부의 토레에서 1818년 태어났다. 세잔의 그림으로 유명한 생 빅투아르 산에서 가까운 마을이다. 뒤부아의 요리사로서의 경력은 로스차일드 가의 주방에서부터 시작된다. 즉 카렘이나 구페, 뒤글레레가 걸어온 길을 그도 거친 것이다. 뒤부아가 로스차일드 가의 당시 요리장인 루이 하스 밑에서 일하기 시작한 것은 카렘이나 구페가 그곳을 떠난 후 한참이 지나서였다. 즉 함께 일을

뒤부아의 『예술적 요리』 맨 처음 부분에 몇 개의 전형적인 작업장 그림이 게재되어 있다. 이것을 보면 뒤부아의 근대(近代)성과 조직지향을 잘 알 수 있다. 위는 퀴진 작업장, 아래는 파티스리 작업장이다.

V. 가스트로노미의 변모

한 것은 아니다. 그러나 그 당시의 로스차일드 가의 주방에는 아직도 카렘이 구축한 시스템이 깊숙이 남아 있었다. 간접적이기는 하지만 뒤부아 역시 카렘의 영향을 받지 않을 수 없었던 것이다.

한편, 뒤글레레는 뒤부아의 견습 기간 동안 로스차일드 가의 주방에 몸담고 있었다. 후에 뒤부아가 카페 앙글레에서 일하게 된 것은 뒤글레레의 권유에 의한 것이다. 뒤부아는 그 이후, 유명 레스토랑인 로쉐 드 캉카르의 셰프를 거쳐 러시아의 외교관 오를로프 공의 메트르 도텔로 채용되어 러시아로 향한다[5]. 아마도 크림 전쟁의 평화조인이 파리에서 행해진 1856년의 일로, 오를로프 공은 러시아의 전권대사로 파리를 방문하고 있었다.

뒤부아가 폴란드 크란신스키 장군의 요리장이었던 에밀르 베르나르와 공저한 『고전적 요리 La Cuisine Classique』를 출판한 것은 오를로프 공에게 고용되기 직전인 1856년 3월의 일이다. 이 책의 서문에 38세의 뒤부아는 위대한 카렘에게 경의를 표하면서도 "그는 이 직업이 지니는 진정한 과학의 중요성에 대해서 어떤 것도 말하지 않았다."라고 대담한 비판을 서슴지 않았다. 이것은 뒤부아가 카렘의 직접적인 제자가 아닌 것에서 오는 일종의 대항심의 표현이라고도 볼 수 있지만 두 사람의 일 내용을 비교해보면 그 차이점은 뒤부아가 생각한 것만큼 크지는 않았다.

평생 파리에서 한발자국도 나가지 않았던 구페가 카렘의 사상을 이으면서도 요리의 간소화에 열정을 기울인 것에 반해 뒤부아는 오를로프에 이어 프로이센 황제인 빌헬름 1세의 요리장으로 1885년까지 베를린에 머물렀고 황제를 위해 대만찬회

---

[5] 뒤부아의 창작요리 중 하나로 '오를로프풍의 송아지 등심(Selle de Veau Prince Orloff)'이라는 것이 있다.

[6] 빌헬름(Wilhelm 1797-1888). 프랑스어로 Guillaume ler. 제7대 프로이센 왕으로 후에 1871년에 독일 통일을 달성하며 초대의 독일 황제가 되었다. 빌헬름 1세의 통치기간을 통해 철혈재상으로 불렸던 비스마르크가 수상으로 활약했고, 그 재임기간은 1862년부터 1890년까지 30년에 가깝다.

를 지휘했다[6]. 그의 요리의 특징은 장식을 중시한 보기 좋은 것으로 궁정요리라는 이름에 걸맞은 것이었다. 이러한 점으로만 보자면 뒤부아의 경력은 어쩌면 카렘과 많이 닮아있다고 말할 수 있다.

단지 시대가 카렘 때와는 달랐다. 즉 황제 빌헬름 1세는 러시아 황제 알렉산드르 1세가 아니라는 것이다. 19세기 말에 여행 작가로 인기 높았던 빅토르 티소가 황제에게 시중드는 뒤부아의 모습을 적고 있다.

"황제는 의사의 진찰로 하루 일정을 시작한다. 의사가 황제의 혀 색을 확인하고 외출을 할지 실내에 머물지를 결정한다. 그러고는 한동안 요리사가 정해온 두세 가지의 메뉴를 확인한다. 황제는 그것에 비스마르크 수상의 보고와 동일할 정도의 주의를 기울인다. 이 요리사를 가볍게 생각해서는 안 된다. 그는 중요한 인물로 이 강대한 제국 내부의 진정한 고관이다. 황제가 흡족한 식사를 했을 때, 병사는 휴가

뒤부아의 화려한 장식성이 뛰어나게 발휘된 생선요리의 한 종류. 『예술적 요리』 중에서.

를 얻을 수 있고 신하는 새로운 퀼로트(반바지)를 손에 넣으며 죄수는 한 움큼의 렌즈콩을 먹을 수 있기 때문이다. 프랑스는 이 위르뱅 뒤부아라는 이름의 유명한 요리사를 배출한 것을 자랑으로 여겨도 좋다. (중략) 전쟁 후, 황제는 프랑스 요리사와 언쟁을 했다. 요리사는 독일 요리로 식사를 제공하려 했던 것인데, 황제의 위가 애국심이 뛰어났던 것이다. 그래서 뒤부아 씨에게 황제의 주방에 들어와 달라는 요청이 내려졌다. 황제는 구르망은 아니었다. 그는 심플하지만 맛있는 요리, 즉 '고전적인 요리'를 좋아했다. 그리고 동시에 '경제적인 요리'를 원했다. 창의력이 넘쳐흐르는 뒤부아는 '양질이면서 저렴한 요리'라는 어려운 문제를 해결할 방법을 내놓았다."090

뒤부아는 고전적인 기법에 뛰어난 한편, 시대의 요구에 대응할 기술도 완벽하게 갖추고 있었다.

요리 자체는 물론이지만 뒤부아의 가장 큰 공적은 러시아식 식사 제공법을 보급시키는 데 노력을 기울였다는 것이다. 그때까지 궁정이나 부유한 귀족, 부르주아의 대규모 만찬회에서는 많은 요리를 한꺼번에 식탁에 나열하는 프랑스식 식사 제공법이 한결같이 행해지고 있었다. 카렘도 이 식사 제공법을 전제로 한 메뉴를 만들었다. 그러나 오를로프를 모신 경험에서 뒤부아는 러시아식 식사 제공법, 즉 일인분씩 나눈 요리를 코스 순서에 따라 한 품목씩 제공하는 방식이 합리적이라고 생각했다.

『고전적 요리』의 서두에는 이미 「프랑스식 식사 제공법과 러시아식 식사 제공법의 비교」라는 짤막한 논문이 게재되어 있다.

"오늘날 테이블에서의 식사 제공은 두 가지 방법으로 행해지고 있다. 목적은 어느 것이나 동일하지만 서로 대립한다고까지는 말할 수 없어도, 서로 다른 두 가지 원리에 바탕을 두고 있다. 그것은 바로 프랑스식 식사 제공법과 러시아식 식사 제공법이다. 이 두 가지 모두 지지자와 비방자가 있고 동일하게 뛰어난 기술을 가지

『예술적 요리』에는 프랑스식 식사 제공법과 러시아식 식사 제공법의 설명과 함께 테이블 세팅을 보여주는 그림이 들어 있다. 위는 프랑스식, 아래는 러시아식이다.

뒤부아의 특기인 받침대(socle)가 있는 요리를 담은 그림. 정말로 이렇게 담긴 요리가 제공되었다는 것이 지금도 믿기 어려울 정도이다. 『예술적 요리』 중에서.

뒤부아의 피에스 몽테. 카렘의 영향을 받았음을 정확하게 읽어 낼 수 있다. 『고전적 요리』 중에서.

고 있다. 우리들의 역할은 단순히 이 양자를 비교하는 것일 뿐, 두 가지의 제공법 중 어느 쪽이 뛰어나고 어느 쪽이 뛰어나지 않다고 하는 우리들의 기호를 여기에 제시할 생각은 없다."089

이렇게 말하면서도 그는 이 짤막한 논문의 끝에서 러시아식 식사 제공법의 이점을 설명하고 있다. 그리고 마지막에는 "우리들은 아직 러시아식 식사 제공법을 모르고 있으며 지금부터 배우려고 생각하는 우리들의 동료들에게 특히 적합하지 않을까 한다."089라고 적고 있으므로 뒤부아가 어느 쪽을 지지하고 있느냐는 명백하다. 뒤부아는 1872년 출판한 『예술적 요리 La Cuisine Artistique』091에서도 각각의 식사 제공법에 의한 테이블 세팅의 아름다운 도판을 게재하고 섬세한 설명을 덧붙이고 있다. 러시아식 식사 제공법의 보급에 그가 얼마나 많은 힘을 쏟았는지를 알 수 있다.

실제로 구페도 『요리의 책』에서 두 가지 식사 제공법에 대해 언급하고 있다. 그는 "프랑스식과 러시아식 등 마음대로 부르고 있는 두 가지 식사 제공법의 장점을 둘러싸고 끝없는 논쟁이 계속 반복되고 있다."라고 조금은 비판적인 어조로 쓰고 있으며 "어느 것이나 각각의 장점과 단점이 있으므로 (중략) 경험을 바탕으로 양자를 절충한 식사 제공법이 좋지 않을까."라고 설명한다. 온건한 구페다운 제안이지만 뒤부아가 『고전적 요리』를 쓴 1856년부터 『요리의 책』을 쓴 1868년까지 10년간 이 문제가 주요 토론의 대상이 된 것을 알 수 있다.

현대의 프랑스 요리의 식사 제공법은 말할 필요도 없이 러시아식이다. 그것을 의식하면서 식사를 하는 사람은 없겠지만 이것은 위르뱅 뒤부아의 노력의 결과이다. 그의 영향력에 놀람과 동시에 최후의 궁정요리사라고 해도 좋을 만한 위르뱅 뒤부아가 현대에도 통하는 새로운 오트 퀴진의 길을 개척한 요리사이기도 하다는 것을 깨닫게 된다.

위대한 뒤부아와 서민적인 구페. 한편으로는 그 경력도 기술도 사상도 정반대이며 대조를 이루는 것처럼 보이는 두 사람이지만 그들에게는 19세기 후반, 시대의 요청을 요리의 세계에서 구현했다는 공통의 역할이 있었다. 그리고 그 역할을 두 사람 모두 충분히 자각해 훌륭하게 임무를 완성했다.

그리고 한 가지 더, 그들에게는 그들이 알지 못한 중요한 역할이 부여되어 있었다. 그것은 위대한 카렘과 머지않아 등장할 요리계에 혁신을 가져온 또 다른 한 명의 요리사, 에스코피에를 연결하는 가교의 역할이다.

IV. 저널리즘의 역할

1

그리모 드 라 레니에르가 시식심사회 등의 활동과 『식통연감』 및 『앙피트리옹의 안내서』 출판을 통해 이룬 것은 한마디로 말하면 '구르망 존재이유의 확립'이었다.

브리야 사바랭은 『미각의 생리학』[049]에서 구르망디즈를 "미각을 즐겁게 하는 것을 열정적으로, 지적으로, 또한 세세하게 사랑하는 마음이다."라고 정의한 다음 이렇게 덧붙이고 있다.

"구르망디즈는 폭음폭식의 적이다. 지나치게 많이 먹거나 술에 취해 곤드라지는 사람은 모두 구르망의 명단에서 쫓아내 버릴 것이다."

그러나 본래의 의미를 보자면 구르망디즈는 폭음폭식 바로 그 자체이며 구르망은 게걸스럽게 많이 먹는 사람을 가리킨다.

이러한 단어에 굳이 긍정적인 역할을 덧붙여 가스트로노미를 지탱하는 중요한 키워드로 격상시킨 인물은 다름 아닌 그리모이다. 사바랭은 앞서 진술한 문언에 "나는 여러 사전에서 구르망디즈라는 항목을 찾아보았는데, 만족할 수 있을 만한 설명은 발견하지 못했다. 어느 것을 보아도 구르망디즈를 '대식, 폭식gloutonnerie'

이라든지 '탐식voracité'이라는 것과 혼동하고 있는 것뿐이었다."라고 쓰고 있는데, 이것은 그리모가 『식통연감』 제3권(1805)에 처음으로 게재한 '구르망과 구르망디즈에 관해'라는 제목의 문장 첫머리 부분을 그대로 베낀 것이다.

"아카데미 사전을 신뢰한다면 구르망은 '대식가glouton' 및 '게걸스럽게 먹는 자goulu'의 동의어, 구르망디즈는 '대식, 폭식gloutonnerie'의 동의어로 되어 있다. 이것은 우리들에게 있어 정확한 정의가 아닌 것으로 생각된다. '대식가'나 '게걸스럽게 먹는 자'라는 것은 폭음폭식intemp?rance이나 끝없는 탐욕insatiable avidit?을 표현해 부르는 방법이며, 구르망이라는 것은 최근에는 예의바른 사람들이 상당히 마음에 들어 하는, 말하자면 고상하게 여기는 것으로 여겨지며 인식되고 있는 단어이다." 037

사바랭의 『미각의 생리학』이 그리모의 표절이라고 비난받는 것은 이러한 기술에 기인하는 것이겠지만 어쨌든 간에 사바랭이 '구르망디즈는 폭음폭식의 적이다.049'라고 쓸 수 있었던 것은 그리모의 덕택이다.

그리모가 활약한 18세기 말부터 19세기 초에 걸친 시대는 저널리즘이 사회에 영향력을 끼치기 시작한 시기와 겹친다. 세바스티앙 메르시에나 레티프 드 라 브르통 같은 당대의 세상을 펜으로 생생하게 묘사한 문인들과 교류를 가지며 연극평 등을 통해 저널리스트로서의 바탕을 다진 그리모가 주특기 분야인 식(食)의 영역에서 글재주를 발휘해야겠다고 생각한 것은 필연적인 일이었다. 그리고 그런 그리모의 뜻이 가스트로노미를 저널리즘의 한 분야로 성립시키는 데에 큰 역할을 한 것도 틀림없다.

그러나 식(食)을 저널리스틱한 관점에서 포착하려고 한 시도가 그리모 이전에 없었던 것은 아니다. 바바라 휘턴은 저서에서 "프랑스 요리사(料理史) 최초의 대규모적인 기록은 1782년 피에르 장 밥티스트 르 그랑 도시 P.J.B. Le Grand d'Aussy (1737-1800)에 의해 쓰였다."006라고 지적하고 있다. 페트리시아 퍼거슨도 르 그랑 도시의 저작을 언급하며 "르 그랑 도시는 메르시에가 파리에 대해 한 것과 마찬가지의 일을 프랑스 요리 및 식습관에 관해서 했다.069"라고 쓰며 르 그랑 도시의 저작이 저널리스틱한 관점에서 쓰였다는 견해를 밝히고 있다.

중세 설화집 『12세기 및 13세기의 우화 또는 소설 Fabliaux ou Contes des 12e et 13e siécles(1779)』의 저자로 알려진 르 그랑 도시가 1782년에 간행을 시작한 『프랑스인의 사생활사 Histoire de la Vie Privée des Français』는 휘턴이나 퍼거슨이 소개하고 있듯이 프랑스의 식의 역사를 포괄적으로 기재한 최초의 서적이다.

이 서적은 본래 제목에서도 알 수 있듯이 프랑스인의 사생활에 관련된 제반사를 모두 모아 유사 이래 프랑스인의 실제모습을 부상시키려는 거대한 계획과 함께 쓰이기 시작했는데, 중간쯤 진행된 1800년, 르 그랑 도시가 급사해버려 최초의 3권, 즉 음식에 관한 제1부 출판에만 머물렀다. 하지만 이 서적이 후세의 식저널리즘에 끼친 영향은 상당하며 르 그랑 도시를, 그리모로부터 시작된 가스트로노미 문학의 선구자라는 평가를 얻게 했다.

예를 들어 제1장 마지막에서 소개한 레스토랑 탄생에 얽힌 블랑제 이야기가 최초로 기재된 것도 『프랑스인의 사생활사』에서이다. 블랑제의 이름뿐만이 아니라 1765년이라는 연대나 프리 가(街)라는 지명, 가게 앞에 걸린 라틴어의 간판 등 레스토랑의 기원에 관해 언급한 19세기 대부분의 자료에서 수없이 반복되는 이러한 일화의 모든 것이 르 그랑 도시가 쓴 문장 안에 고스란히 담겨져 있는 것이다. 블랑제설(說)은 레베카 스팽이 지적한 것처럼 확실한 근거가 불충분하고 애매함에서 벗어날 수 없지만 이 애매모호함도 르 그랑 도시의 문장 속에 원래부터 존재한다.092

이러한 작은 결점은 있지만 『프랑스인의 사생활사』의 가치가 그것으로 줄어들지 않는다는 것은 그 이후의 역사가 증명하고 있다. 르 그랑 도시의 처음 의도와는 다를지 모르지만, 『프랑스인의 사생활사』는 식(食)이라는 사람들의 생활에 밀착된 행동을 저널리스트의 눈으로 기록한 것으로 모든 가스트로노미 문학의 출발점이 되었다.

2

19세기 가스트로노미의 융성은 저널리즘의 발전과 떼려야 뗄 수 없는 관계이다. 가스트로노미라는 단어 자체는 베르슈가 지은 동명의 장시(長詩)의 출판에 의해 널리 알려지게 되었다.

19세기는 저널리즘이 비약적으로 발달한 시대이다. 그 배경에는 물론 인쇄기술의 진보도 있으나 그 이상으로 큰 원인이 된 것은 프랑스 혁명 전후로 일어난 사회적 구조의 변화, 그것이었다. 앙시앙 레짐기에 일부특권계급이 독점하고 있던 경제나 문화적 혜택이 부유한 부르주아를 통해 대중 사이에도 널리 미치게 되자 사람들의 의식도 사회로 향하게 되었고, 그곳에서 사회 실정을 알 수 있는 정보원으로서 서적이나 잡지, 신문 등의 저널리즘의 역할이 비약적으로 높아졌기 때문이다.

가스트로노미가 19세기 초반 파리에서 한꺼번에 꽃을 피운 것도 그러한 사회구조의 변화 및 저널리즘의 신장과 무관하지 않다. 오트 퀴진이 귀족이나 궁정 식탁에 한정되어 있던 동안은 가스트로노미 또한 폐쇄적인 공간에 갇혀 있지 않으면 안 됐다. 귀족사회의 쇠퇴나 부르주아의 경제력 증대에 의해 그것이 서서히 밖을 향해 해방됨에 따라 가스트로노미는 조금씩 저널리즘의 소재로 채택되게 되었고 파리 인들 사이에 침투하게 되었다.

르 그랑 도시의 『프랑스인의 사생활사』는 식저널리즘의 시초가 된 책이지만 그것으로 단번에 이 장르가 성숙된 것은 아니다. 그러나 부르주아가 세력을 뻗어 궁정의 식(食)이 거리로 흘러나오거나 레스토랑이 출현해 단기간에 불어나는 등 식을 둘러싼 현상이 현실사회에서 급속한 발전을 보인다. 그리고 정보원으로서의 식저널리즘의 수요가 발생한 것은 필연적인 것이었다. 베르슈의 『가스트로노미』는 그러한 절묘한 타이밍에 출판되었다. 이 장문의 시를 쓴 작가가 타이밍을 가늠했는지 어떤 지와는 별개로 가스트로노미와 저널리즘의 관계를 생각하면 이것은 정말로 획기적인 일이었다고 말할 수 있겠다. 높아지는 식에 대한 관심과 대식(大食)에 대한 잠재적인 양심의 가책 사이에서 먹는 욕구를 어떻게든지 정당화하고 싶었던 사람들은 적절한 단어를 원했다. 베르슈의 작품은 그러한 사람들의 요구에 부응하는 것이었다. 시(時)는 고상한 문학이며 그 시에 의해 높이 칭송된 가스트로노미 또한 고상한 것으로 받아들여야만 하는 것이었기 때문이다. 즉, 사람들은 가스트로노미라는 단어로 맛있는 것을 실컷 먹을 수 있는 보증문서를 획득하게 된다.

그리모의 최초의 『식통연감』이 1803년 출판되어 파리의 구르망들로부터 절대적인 지지를 얻은 것도 온전히 이 맥락에 따른 것이었다. 베르슈가 시를 통해 가스트로노미라는 단어를 세상에 인지시킨 것처럼 그리모는 평론으로 구르망이라는 단어에 시민권을 부여했다. 그 이후 식을 찬미하는 시나 요리의 온갖 지식을 써넣은 서적이 연이어 간행되어 가스트로노미와 구르망이 저널리즘과 손을 잡고 파리 문화의 대로를 활보하기 시작한 것이다.

이러한 저널리즘은 19세기 파리를 중심으로 하나의 큰 장르를 형성해가게 되는데, 어떤 분야라도 뛰어난 원형을 넘어서는 것은 지극히 어려운 일이다. 베르슈도 그리모도 그 이후의 많은 추종자 또는 모방자, 심지어는 표절자를 만들어냈는데, 그 대부분은 역사의 평가에 견딜 만한 정도의 높은 수준을 갖추고 있지 않았다. 예를 들어 1806년에 J.B. 그리모라는 인물이 4편의 장편의 시와 『반(反) 가스트로노미 L'Anti-Gastronomie』라는 서적을 냈다. 이것은 그 제목이나 구성에서 분명히 베르슈의 『가스트로노미』를 의식한 것이지만 결국 당시 큰 관심을 끌지 못했다.

그리모의 영향을 받은 서적으로는 1814년의 『저녁식사를 하는 사람들을 위한 가이드Le Guide des Dineurs(Honoré Blanc 著)』를 들 수 있다. 이 책은 부제목에 '파리의 주요 레스토랑 통계'라고 붙인 레스토랑의 해설을 곁들인 리스트책이다.

이러한 서적은 그리모가 계속 출판하는 것을 단념한 『식통연감』을 대신하는 것으로 그 나름대로의 수요는 있었다고 한다. 1828년에는 다른 저자 Cesar Gardeton에 의해 『신(新) 저녁식사를 하는 사람들을 위한 가이드 Nouveau Guide des Dineurs』가 출판되었다. 이것이 앞선 책의 속편인지, 또는 오라스 라송의 『신(新) 식통연감』과 같은 단순한 아류에 불과한지는 정확하지 않다. 하지만 이 저자는 그보다 앞선 1827년에 이미 『가스트로노미의 조롱 La Gastronomie pour Rire』이라는 식(食)에 관련된 콩트집을 냈으며, 이는 분명 사바랭의 성공에 자극을 받아 그 시기에 배출된 식에 관련된 다수의 필자 중 한 사람이었을 것으로 상상할 수 있다.

『미각의 생리학』을 포함해 1800년대 전반, 옥석이 뒤섞여 있던 식관련 저널리즘의 범람 속에서 반드시 살펴보아야만 하는 출판물이 있다.

1806년 1월부터 간행이 시작된 식에 관련된 프랑스 최초의 전문지 「주르날 데 구르망 에 데 벨르 Journal des Gourmands et des Belles」의 배경에 대해 이 잡지에 게재된 문장을 나중에 발췌해서 정리한 『프랑스의 가스트로놈 Le Gastronome Français(1828)』의 편자는 다음과 같이 썼다.

"1806년 1월부터 1815년까지 카보 모데른 Caveau Moderne으로 알려진 가스트로놈과 에피큐리앙의 모임이 구르망 세계의 수도에서 향연의 신을 섬기는 알렉시스 바렌에 의해 창설된 로쉐 드 캉카르에서 열렸다. 카보 모데른 모임은 설립 당초 2년간은 구르망의 모임이라고 이름 붙여졌고 그 멤버로는 그리모 드 라 레니에르와 마리 드 생 월상, 뒤크레 뒤미닐, 고드프로와 드 보몬 뷔트롱, 가스테르망 등이 있었다. (중략) 그곳에는 박학한 사람들이 있었고 그들은 10년에 걸쳐 월간으로 발행된 회지의 중요한 역할을 해냈다. 이 회지의 제목은 처음에는 '주르날 데 구르망 에 데 벨르'라고 했으며, 그 후 '레피큐리앙 프랑세 또는 카보 모데른의 식사 L'Epicurien Français, ou les Dîners du Caveau Moderne'가 됐다."⁰⁹³

카보(작은 광)라고 하는 것은 본래 18세기부터 있는 문인의 모임으로 자작의 샹

로쉐 드 캉카르에서 열린 카보 모데른 회합.

송 등을 서로 공개하기도 했다. 여러 차례 흩어졌다 뭉치기를 반복한 후, 1796년부터 1801년까지 활동한 '보드빌 식사회'[7]를 모체로 1806년에 결성된 것이 '카보 모데른'이며, 모임 장소가 고급 레스토랑으로 잘 알려진 로쉐 드 캉카르라는 것만 봐도 알 수 있듯이 구르망의 모임이기도 했다. 연극과 깊은 연관성을 가지고 자타가 공인하는 구르망이었던 그리모가 이 모임에 출입하게 된 것은 자연스러운 일이었다. 그 회지인 「주르날 데 구르망 에 데 벨르」의 단골 기고자가 된 것 역시 매우 당연한 것이었다.

「주르날 데 구르망 에 데 벨르」는 매호가 90페이지 정도로 요리에 따라 전체가 몇 가지의 코스로 나뉘어져 있었다. 즉, 최초의 서비스로 시작해 2번째 서비스, 앙트르메, 디저트를 거쳐 식후 커피로 끝난다고 하는 일련의 구성부분 각각에 '구르망의 문학', '강화(講話)', '샹송', '배합표', '일화'라고 하는 테마가 주어졌다. 독자는 책 한권을 읽음으로써 '카보 모데른'의 대략의 활동내용을 파악할 수 있는 구성이었다. 필자는 물론 '카보 모데른'의 주요 멤버였다.

이 잡지가 중요한 것은 그리모가 중심 멤버로 연관되어 있었다는 것과 그 시기가 식저널리스트로서 그의 가장 최고의 전성기였다는 점이다. 반대로, 그리모가 『식통연감』의 제8권을 내면서 좌절해 식저널리즘을 떠나는 시기와 맞춘 것처럼

---

(7) 보드빌 식사회Les Dîners de Vaudeville는 카보의 즐거운 식사회를 본보기로 1792년에 창립된 테아트르 드 보드빌 (보드빌 극장)에 작품을 대고 있는 회원들이 같이 식사를 하면서 샹송을 즐기자는 의도로 1796년 9월에 발족한 모임이다. 최초의 회원은 보드빌극장의 지배인이었던 피와 피에르 랑종, 부르게유, 샹봉, 세론 등이었다. 나중에는 그리모나 우르상이 더해져 카보 모데른이 발전해 나갔다.

'카보 모데른'의 활동도 시들해졌다. 그리고 「주르날 데 구르망 에 데 벨르」도 그 모습을 감추게 된다. 그것은 정확히 나폴레옹 제정이 끝을 맞이하며 복고정치가 시작되려는 시기이기도 했다.

가스트로노미가 카렘의 죽음에 의해 하나의 단락이 맺어진 것처럼 식저널리즘도 그리모의 퇴장에 의해 하나의 단락을 맺었다. 카렘 후의 가스트로노미가 변모해간 것과 마찬가지로 그것과 불가분의 관계였던 식저널리즘의 세계도 그리모 후에 변모되기 시작했다.

V. 드 퀴시, 자냉, 몽스레

1

1820년대 이후 식저널리즘의 변모를 한마디로 말하자면 '대중화'이다.

이 대중화는 어떻게 해서 시작되게 되었을까?

앞에서도 밝힌 바와 같이 그리모 이후 가스트로노미를 테마로 한 수많은 저작이 나왔으나 사바랭을 제외하고 후세에 그 이름을 남긴 인물은 그다지 많지 않다. 이 절(節)에서는 그중에서 실제로 파리의 가스트로노미에 영향을 끼치고, 현대에 이르기까지 그 명성이 계속 유지되고 있는 3인의 문인을 소개하며 식저널리즘 변모의 실태에 다가서 보기로 하자.

마르키 드 퀴시(퀴시 백작)의 이름은 그리모와 관련된 본 원고에서도 여러 번 등장한 바 있다. 드 퀴시는 나폴레옹의 치정 아래에서 메트르 도텔로 근무한 인물로, 정확하게는 저널리스트라고 부를 수 없을지 모른다. 그러나 가스트로노미와 관련된 그의 성공은 펜에 의해서도 인정된 바 있으며, 그리모와의 교우를 포함해 드 퀴시를 식의 문인에 포함시키는 것에 이의는 없을 것이다. 그의 요리에 관해 정리한

마르키 드 퀴시(Marquis Louis de Cussy, 1766-1837)

논평인「요리의 예술 L'Art Culinatire」은 1843년의『식탁의 고전』에 수록된 후 1855년판『미각의 생리학』에도 다시 실렸다. 10장으로 이루어진 이 논술에서 드 퀴시는 우선 고대 로마나 고대 그리스, 르네상스에 있어 요리의 역사부터 시작해 마지막으로 빵과 포타주, 파티스리, 고기요리, 생선요리를 거쳐 디저트에 이르는 요리 전반을 이야기했다. 또한 연회나 식탁에서의 마음가짐을 기록하며 논술을 마무리하고 있다.『식탁의 고전』의 수록판으로 40페이지 정도의 분량이지만 드 퀴시의 요리에 관한 조예의 깊이를 엿볼 수 있기에는 충분한 내용이다. 여기서 반드시 적어야 할 것은 카렘의 존재가 드 퀴시에게 있어서도 특별한 존재였다고 하는 것이다. 결코 길지 않은 이 논술 속에서 카렘의 이름은 실제로 40회 이상 등장한다. 드 퀴시는 카렘이 19세기 파리의 가스트로노미의 중심인물이라는 것을 정확하게 꿰뚫고 있었던 것이다.

드 퀴시의 구르망에 관련된 이야기는 제섭 화이트헤드 Jessup Whitehead의『집사장 편람 및 연회출장요리를 위한 가이드 북 The Steward's Handbook And Guide To Party Catering (1889)』에 수록되어 있다. 그 문장을 살펴보자.

"그가 음식에 정통한 것은 타고난 것으로 코르네[8]의 다음의 시문(時文)을 완전히 구현한 인물이기도 했다. '정당한 이유 없이는 식사를 주지 않는다.' 위대한 요리사들이 그의 주방에서 분투하고 그와 함께 7년간을 보냈다. 그는 주 1회 식사회를 열었는데, 손님의 수는 결코 11명 이상을 넘지 않았으며 식사에는 2시간 이상 걸렸다. 「요리의 예술」에서 그는 '빨리 먹는 아이를 보고 그 아이의 가정교사를 불러 따귀를 때렸다.'라는 불쾌한 인물 디오게네스에 관한 이야기를 찬의를 표하며 소개하고 있다.[9] 드 퀴시 자신이 부과한 엄격한 규칙은 천천히 먹으며, 홀짝홀짝 마시는 것이었다. 그는 아직 배가 가득차기 전에 나이프와 포크를 놓고 딱딱한 빵을 뜯으며 오래된 와인을 몇 잔 마시라고 권했다. 아마도 그것이 (중략) 그가 74세로 사망한[10] 그날까지도 메추라기를 먹고 수월하게 소화했다는 설명이 될 것이라고 생각한다."[094]

폴 라크루와에 의해 창설되어 1830년 3월의 제1호부터 1831년 8월의 제143호까지 거의 주 2회씩 발행된 『르 가스트로놈Le Gastronome』의 편집에도 뛰어든 드 퀴시는 그리모의 동지이기도 했으며 그의 가스트로노미는 확고했다. 그리모와 마찬가지로 옛것을 칭송하는 파리의 오트 퀴진과 그것에 부수적으로 따르는 웅장함을 사랑했으나 그리모처럼 특이하거나 완고하지는 않은 상식적인 구르망이었다. 그리모가 결국에는 배신당하고 만 가스트로노미의 세계나 사상에 있어서, 또한 행동

---

(8) Charles Joseph Colnet Du Ravel. 18세기 말부터 19세기에 거쳐 활약한 시인. 저널리스트, 서점 경영자, 풍자가 등 여러 가지 얼굴을 가지고 있었다. 여기서 인용되고 있는 시는 1803년에 출판된 『L'Art de Dîner en Ville』의 가운데 일 절로, 이 시는 사바랭의 『미각의 생리학』의 몇 개의 판에서 부록으로 수록되어 있다.

(9) 디오게네스(Diogène)는 고대 그리스의 철학자. 소크라테스의 제자의 제자에 해당된다. 개와 같은 생활을 보내는 견유파의 사상으로 알려져 '개의 디오게네스'라고 불렸다. 드 퀴시는 「요리의 예술」 제7장 고대 로마 또는 고대 그리스 식탁의 규범에 대하여 이야기하는 중에 디오게네스의 일화를 소개하고 있다. 원문은 다음과 같다.

Diogène, rencontrant un enfant qui mangeait extrêmement vite, donna un soufflet à son précepteur; ce qui etait un peu fort, même pour Diogène. (디오게네스는 너무 빨리 먹는 아이를 보자, 그 아이의 교사에게 따귀를 때렸다. 그것은 디오게네스 자신에게 있어 조금 지나친 행동이었다.

(10) 71세의 오류인 것 같다

에 있어서 그리모를 계승한 것이 드 퀴시였다.

줄 자냉은 어떤 의미에서는 드 퀴시를 넘어선 인물이었다. 결국 그것은 드 퀴시가 저널리즘의 옷을 걸친 구르망이었던 것에 반해 자냉은 구르망디즈의 옷을 걸친 저널리스트였다는 점이다.

1804년 태생의 자냉은 1766년 태생의 드 퀴시보다 40세 가까이 젊었다. 그 40년이라는 세월은 족히 1세대를 넘어선다. 지금보다 시간의 흐름이 더뎠던 19세기에 이 어른과 아이에 상당하는 연령차는 말하자면 세대 간의 격차를 낳기에 충분했다. 당연히 드 퀴시와 자냉의 가스트로노미에 대한 파악 방법에도 그 차이가 반영되었다고 생각하는 것이 자연스러울 것이다.

자냉의 세대에 가스트로노미는 자기 근처에 자연히 존재하는 공기와 같은 것이었음에 틀림없다. 피가로나 쿼티디엔느 등의 신문에서 경력을 쌓은 자냉은 1830년대 초반에는 주르날 데 데바에서 연극평론을 담당하게 되었다. 일찍이 제정시대에 주르날 드 랑피르라고 불리던 시절에는 그리모에게 맡겨졌던 일이다. 18세기 말의 '보드빌 식사회'가 '카보 모데른'의 모체가 된 것으로도 상상할 수 있듯이 그리모의 시대에는 연극활동이 구르망디즈와 밀접하게 맺어져 있었다. 연극저널리즘은 그대로 식저널리즘의 모체로도 기능한 것이다. 이러한 흐름을 이어 받은 자냉의 피에는 모르는 사이에 구르망의 유전자가 짙게 스며들어 있었다고 말할 수 있을 것이다.

자냉의 문필활동이 점점 무르익던 1830년대에 들어서는 저널리즘의 세계에도 변화가 나타난다. 레티브 드 라 브르통의 『파리의 밤』이나 세바스티앙 메르시에의 『타블로 드 파리』를 원조로 하는 문학 장르, 즉 '파리 풍속의 한 단면을 날카롭게 떼어내 경쾌하고 재치 있는 문장으로 생생하게 묘사하는' 파리 풍물지라고도 할 수 있는 분야에 새로운 필자가 속속 등장, 큰 활약을 하게 된다. 이러한 문장을 모은 서적의 출판도 왕성히 이루어져 어느 것이든지 인기를 모았다. 예를 들어 『파리, 또는 101가지 책 Paris, ou Livre des cent-un (전 15권, 1831-1834)』을 시작으로 『19

세기 신 타블로 드 파리 Nouveau Tableau de Paris au ⅩIXe Siécle(전 7권, 1834-1835)』,『프랑스인의 자화상 Les Fran?ais Peint par Eux-Mêmes(전 9권, 1840-1842)』,『파리의 악마 Le Diable à Paris(전 2권, 1845-1846)』등 하나하나 셀 수 없을 정도이다. 이러한 서적으로 많은 인기 작가들이 경쟁을 하기 위해 파리의 온갖 광경을 이야기했다. 자냉도 당연히 이런 서적의 단골 기고자 중 한 명이었다. 파리의 거리를, 그 이면의 좋아할 수 없는 부분까지도 포함해 자유자재로 묘사하는 이러한 칼럼이 단숨에 분출된 배경에는 역시 7월 혁명 후의 자유분방한 시대의 공기가 있었던 것을 지적하지 않을 수 없다. 여기에서도 그리모가 살았던 시대와는 다름을 알 수 있다.

구르망으로 알려진 자냉이지만 실제로는 가스트로노미를 제목으로 한 저술은 의외로 적다. 그러나 때때로 풀리는 그의 문장은 명사수가 쏘는 화살처럼 엄격하고도 정확한 것이었다. 다음의 문장은 주르날 데 데바에 게재된 칼럼을 후에 프레데릭 파요가『식탁의 고전』에 발췌해 넣은 것이다.

"거장이면서 식사에 관해서는 완고하고 계율을 지키는 드 퀴시 씨를 잊어서는 안 된다. 먹는 사람이라기보다는 자신의 지식을 쏟아내는 사람이었던 사바랭 씨와는 정반대이다. 드 퀴시 씨는 우선 먹고, 그러고 나서 상황에 따라 지식을 쏟아냈다. 그는 자주 이렇게 이야기했다. "나는 루쿨루스 저택의 아폴론의 방에서 식사를 하기보다는 베리 레스토랑에서 한 명당 20프랑의 식사를 하는 것을 좋아한다."라고[11]. 그는 카렘을 사랑했으나 그것은 카렘이 쓴『파티시에 피토레스크』때문이라기보다는 오히려 카렘의 포타주 아 라 카므랑의 완벽함 때문이었다." [028]

2

구르망으로서 자냉에 대한 에피소드는 많다. 다음에 인용하는 이것 역시 19세기 중반의 식저널리즘의 융성이 만들어낸 결실 중 하나인 브리포의『식탁의 파리』

에 게재된 것이다.

"식사에는 드라마가 으레 따르게 된다. 여기에서 소개할 것은 그중에서도 가장 무서운 것으로 1830년경에 일어났다. (중략) 지배인(알레르 씨)과 위대한 여배우(조르주 양), 줄 자냉 일행은 마담 가(街)의 같은 집에 살면서 일반적으로는 이해할 수 없는 공동생활을 하고 있었다. 각각의 주인은 동물을 키웠다. 자냉은 염소였다. 알레르 씨는 돼지를 키웠는데, 이것이 매우 사랑스러운 돼지로 식탁이든 침실이든 주인이 가는 곳곳에 따라 다녔다. (중략) 어느 날, 조르주 양과 자냉이 의논을 했다. 두 사람 모두 알레르 씨의 돼지에는 감탄을 하고 있었다. 그 우아하고 사랑스러움. 음악적인 울음소리. 흰 털 아래 동그랗고 포동포동해 맛있어 보이는 체형. 그 동물은 그 자신의 매력 때문에 향연에 바쳐져야 한다는 결론에 다다랐다. 자냉은 그 돼지가 영웅적인 때에 사람들에게 먹히는, 그것은 칭송할 만한 가치가 있다는 것을 사실로 증명하기 위해 오디세이(12)의 한 소절을 모방해 이렇게 읊었다.

돼지는 의연히 공물이 될 것이다.

---

(11) 루키우스·리키니우스·루쿨루스는 기원전 1세기 무렵 고대 로마의 집정관. 미식가로서 알려져 있고 특히 손님을 초대한 식사에는 막대한 비용을 아까워하지 않았다고 전해지고 있다. 루쿨루스의 향연에 관해 다음과 같은 일화가 남겨져 있다.
정치가이며 철학자인 키케로가 루쿨루스의 평소 식사 형태를 보고자 사전에 알리지 않고 불의에 루쿨루스 집을 방문했다. 특별한 식사를 준비시키지 않기 위해 키케로는 루쿨루스에게 하인에게 식사내용을 지시하지 않도록 요구했다. 그것에 응한 루쿨루스는 하인에게 "키케로 님을 아폴론의 방으로 모시도록"라고 단지 명령했다. 이윽고 아폴론의 방에서 식사가 시작됐으나 그것은 터무니없이 사치스러운 것이었다. 사실, 루쿨루스 집에는 방에 따라 준비하는 식사내용이 정해져 있고 아폴론의 방은 그중에서도 가장 호화스런 식사를 위한 방이었던 것이다.
(12) 오디세이는 고대 그리스 시인 호메로스의 장편서사시이다. 트로이전쟁에 승리하고 고향인 이타케로 귀환하고자 한 오디세우스가 포세이돈 신의 노여움을 사게 되어 10년이라는 긴 세월에 걸쳐서 바다 위를 헤맨다는 전설.

알레르 씨는 부재(不在)이며 산 재물은 도살되어질 것이니.

지배인이 공복인 채로 연극 연습으로부터 돌아왔다. 집에 들어서자마자 그는 집안 가득 찬 향연 분위기에 놀랐다. 테이블은 정돈되어 있었고 즐거움의 향취를 알리는 매력을 퍼뜨리고 있었다. (중략) 최후의 로스트 포크가 등장했다. 불과 연기로 아름답게 색깔을 입혔고 반들반들 빛나고 있다. 행복의 극치. 모든 것이 섬세해 마치 기적 같았다.

줄 자냉(Jules Janin, 1805-1874)

매혹된 알레르 씨는 훌륭한 요리에 완전히 도취되어 자냉과 조르주 양 사이에 남몰래 교차된 시선을 알아채지 못했다. 행복감을 완전한 것으로 만들기 위해 알레르 씨는 사랑하는 페트의 거처를 방문한다. 친구들의 얼굴에 망설임이 떠오른다. 불안한 생각이 머리를 스친다. 식탁에는 아직도 고기 조각들이 가득 남아 있다. 그는 비탄에 잠겨 울음을 터뜨렸다. 몸을 떨며 그의 돼지를 먹어치운 것을 확인했다. 잠시 의기소침한 시간이 지난 후, 그는 조용히 이렇게 말했다. '나는 그 녀석이 정말 좋았다. 그러나 오늘만큼 그 녀석이 나를 즐겁게 해준 적은 없었다.'"027

재기발랄하고 유머러스하며 조금은 냉소적, 그리고 먹는 것에 욕심이 많은 자냉에 어울리는 에피소드이다.

그리모나 드 퀴시를 가스트로노미 문학의 제1세대, 자냉을 제2세대라고 한다면 제3세대를 대표하는 작가의 한 사람으로 샤를르 몽스레를 들어도 될 것이다.

몽스레는 1825년 서프랑스 낭트에서 태어났다. 자냉과 마찬가지로 몽스레도 파리에 온 후 다양한 신문과 잡지에 기고를 하는 한편, 희곡이나 소설에도 손을 뻗쳤다. 그러나 무엇보다도 그가 가장 열정을 쏟은 것은 가스트로노미였다. 식에 관해 몽스레에게 가장 영향을 끼친 인물은 틀림없이 그리모 드 라 레니에르이다. 1857년에 낸 『잊혀져버린 사람들, 멸시받은 사람들』 중에 그리모의 본격적인 평전이 포함되어 있다는 것은 이미 제3장에서 소개한 바 있다. 이듬해 1858년 2월부터는 가스트로노미 전문지인 「르 구르메 Le Gourmet」의 발행을 시작한다. 이 신문은 8월까지 8개월 사이에 24호까지 나왔다.

몽스레의 가스트로노미에의 열정은 그의 생업인 저널리즘과 완전히 일체화되었다. 그가 작가로 활동한 시대는 루이 필립의 7월 왕정 종말기부터 2월 혁명을 거쳐 나폴레옹 3세의 제2제정에 돌입하는 시기였다. 왕정복고에 의해 부활을 이룬 귀족문화는 번번이 정변과 그때마다 세력을 확장하는 부르주아에 의해 본래의 숭고함을 잃고 어쩔 수 없이 대중화되었다. 가스트로노미 역시도 이제는 일반 민중에게도 결코 손에 닿지 않는 것이 아니었다. 그것을 전파하는 역할을 하는 식저널리즘도 역시 그 흐름에 따르는 것으로 변모하지 않을 수 없다.

몽스레의 가스트로노미에 관한 일련의 저널리스틱한 일도, 당연하지만 그 제약으로부터 벗어날 수는 없었다. 그리모의 『식통연감』이 많든 적든 간에 옛것을 칭송하는 시대의 '본격적인' 구르망이나 앙피트리옹을 의식해서 쓴 것에 반해 몽스레가 그리모의 강한 영향을 받아 쓴 『또 하나의 식통연감 Le Double Almanche Gourmand(전6권, 1862-1870)』은 분명 일반 대중용으로, 내용에서도 경쾌함이 두드러지며 그리모의 강렬함이라고 말할 수 있는 독기는 티끌만큼도 없다.

샤를르 몽스레
(Charles Monselet, 1825-1888)

문필이 가스트로노미를 사회 표면으로 부상시키기 위해 날카로운 칼을 지닌 무기여야 했던 그리모의 시대와는 달리, 몽스레에게 있어 문필은 이미 그 지

1830년부터 발행되기 시작한 「르 가스트로놈」(좌)과 몽스레가 편집인으로 1858년에 발행을 시작한 「르 구르메」(우). 가스트로노미의 발전이 저널리즘과 불가분의 관계였다는 것의 증거라고도 할 수 있는 신문이다.

위를 확립한 가스트로노미를 찬미하기 위한 간편하고 소중한 도구였다. 보급이 진행되어 대중에게 특별한 것이 아니게 된 가스트로노미를 전하는 미디어로써, 역시 대중이 받아들일 수 있는 스타일이 요구되었던 것이다.

그렇지만 몽스레가 가스트로노미에서 이루어낸 공적은 결코 적은 것이 아니었다. 카렘과 에스코피에를 잇는 가교 역할을 쿠페나 뒤부아가 한 것처럼 그리모나

드 퀴시, 자냉이 글로 써서 남기고 이윽고 조셉 루브르나 쿼르농스키에게 계승된 식저널리즘의 전통을 몽스레가 그 중간점에 서서 완벽하게 이어주는 역할을 해냈기 때문이다.

몽스레는 작가로 궤도에 오른 1874년에 『가스트로노미, 식탁 이야기Gastronomie, Récit de Table』라는 책을 출판했다. 이것은 그리모의 평전 등 그가 그때까지 공개한 식에 관련된 논술이나 소설, 시 등을 다시 한 권에 모은 것인데, 이러한 부분에서도 몽스레의 가스트로노미에 대한 집념을 엿볼 수 있다. 이 서적에 수록되어 있는 작품 중에 「작은 파티시에Le Petit Pâtissier」095라는 단편소설이 있다. 근본은 10년 정도 전에 간행된 『세빌리아의 몽마르뜨 De Montmartre à Séville(1865)』에 게재된 것을 재기록한 것이지만 내용은 '파티시에 견습생 소년이 주인의 지시로 단골 저택에서 주문을 받은 볼로방을 배달한다. 도중 딴짓으로 시간을 허비한 끝에 개에 쫓겨 볼로방을 떨어뜨려 엉망진창으로 만들고 만다. 주인에게 되돌아 갈 수도 없던 소년은 울면서 다정한 엄마가 있는 집으로 향한다.'라고 하는 정말 아무 것도 아닌 이야기. 강한 주장이 있는 것도 아니고 기교적이지도 않은 이 작품은 몽스레의 저널리스트로서의 자질과 가스트로노미에 대한 자세를 잘 드러내고 있다. 자기 주변 어느 곳에서나 있을 법한 파리 거리의 풍경. 그 일상성이야말로 19세기 중반을 넘어선 시점에 가스트로노미가 놓여 있던 자리였던 것이다. 몽스레는 그것을 파티시에 견습생의 해프닝을 빌어 신선하게 도려내어 보여준 것이다.

몽스레는 자기 저서의 제목처럼 잊힌 작가가 되어 있었다. 그러나 대중성을 획득한 가스트로노미의 대변자로서의 그의 존재는 그 후에도 계속해서 식을 사랑하는 사람들의 기억 속에서 사라지는 일이 없었다.[13]

---

[13] 몽세르가 태어난 고향 낭트 시(市)에는 '아카데미 샤르르 몽스레'라고 하는 조직이 만들어져 있으며, 가스트로노미의 콩쿠르인 '샤를르 몽스레 배(杯)(Le Prix Charles Monselet)'가 현재에도 매년 개최되고 있다.

VI. 발자크, 뒤마, 졸라

1

대중화된 가스트로노미를 펜의 힘으로 문화의 높은 영역까지 끌어 올린 것은 저널리스트만이 아니다. 19세기 저널리즘과 문학과의 영역이 애매했던 시대에는 작가 또한 가스트로노미의 자리매김에 한몫을 했다. 그중에서도 저명한 작가인 오노레 드 발자크와 알렉상드르 뒤마가 월등한 구르망으로 알려져 있다.

발자크는 20대에 친구였던 라오스 랏송과 함께 『신(新) 식통연감』의 간행에 참여했다고 하며, 이후에도 자신의 저서를 통해 종종 가스트로노미에 대한 화제를 언급하고 있듯이 식에 관한 관심이 상당히 높은 인물이었다고 여겨진다. 실제로 발자크의 대식가적인 기질은 유명했는데, '호화롭게 빚을 내어 호화롭게 먹었다.'라고 말할 정도였다. 이 발자크의 먹는 것에 대한 집착은 어디서부터 온 것일까? 흥미로운 것은 드 발자크라는 이름이 본래의 이름이 아니라는 것이다. 그는 부유한 부르주아 가정에서 태어나 소년기까지는 오노레 발자크로 지내왔다. 본래 귀족임을 나타내는 '드'라는 칭호를 첨가한 것은 파리에서 소설가로 생활하기 시작하면서부터로, 이것은 발자크의 귀족에의 동경이 그렇게 만든 것이라고 생각할 수 있다.

발자크는 귀족이 되고 싶었다. 그 강렬한 소망이 '드'라는 칭호에 응축되어 있다. 그의 강한 귀족 지향은 평상시 행동에서도 나타났다. 소설을 쓰는 동시에 밤이면 밤마다 상류계급의 여성이 주재하는 살롱에 출몰해 그곳에서 제공되는 요리에 입맛을 다시는 것이 그의 일과였다. 여성관계도 화려했는데, 후년의 비평 가운데는 이것을 소년기 시절 모친에 대한 애정 결핍 때문으로 보고 있기도 하지만 어쨌든 이것은 먹는 것에 집착을 보인 것과 마찬가지로 부두아르 Boudoir(여성의 침실, 바꿔 말하면 애인)가 고귀한 남성의 취미라고 여기던 낡은 귀족의식에 이 대작가가 과도하게 심취했음을 반영한 것이라고 생각하는 편이 자연스럽지 않을까.

샤를르 지로가 그린 제2제정기의 상류가정의 분위기를 알 수 있는 그림. 나폴레옹 3세의 사촌인 마틸드 공주의 저택에서 자주 개최한 살롱풍경이다. 발자크가 동경한 것은 아마도 이러한 살롱이었을 것이다.

어쨌든 간에 발자크의 식(食)에 대한 집착의 경향은 『미각의 생리학』 1838년 판(版)의 부록에 수록된 「현대의 자극물 개론 Traite des excitants modernes」[096]이라는 소론(小論)에서도 분명히 나타난다. 그 자신이 사바랭과 친분이 있었던 것은 아니나 편집자와는 친했던 듯하며, 그 관계에 의해 사바랭 책의 부록에 수록된 이 소론의 집필을 의뢰받았다고 한다. 구르망으로 알려진 저명작가의 이름을 속표지에 새겨 넣는 것은 아마도 책의 판매에 상당히 공헌했을 것이다. 그중에서도 발자크는 그 시대에 매우 진보적이었던 5가지 자극물, 즉 알코올, 설탕, 차, 커피, 그리고 담배에 관해 지론을 펼치고 있다.

이처럼 발자크의 가스트로노미에 대한 관심은 그의 몇몇 작품에 얼굴을 드러내며 가스트로노미에 감칠맛과 깊이를 부여하는 데 기여했으나 그것은 어디까지나 발자크의 개인적인 관심을 투영한 것으로 그 이상의 것은 아니었다.

그에 반해 또 다른 한 명의 구르망 작가인 뒤마는 19세기 후반 가스트로노미의 대중화에 크게 공헌했다. 본래부터 화려한 것을 좋아한 뒤마는 발자크와는 또 다른 동기에서 사치스러운 식사에 돈을 계속 낭비했다.

『삼총사』나 『몽테 크리스토 백작』과 같이 대중들이 좋아하는 역사소설로 인기를 얻어 막대한 재산을 구축한 뒤마는 자주 자신의 집에 많은 사람들을 불러 대만찬회를 개최하곤 했다. 그러나 그것은 단순히 그가 먹보였기 때문이었으며, 발자크와 마찬가지로 많은 애인을 만들었으나 그것 또한 단지 그가 호색가였기 때문이었다.

낭비와 정치상황의 변화로 만년의 뒤마는 경제적 파탄에 이르렀고, 지난날의 사치를 부리던 생활은 상상할 수 없을 정도로 조촐하게 보냈다. 죽음의 문턱에 이르러 뒤마는 "내가 파리에 왔을 때는 무일푼이었다. 결국 그때로 돌아간 것뿐이다."라고 말했다고는 하지만 진위가 분명치 않은 이 에피소드는 그의 호담한 성격을 대변해 주고 있다고 할 수 있다.

뒤마의 가스트로노미에의 최대 공헌은 그의 사망 후에 출판된 『요리대사전 Le Grand Dictionnaire de Cuisine (19871)』[072]의 편찬에 있다. 이것은 본래 그리모 드 라 레니에르가 1808년경에 출판을 계획한 것이다. 그러나 지금까지 밝힌 여러 가지 사정에 의해 그리모는 이 사전을 끝내 완성할 수 없었다. 긴 시간을 지나 이것을 계승한 것은, 자신도 주

앙드레 질이 그린 뒤마.
『라 륀』의 1866년 12월 2일자에 게재된 것으로 깃이 달린 펜을 기사의 검처럼 쑥 내민 뒤마가 『르 루무스케텔』이라는 신문을 뚫어버리고 있다. 왼팔에는 남자를 안고 있는데, 이 남자는 아무도 뒤마의 공동 저자이면서 후에 재판에서 싸우게 되는 마케인 듯하다.

방에 서서 솜씨를 발휘하고 또한 요리에 관한 지식도 풍부해 요리 관계의 지인이 많았던 뒤마였다.

나이 어린 친구였던 작가 공쿠르에게 "샹젤리제에 레스토랑을 열 계획이다."[097]라고 말할 정도로 요리에 애착을 가지고 있던 뒤마였지만 그 꿈을 이루지 못하고 그대로 세상을 떠나, 『요리대사전』이 문자 그대로 뒤마의 유작이 되었다.

사전은 ABC순으로 'ABAISSE'부터 'ZUCHETTI'까지 약 750개 항목이 열거되어 있고 각각에 해설이 첨가되어 있다. 본문에 전문 등 부속적인 문장을 더하면 총 1,200페이지에 달하는 방대한 책이다. 대중작가 뒤마의 손에 의해 만들어진 것이므로 당연히 무미건조한 정의를 모으는 것으로 끝나지 않는다. 각 단어에 관한 일화나 조리법 등이 자유자재로 담겨 있는데, 긴 것은 하나의 항목만이 5페이지 이상 되는 것도 적지 않다. 곳곳에 뒤마의 수다라고 할 수 있는 것들이 넘쳐난다.

예를 들어 '파티스리PATISSERIE'의 항목에서는 이렇게 기술하고 있다.

"우리들 사이에 파티시에의 지위는 이전과는 다르다. 예전에는 낮게 여겨지던 직업이 지금은 높은 평가를 받고 있다. 옛날에는 수치심을 모르는 인간을 가리켜 '파티시에 매장을 정면 입구를 통해 들어간다.'라는 말이 있었다. 이것은 옛날에 파티시에가 카바레를 경영했던 것에 유래한다. 카바레를 가는데 정문으로 들어가는 것은 낯 두꺼운 행위로 여겨졌으므로 신중함을 가장한 사람은 부끄러움에 뒷문을 통해 들어간 것이다. 오늘날 멋지고 세련된 가게를 카바레와 동일시하는 일이 있다면 파티시에들은 그것을 모욕이라고 받아들일 것이다.[14]"

뒤마의 사전에는 거울로 삼을 만한 전례가 있었다. 뒤마는 『요리대사전』의 집필

---

(14) 카바레Cabaret는 음식점 중 하나이다. 직인이나 노동자 등 가난한 서민을 위한 술집으로 신분이 있는 사람이 출입하는 장소는 아니었다. 파티시에 매장과 가게 바깥의 입구에서 카바레에 가려면 파티시에의 매장을 통하지 않고서는 갈 수 없었기 때문에 그것은 무례한 것으로 되어 있었던 것이다.

에 있어 『옛날과 지금의 프랑스 요리 종합사전 Dictionnaire General de la Cuisine Francaise Ancienne et Moderne(쿠장 드 쿠르샹 편, 1853)』을 상당히 많이 참고한 듯하다. 그러나 페이지 수는 뒤마 사전의 절반 정도, 기술(記術)도 뒤마의 수다스러움에는 근접하지 못한다.

어쨌든 뒤마와 같은 인기작가가 요리 사전을 편찬한 것 자체가 가스트로노미의 대중화를 뒷받침하는 것이었다고 말할 수 있다.

시대도 급류처럼 부산하게 세상을 흔들고 있었다. 발자크나 뒤마가 태어난 시대는 1830년 7월 혁명, 1848년 2월 혁명, 게다가 1851년 루이 보나파르트 쿠데타 등 큰 변화가 끊임없이 일어나는 격동의 시대였다. 그 사이에 정권도 왕권으로부터 공화제, 그리고 다시 제정으로 어지럽게 바뀌었다. 그 천재성으로 민중으로부터 사랑받고 자유분방한 시대를 앞질러 나가는 듯 보이던 두 사람의 구르망 작가들도 결국은 시대의 거친 파도에 농락당해 결코 행복한 결말이라고는 할 수 없는 결말을 받아들일 수 밖에 없었다. 그것은 이전 세기부터 조금씩이기는 했지만 명맥을 이어오던 옛것을 좋아하는 프랑스 최후의 흔들림이었을지 모른다.

다양한 의미에서 파리도, 그리고 그 속성이라고도 말할 수 있는 가스트로노미도 새로운 시대를 맞이하려 하고 있었다.

2

1851년 12월 2일, 3년 전의 2월 혁명[15]에서 제2공화제가 발족, 초대 대통령에 추대된 루이 보나파르트가 쿠데타를 일으켜 자신이 직접 황제의 자리에 오르고 여

---

[15] 1848년 2월에 일어난 혁명으로 국왕 루이 필립은 영국에 망명하고, 그곳에서 왕정은 완전히 마지막을 고했다. 이 혁명은 최초로 부르주아가 아닌 노동자 등 서민계층이 주체가 되어 추진된 것으로, 그 배경에는 마르크스들이 제창하는 사회주의의 대두가 있었다. 여기서 발족한 제2공화제는 루이 보나파르트의 쿠데타에 의해 어이없게 무너지지만 그 불길은 결코 사라지지 않고 1875년 제3공화제의 실현을 준비하게 된다.

기서 제2제정시대가 막을 연다. 루이 보나파르트는 나폴레옹의 조카이며 민중으로부터 절대적인 인기를 얻고 있었다. 그는 나폴레옹 3세라고 일컬으며 19세기 후반의 프랑스에 한 시대를 구축했다. 성격적으로는 우유부단했으며 거의 20년에 걸친 치세 기간 중 실정(失政)을 했다고 말해지는 부분도 적지 않지만 그 반면 뛰어난 업적이라고 할 만한 일도 많이 남겼다. 그중 최대의 업적이 센 현(縣) 지사인 조르주 오스망에게 지시해 실행에 옮긴 파리의 도시 대개조계획이다.

이 장의 처음에 소개한 것처럼 19세기 중반까지의 파리는 세계에서 가장 불결한 도시라 불렸다. 거리는 쓰레기더미로 넘쳤고 좁은 골목이 미로처럼 파리를 둘러싸고 있었으며 그것이 범죄의 온상이 되기도 했다. 부유층과 빈민층의 경계가 확실하게 나뉘어 있을 때는 그래도 거리의 생활이 기능을 했다. 더러운 곳은 압도적 다수인 빈민층에 떠안겨졌고 부유층은 그 윗물의 맑은 부분만을 만끽하면 되었기 때문이다. 그러나 시대가 변하고 사회가 변화해가면서 부유층과 빈민층의 경계가 차츰 애매해져서 더럽고 불편한 생활에 대한 불만의 목소리도 커져 갔다.

정치상으로도 사정이 좋지 못했다. 좁게 들어선 골목은 범죄자에게 있어 편리했을 뿐만 아니라 정부권력에 반항하는 공화주의자들에게 있어서도 괜찮은 전쟁터였다. 내몰렸을 때 달아나기 쉬웠고 일단 달아나면 찾아내기란 어려워졌다. 또한 좁은 골목은 바리케이드의 구축에도 큰 이점이 되었다.

나폴레옹 3세는 불결도시의 오명을 구실로, 실제로는 반정부운동을 봉쇄할 목적으로 오스만에게 도시개조를 명했다고 한다.

이유가 무엇이든 간에 오스만의 도시개조는 파리 거리를 일변시켰다. 독립문이 있는 에뚜왈 광장을 중심으로 방사상으로 뻗은 12개의 대로를 만들고 좁은 골목은 폐지 또는 통합시켜 넓은 거리를 새롭게 만들었다. 파리 거리에 몇 군데 있던 빈민굴을 죄다 없애버렸고 상하수도 역시 정비했다. 레알 중앙시장은 개축되어 철과 유리의 근대적 건물로 재탄생했다. [16]

1855년 8월 25일에 베르사유궁에서 열린 대만찬회를 그린 유제느라미의 작품. 이 만찬회는 프랑스를 방문한 영국 빅토리아 여왕을 환영하기 위해 열린 것으로 주최자는 물론 나폴레옹 3세다.

에밀 졸라의 『파리의 배 Le Ventre de Paris(1873)』는 그러한 오스만화의 진화된 파리의 새로운 중앙시장을 배경으로 전개되는 소설이다. 시대는 1850년대 말. 즉 자냉의 논평에 발자크나 뒤마의 소설을 대응시킨다면 몽스레의 논평에 대응되는 것이 졸라의 소설이라고 할 수 있을 것이다.

『파리의 배』에는 무대가 무대인 만큼 먹는 음식 이야기가 계속해서 나온다. 이것만 읽어도 당시 파리 시민의 식사상황을 짐작할 수 있을 정도인데, 그 묘사 방법은

---

(16) 레알의 중장시장은 1960년대에 해체되어 파리 교외의 랑지스에 옮겨졌다. 중앙시장의 철거지에는 근대적인 건물이 나란히 서고, 레알은 지금 파리 유행의 최첨단을 상징하는 지역이 되어 있다.

Déplorable effet des farineux.

'밀가루의 한심스러운 효용'이라는 제목이 붙은 19세기 중반의 캐리커처. 부르주아처럼 보이는 남자는 튀어 나온 배를 마차에 싣지 않으면 걸을 수조차 없다. 남자 뒤로는 '레스토랑'이라는 글자가 보인다. 졸라의 『파리의 배』 본문 테마는 살찐 배와 야윈 배의 대결로, 야윈 배는 아무리 노력해도 결국 살찐 배에 지고 만다. 물론 살찐 배는 왕정 아래에서 맛있는 음식을 먹으며 빈둥거리며 살아가는 돈 있는 부르주아를, 그리고 야윈 배는 살찐 배에게 좌지우지되며 힘들어하는 가난한 노동자를 상징하고 있는 것은 말할 필요도 없다.

발자크나 뒤마와는 확연히 다르다. 시선이 낮은 것이다. 주인공 플로랑은 나폴레옹 3세가 황제의 자리에 앉은 후에 공화주의자로 오인 받아 귀양의 쓰라린 체험을 하게 되는데, 그곳을 탈출해 목숨을 겨우 부지하고 파리에 도착해 중앙시장 옆에서 푸줏간을 경영하는 의동생 크뤼와 리사 부부의 도움을 받는다는 설정. 가게 모습은 이렇다.

"지금 리사가 카운터 위의 고기 너머로 보인다. 앞에는 흰 그릇의 접시가 나열되어 있고 그 위에 아를르나 리용의 소세지가 잘려진 채 있으며 소의 혀, 소금에 절인 삶은 돼지고기, 젤리로 굳힌 돼지머리고기, 잘게 다져 볶은 고기 항아리, 뚜껑이 열려 기름이 잔뜩 보이는 정어리 캔 등이 놓여 있다. 좌우 선반에 있는 것은 돼지고기 간 파테, 옅은 장밋빛 햄, 그리고 넓은 지방층 아래에 피가 방울져 떨어지는 듯한 고기 요크햄 등이다. 이외에도 둥근 접시나 타원형 접시가 있으며 그 위에는 혀로 채운 것, 트뤼프가 든 갈랑틴(양념을 넣어 삶은 고기를 굳힌 것), 피스타치오가 든 돼지머리고기 등이 나열되어 있다. 또한 그녀 바로 옆 아래 선반에는 비계를 넣은 송아

지고기, 간 파테, 토끼 파테 등이 노란색 도기 대접에 들어 있었다.⁽¹⁷⁾" (제2장)

이러한 묘사를 보면서 놀라는 것은 여기에 쓰인 음식 대부분이 현대의 것과 별반 다르지 않다는 것이다. 이 푸줏간의 풍경은 21세기 파리 거리에서도 그대로 찾아볼 수 있다.

물론 졸라 소설의 이 한 구절만으로 전체를 판단할 수 있는 것은 아니지만, 적어도 그리모의 『식통연감』에는 등장하지 않았던 풍경이라는 것은 틀림없다.

크뤼의 가게에 이러한 반찬을 사러 오는 것은 결코 부유한 부르주아가 아니었다. 근처의 매우 평범한 서민이었다. 그리모의 시대에, 아니 자냉의 시대에는 서민이 트뤼프가 든 갈랑틴이나 토끼 파테를 구입해서 집에서 먹는 것을 과연 생각할 수 있었을까? 이것 또한 부인할 수 없는 가스트로노미의 대중화의 성과이다.

시대의 변화는 이것만으로 멈추지 않았다. 1870년 나폴레옹 3세가 실각하고 제3공화제로 넘어간다. 프로이센과의 전쟁에서 패해 피폐해진 프랑스는 이전의 귀족이나 대부르주아를 대신해 일반시민이 주체가 되어 나라의 재건을 추진하게 되었다.

이렇게 가스트로노미도 대중화의 정도를 점점 심화시켜가며 드디어 에스코피에의 시대, 즉 20세기를 향해 가게 된다.

---

(17) 참고로 원문은 다음과 같다.
Elle lui apparaissait, au-dessus des viandes du comptoir. Devant elle, s'étalaient, dans des plats de porcelaine blanche, les saucissons d'Arles et de Lyon entamés, les langues et les morceaux de petit salé cuits à l'eau, la tête de cochon noyée de gelée, un pot de rillettes ouvert et une boîte de sardines dont le métal crevé montrait un lac d'huile; puis, à droite et à gauche, sur des planches, des pains de fromage d'Italie et de fromage de cochon, un jambon ordinaire d'un rose pâle, un jambon d'York à la chair saignante, sous une large bande de graisse. Et il y avait encore des plats ronds et ovales, les plats de la langue fourrée, de la galantine truffée, de la hure aux pistaches; tandis que, tout près d'elle, sous sa main, étaient le veau piqué, le pâté de foie, le pâté de lièvre, dans des terrines jaunes.

제6장
파괴와 창조의 세기로

생 드니 대로. 정면에는 옛날 시벽의 흔적이 있는 생 드니문이 보인다. 그림 오른쪽에는 파티스리의 윈도가 있고 가게 앞에는 그곳의 파티시에로 보이는 인물이 서 있다. 그 옷차림은 현재와 별반 다르지 않다(1890년경).

I. 가스트로노미와 세기말

1

 1789년의 프랑스 혁명을 계기로 야기된 사회적 대변동은 몇 번의 정치체제를 바꿔가며 이럭저럭 안정되기까지 결국 100여 년에 가까운 시간이 필요했다. 정세가 불안정해질 때마다 반복되는 소란에 파리 시민들은 완전히 익숙해져 버렸고, 골목에 세워졌다 부서져 버리는 바리케이드나 적군과 아군이 분명치 않은 시가전조차 흔하디 흔한 일상의 풍경 중 하나가 되어버렸을 정도였다.
 빅토르 위고는 『레 미제라블』에서 1830년대 초반의 정치폭동에 대해 다음과 같은 정경을 묘사하고 있다.
 "2년 전부터 파리는 몇 번이나 반란을 보아왔다. 폭동을 일으킨 지역을 제외하곤 폭동 중의 파리의 모습만큼 기묘하게 안정되어 있는 것은 없다. 파리는 어떻든 간에 매우 빨리 익숙해져 버린다. 폭동에 불과하지 않은가. 파리는 많은 용무가 있으므로 그런 시시한 일에 놀라고 있을 겨를이 없다. 이 거대한 도시만이 그러한 광경을 내보일 수 있는 것이다. 이 거대한 장소만이 내란과 동시에 무엇인가 기묘한 정적을 유지할 수 있는 것이다. 반란이 시작되어 북이나 집회 나팔, 비상 신호소리가 들려도 상점 주인은 단지 이렇게 말할 뿐이다. '생 마르탱 거리에서 싸움이 있었던 듯하네.' (중략) 곧 폭동이 가까워지면서 퍼져가면 그는 빨리 가게를 닫고 서둘러 군복을 걸친다. 즉 상품을 안전하게 해놓고 자신의 몸을 위험에 처하게 두는 것이다.
 사거리나 좁은 길, 막다른 골목에서 총싸움이 시작된다. 바리케이드를 빼앗거나 빼앗기거나 또 만회하곤 한다. 피가 넘치고 탄환이 민가의 정면을 관통하고 탄환이 침실에서 자고 있는 사람들을 죽이고 시체가 거리를 차지하고 있다. 그러나 그곳으로부터 몇 발자국 떨어진 곳에서는 카페에서 당구를 치는 소리가 들린다.

1860년대에 등장한 새로운 식사형태인 '르 디네 드 렉스포지션'. 넓은 홀에 테이블이 여러 개 나열되고 정해진 요리를 모두가 먹는 이 형태는 레스토랑과 타블르 도트의 중간에 위치한다. 레스토랑만큼 고급은 아니지만 타블르 도트만큼 서민적이지도 않다. 이러한 식사 장소가 등장한 것만으로도 가스트로노미의 대중화가 진행되고 있다는 것을 알 수 있다.

Le Dîner de l'Exposition.

구경꾼들은 전투 중인 거리로부터 멀지 않은 곳에서 이야기를 나누거나 웃거나 하고 있다. 극장은 개장해서 통속희극을 상연하고 있다. 길거리에서 손님을 태우는 마차는 거리로, 통행인은 마을로 식사를 하러 간다. 때론 전쟁이 일어나고 있는 지역에서도 그러하다. 1831년에는 결혼행렬을 보내주기 위해 사격을 일시 중단시킨 일도 있다.099"

가스트로노미가 이러한 거듭되는 혼란의 틈을 메우듯이 생겨나 발전하고 그리고 조금씩 대중 속에 침투해 간 것은 지금까지 봐온 그대로이다. 이 장(章)에서는 대중화된 가스트로노미가 새로운 세기를 향하면서 어떤 식으로 한층 보편화를 이루어 갔는지를 검증하며 전체를 매듭짓고 싶다.

아미 트루벡은 프랑스 요리의 우위성은 1900년대 초까지 완전히 확립되어 있었다며 그 간접적인 증거로 1903년 발행된 에피큐어 The Epicure 지(紙)에 게재된 기사를 인용하고 있다.

"사람들이 완벽한 식사를 하기 위해 내는 요금 등은 문제가 되지 않는 옛날의 파리풍 레스토랑을 경영하고 있는 셰프가 최근의 인터뷰에서 이런 이야기를 하고 있다. '프랑스 요리'에 대해 이야기하는 것은 바보스러운 일이다. 모든 요리는 프랑스 요리로 정해져 있지 않은가. 이른바 독일 요리라든가 영국 요리라든가 하는 것은 원래 요리가 아니다. 유일한 요리는 프랑스가 만들어낸 요리, 즉 '라 퀴진'이다. (중략) 그는 요리사가 모두 프랑스 사람인 런던의 최고급 레스토랑에 대해 들은 적이 있다고 한다. 또한 이러한 이야기도 들었다고 한다. 세계 어떤 나라의 어떤 정식 디너라도, 그 메뉴를 봐두는 것이 좋다. 그곳에 프랑스 요리 이외의 것이 올라 있던가? 그렇지 아니하다. 인류가 식사를 하기 위해 살아가고, 짐승이 먹이를 뜯어 먹듯이 먹는 것이 아닌 이상, 프랑스 요리는 최고의 권세를 누릴 것이다. 이유는 간단. 이외에는 바꿀 것이 없기 때문이다.¹⁰⁰"

1852년 황제가 된 나폴레옹 3세의 통치 하에 세상은 단시간에 안정을 되찾았고 오스만의 파리 개조에도 힘입어 부르주아 문화는 세련되고 동시에 착실히 그 저변을 확대해가고 있었다. 가스트로노미 역시 그 조류 속에서 조금씩 모양새를 바꿔가면서도 발전의 발걸음을 멈추지 않았다. 구폐가 가정용 요리법 보급에 고심하고 뒤부아가 오트 퀴진의 전통을 계승해가면서 더욱 심플한 시스템을 지향해간 것은 이러한 시대였다.

1870년에는 프로이센과의 전쟁이 일어나⁽¹⁾ 나폴레옹 3세가 실각하고 프랑스 국내는 또다시 혼란에 빠졌다. 피폐해진 국민은 그 속에서도 서서히 재기하여 1875년에는 정식으로 제3공화제가 발족, 프랑스는 이 시기에 이르러 가까스로 대혁명 이후 100년 만에 평화와 안녕을 손에 넣었다.

그리고 시대를 움직이는 또 다른 요소가 있었다. 과학기술의 발전과 그에 동반한 생활 편리성의 비약적인 향상이다. 새로운 미래에 대한 예감은 사람들의 마음

---

(1) 프랑스는 스페인 왕의 왕위계승문제로 프로이센과 그 동맹국인 독일제국과 격렬하게 대립, 1870년 7월 19일 전화의 포문을 연다. 전쟁 중에 프랑스 황제 나폴레옹 3세가 적군의 포로가 되는 실수를 범해 제2제정은 붕괴되고, 제3공화제로 이행됐으나 1871년 1월에는 파리가 함락되고 5개월 후 프랑스는 정식으로 항복했다.

을 고양시켜 활동적으로 만들었다. 그것은 프랑스뿐만이 아니라 유럽 전체를 휩쓰는 공기였다.

바야흐로 가스트로노미는 모든 사람의 손에 달려 있었다.

2

정치적으로도 경제적으로도 급격한 전환이 행해지던 유럽 사회에서 트루벡이 말하듯이 프랑스 요리의 우위성은 더욱더 굳건해지고 있었다. 요리의 세계에서 프랑스가 유럽 제국 중에서도 뛰어나게 된 이유는 여러 가지를 생각해볼 수 있다. 요리를 문화로 여기는 프랑스의 사회풍토라는 것도 물론 있을 것이며, 파리 특유의 레스토랑이라는 외식산업의 발전도 프랑스 요리가 국경을 넘는 이점을 부여하는 데 크게 기여했다. 유럽의 상류사회에서 그 이름을 알린 카렘의 존재도 컸음에 틀림없다. 그리고 그 기반이 된 것은 말할 필요도 없이 17세기부터 19세기에 걸쳐 고도로 세련되게 완성된 오트 퀴진이다.

제1제정기부터 프랑스의 많은 요리사가 외국에 진출해 활약했고 명성을 남기고 있다. 루이 외스타슈 위드[2]를 시작으로 알렉시스 수아이에[3], 뒤부아, 베르나르 등 누구나 프랑스 요리가 유럽 요리의 표준적인 지위를 차지하는 데 빼놓을 수 없

---

(2) 루이 외스타슈 위드 Louis Eustache Ude (1769-1846). 주로 영국에서 활약한 프랑스 요리사. 아버지가 일한 루이 16세의 주방에서 수습으로 요리의 길에 들어섰다. 나폴레옹의 어머니인 마리아 레티치아의 메텔도텔로서 2년간 근무한 후, 아마 1800년대 초에 영국으로 건너가 리버풀의 세프톤 경 아래에서 20년간 셰프로 근무했다. 그사이에 요리서 2권을 출판하였다.

(3) 알렉시스 수아이에 Alexis Benoit Soyer (1810-1858). 프랑스 요리사. 위드와 같이 커리어의 대부분을 영국에서 보냈다. 프랑스를 떠난 것은 1830년 7월 혁명이 계기가 됐으며 1837년 런던의 리폼 클럽의 셰프로 취임함으로써 명성을 얻었다. 1851년에 자신의 레스토랑을 열고, 그 후 크리미아전쟁 무렵에는 전장의 군인들이 음식 때문에 괴로워하고 있는 것을 알고 현지로 가서 2년간에 걸쳐 유명한 나이팅게일과 같이 군대의 식사 개선에 힘썼다.

는 역할을 했다. 다소 불온한 단어이지만 트루벡이 '프랑스 요리 제국주의[100]'라고 이름 붙인 상황이 19세기 후반 유럽의 요리 세계에 생겨나 있었다.

한편, 프랑스 국내의 요리 세계에서도 세기말을 향해 다양한 새로운 움직임이 일었다. 퀴지니에나 파티시에, 트레퇴르 등의 업계에서는 앙시앙 레짐기의 수공업자 조직인 길드의 붕괴 후에도 구세대로부터의 도제(徒弟)제도가 유지되어 왔다. 그것은 숙련된 직인을 키우는 데 오랜 시간이 걸리는 이러한 직업에서는 오래된 도제제도가 가장 효과적인 방법이라고 인식되어 있었기 때문이다.

영국을 중심으로 진전되고 있던 산업혁명과 그것과 함께 급속히 발전하고 있던 자본주의는 프랑스에서는 그 진척이 다소 늦었는데, 백화점과 같은 새로운 대규모 상업시설이 탄생하거나 또는 다양한 업종에서 기계화의 도입으로 대량생산이 실현되는 등 상업 환경의 변화가 눈에 띌 정도였다. 퀴지니에도 파티시에도 기계에 의한 대량 생산에는 적합하지 않은 직업이므로, 그러한 기계화나 대자본에 대항하기 위해 업계의 조직화를 서둘러 진전시킬 필요가 있었다. 그 기초로 도제제도를 중심으로 한 조직이 이용되고 있었다.

1870년대 이후, 프랑스의 요리계에서는 이러한 업계조직의 재편성이 왕성하게 이루어졌다. 조직 운영에는 그것을 통괄하고 방향성을 제시하며 조직에 속한 구성원을 실제로 움직이기 위한 축이 되는 지도자가 필요하다. 조셉 파브르는 스위스 태생의 퀴지니에로 파리의 유명한 요리점인 슈베나 유럽 각국의 호텔 셰프로 활약한 인물인데, 그의 재능은 오히려 요리업계의 오거나이저(조직지도자)의 면에서 더욱 활발하게 발휘되어 큰 업적을 남겼다.

파브르는 어려서 고아가 되었고 젊은 시절부터 요리사의 지위 향상에 큰 관심을 가지고 요리사의 교육에 열정을 쏟았다. 50세를 갓 넘긴 젊은 나이에 이 세상을 떠난 것을 보아도 어딘가 카렘의 생애를 방불케하는 부분이 있다. 카렘과 마찬가지로 파브르는 문필을 교육과 계몽의 수단으로 적극 이용했다. 1877년에는 요리사에 의해 집필이 이루어진 최초의 요리잡지『요리의 과학Science Culinaire』을 창간, 그것과 연동하여 1879년에는 '요리기술의 발전을 위한 만국동맹L'Union Universelle pour le Progres de l'Art Culinaire'을 창설했다. 이 조직은 파리에서는 1883년부터 '요리 아카데미Academie de Cuisine'라고 불리게 되었으며 1888년에는 프랑스 전국 요리사 조직인 '프랑스 요리 아카데미Academie culinaire de France'로의 조직재편으로 발전해간다.

덧붙이자면, '프랑스 요리 아카데미'는 현재도 프랑스의 가장 권위 있는 요리 관련조직으로 활발한 활동을 계속하고 있다. 기관지인 「프랑스 및 제국의 요리La Cuisine Francaise et Etrangere」역시 의욕 넘치는 뛰어난 요리사들에 의해 길게 이어지고 계승되어 프랑스 요리의 현대화와 그 발전에 큰 기여를 했고, 편집에 관여한 저명한 요리사 중에는 파브르와 동시대 파티시에인 피에르 라캉[4]이나『현대제과개론』[5]의 저자 중 한 명인 에밀 다렌이 포함되어 있다.

파브르는 요리에 관한 지식의 집적에도 의욕적으로 몰두하여 총 4권의『실천적 요리 대사전Dictionnaire Universel de Cuisine Pratique』을 집필, 1894년부터 간행을 시작했다. 이것은 후에 라루스 사(社)로부터 간행된『요리백과사전 Larousse Gastronomique(1938년 초판)』의 시초가 되는 것이었다.

또 하나 파브르의 공적을 들어보겠다.

---

[4] 피에르 라캉Pierre Lacam(1836-1902). 파티시에면서 제과사의 연구자이기도 하다. 근대적인 여러 가지 과자의 창작자로도 알려져 있고, 다수의 프티 푸르를 고안한 것 외에 이탈리안 머랭을 사용한 앙트르메를 최초로 만든 것도 라캉이라고 말해지고 있다. 저서도 다수 있고, 1890년 발행된『Mémorial Historique et Géographique de la Pâtisserie』는 과자의 제조법만이 아닌 그 역사적 배경을 쓴 것으로 높은 평가를 얻었다.

[5]『Traité de Pâtisserie Moderne』1913년 초판을 낸 현대 과자 만들기의 바이블이라고도 말해지는 에밀 듀바르와 에밀 다렌 공저의 서적이다. 원래는 프랑스 요리 아카데미의 기관 잡지인『프랑스 및 제국의 요리』에 게재된 레시피를 모아놓은 것으로, 다렌은 이 잡지의 편집장이었다.

조셉 파브르
(Joseph Favre, 1849년–1903년).

1882년에 파리에서 발행된 요리의 과학지(誌)는 앞서 열린 '요리 전람회 Exposition Culinaire'의 성공을 그 내용으로 전달한 것인데, 이 전람회는 파브르에 의해 조직, 운영되었고 그 후에 각지에서 열리게 되는 수많은 요리 대회의 기선을 잡는 역할을 했다.

트루벡은 "요리 전람회는 분명히 뛰어난 문화적 생산물인 프랑스의 오트 퀴진을 선전하기 위해 조직된 것"으로 "오거나이저는 전시된 정교하고 치밀한 작품과 요리 대회를 사람들이 구경함으로써 요리가 예술의 중심에 있다는 것을 나타내고 싶었다."고 말한다.[100]

이 목표는 어김없이 달성됐다. 1883년에 프랑스 요리 협회 Société des Cuisiniers Français가 주체가 되는 '요리 전람회'가 실시되자 1885년에는 이것에 자극을 받아 영국 런던에서도 비슷한 전람회가 열렸고, 더욱이 이 움직임은 유럽 각지로 퍼져나가 각지에서 '요리 전람회'가 개최되기에 이르렀다. 나라는 각각 달라도 그 내용은 프랑스를 본딴 것으로 오트 퀴진을 일반시민에 소개함과 동시에 요리 비즈니스를 확대하기 위한 선전을 목적으로 하고 있었다. 따라서 요리 전시와 더불어 식품 제조업자의 홍보 기능도 겸한 견본시장과 같은 성격을 이 초기 단계에서 모두 확실히 나타내고 있었다.

바야흐로 가스트로노미는 대중화되어 갔을 뿐 아니라 조직화도 진행되고 있었다. 나머지는 프랑스라고 하는 제한된 영역을 넘어 보편화된 가스트로노미를 탁월한 정신과 뛰어난 기술, 강한 행동력으로 구현할 위대한 요리사의 등장만을 기다리면 되었다.

Ⅱ. 에스코피에의 등장

1

 프랑스 요리의 아버지라고 불리는 오귀스트 에스코피에는 프랑스 남부 니스 근처의 빌뇌브 루베라는 마을에서 1846년 태어났다. 어릴 적에는 조각가가 되고 싶었으며 요리사가 될 마음은 없었다고 자신의 회상록(6)에 기록하고 있는 에스코피에이지만, 부친의 형제 중에 요리사가 있었던 것이 계기가 되어 결국 요리의 세계에 발을 들여놓게 된다.
 운명의 신은 정말 얄궂다. 만약 숙부가 요리사가 아니고, 따라서 니스에 레스토랑을 여는 일도 없었다면 요리사 에스코피에가 탄생하는 일은 없었고, 그 결과 20세기의 프랑스 요리는 크게 변했을 것임에 틀림없다.
 에스코피에의 요리사로서의 경력은 숙부가 경영하는 레스토랑 프랑세에서의 견습 수업으로부터 시작된다. 1859년이라고 하니 제2제정기의 가장 화려했던 시기이다. 니스는 당시부터 상류사회를 위한 리조트지로 각광받았고 특히 겨울에는 러시아 등의 외국으로부터 추위를 피하기 위해 많은 사람들이 방문해 이 도시에 머물렀다. 레스토랑 프랑세는 그러한 상류사회 사교장의 하나로 크게 번성했다고 한다. 에스코피에가 이러한 환경에서 요리의 기초를 닦은 것은 행운이었다고 말할 수 있다.
 견습 수업을 끝낸 에스코피에는 니스 주변의 몇몇 레스토랑에서 솜씨를 발휘한

---

(6) 에스코피에의 회상록Auguste Escoffier, Souvenirs Inédits(1985)은 정확히는 에스코피에에 의한 출판물이 아닌, 그의 사망 후에 발견된 초고를 손자에 해당하는 피에르 에스코피에가 정리하여 한 권의 책으로 간행한 것이다. 자필의 초고가 공개되지 않았으므로 상황이 나쁜 부분은 생략됐다는 편견이 어느 정도 있는지는 모르겠지만, 에스코피에의 생애와 요리 전반에 관한 그의 사상을 아는 데 있어 귀중한 문헌임에 틀림없다.

다음 1865년 4월 파리로 상경, 당시 가장 유명한 레스토랑 중 하나였던 '프티 물랭 루즈'에서 일하게 된다. 이 레스토랑은 큰 다이닝룸이나 살롱은 물론 많은 작은 방이 준비되어 있었고 정문으로부터 떨어진 곳에 개인을 위한 입구가 마련되어 있어 사람들 눈을 피하려는 손님을 배려하게끔 만들어져 있는 등 상류계급 사람들이 즐기며 이용했다. 에스코피에는 이 가게에서 두 번의 병역(그중 한 번은 프로이센과의 전쟁에서 프랑스가 패배를 당하고 독일군의 포로로 고역을 강요당했다)을 포함해 1878년까지 일했고 1873년부터는 요리장으로 그의 재능을 완전히 꽃피웠다. 그 사이 왕후귀족이나 상류계급 사람들의 식탁을 준비하면서 에스코피에는 요리에 대한 창조성을 더욱 갈고 닦게 되었고, 에스코피에의 새로운 요리 개발에 관한 생각은 이 시기에 육성되었다고 말해도 좋겠다. 프티 물랭 루즈에서 에스코피에는 한 가지 더 중요한 역할을 했다. 바로 제자의 육성이다. 요리사의 육성과 그를 위한 교육에 관해서도 에스코피에는 확실한 생각을 갖고 있었다. 요리 창조와 제자 육성에 관해서는 나중에 다시 살펴보도록 하겠으나 이 두 가지 방침이 에스코피에의 요리사로서 활동의 근본인 것은 우선 기억해두자.

프티 물랭 루즈의 일을 통해 에스코피에는 사라 베르나르[7]나 구스타브 도레[8] 등의 저명인사와도 친분을 쌓았다. 사회에서 명성을 얻은 사람들이 그의 요리를 지지하고, 그 뛰어남을 선전해준 것은 물론 에스코피에의 경력에 많은 도움이 되었다. 카렘도 유명인사와의 교류를 지렛대로 삼아 자신의 경력을 높이 쌓아갔지만 카렘을 후원한 것은 탈레랑이나 알렉산드르 1세, 영국의 조지 4세 등 국가

---

[7] 사라 베르나르 Sarah Bernhardt (1844-1923). 프랑스 여배우. 미천한 태생이나 천성의 재능으로 뛰어 19세기 최고 유명한 여배우라고 말할 만큼 성장하였다. 1914년에는 레지옹 되뇌르 훈장을 받았으며, 1923년 서거했을 때는 프랑스에서 국장이 행해졌다.

[8] 구스타프 도레 Paul Gustave Doré (1832-1888). 프랑스 화가. 삽화도 많이 그렸으며, 돈키호테 등 다수의 작품을 남겼다.

를 대표하는 원수나 정치가로, 그들은 문자 그대로 카렘에게 있어 후원자였다. 그것에 반해 에스코피에가 지렛대로 삼은 저명인사는 사라 베르나르나 도레, 또한 나중에 자신의 재능을 인정받은 에밀 졸라, 디저트에 이름을 남긴 넬리 멜바(9) 등 대부분이 예술가였다는 것에 주목해야 한다. 이것은 가스트로노미의 주역이 그 대중화에 의해 특권계급이 아닌 일반시민에게까지 퍼져 있었고 점차 옮겨가고 있음을 여실히 보여준

오귀스트 에스코피에
(Auguste Escoffier, 1846년-1935년).

다. 에스코피에의 성공은 그러한 가스트로노미를 둘러싼 새로운 환경에 의해 지지를 얻었던 것이다.

1878년 에스코피에는 프티 물랭 루즈를 떠났다. 2년 정도 전에 칸에서 구입한, 식료품점을 함께 갖춘 레스토랑 '프장 도르'의 경영에 전념하기 위해서였으나 이 가게는 가정 사정으로 몇 년이 안 돼 어쩔 수 없이 양도하게 된다.

파리로 돌아온 에스코피에는 지인의 소개로 팔레 로얄의 슈베에 임원 겸 요리사로 들어간다. 그리모가 캉바세레스를 위해 복숭아를 구입한 유명한 고급식료품점 슈베는 대(代)를 계속 이으며 제1제정시대부터 제2제정시대에 걸친 격동의 세월을 지나 1880년대에는 식료품점뿐만이 아닌 레스토랑으로도 번성했다. 여기서 에스코피에는 연회요리를 담당, 독일이나 영국 등 외국까지 출장을 나가 솜씨를 발휘했다.

---

(9) 넬리 멜바 Nellie Melba (1861-1931). 오스트렐리아의 소프라노 가수. 파리의 오페라 극장이나 밀라노의 스칼라극장에서 거듭되는 공연으로 대갈채를 받으며 한 시대를 풍미했다. 에스코피에와의 교류는 유명하며, 그 이름을 붙인 '피치 멜바'는 나라와 시대를 넘어서 세계에 더욱 잘 알려진 디저트가 되었다.

1895년 사라 베르나르는 르네상스 극장에서 '지스몬다'의 공연을 하게 된다. 이 때 포스터를 제작해 줄 저명한 화가가 크리스마스로 인해 파리에 없었기 때문에 무명의 화가에게 의뢰하지 않을 수 없었다. 그 화가가 바로 그 후 아르누보의 기수로 각광받게 되는 알퐁스 무하다.

1884년 봄, '가장 좋은 추억을 남긴[101]' 슈베를 그만두고 10월에는 모나코 몬테 카를로로 건너가 그랑 도텔Grand Hôtel의 총 요리장에 취임한다. 에스코피에의 호텔과의 관계는 이때부터 시작된다. 그리고 여기에서 에스코피에는 그 후의 인생을 결정하는 중요한 만남을 갖게 된다. 세자르 리츠로부터 재능을 인정받게 된 것이다.

2

스위스 태생의 리츠는 젊은 시절부터 높은 뜻을 품고 산전수전을 다 겪었고 에스코피에와 만났을 때는 그랑 도텔의 총지배인으로 근무하고 있었다. 당시의 몬테 카를로는 신흥 리조트지로 급격한 발전을 이루는 중이었고 그랑 도텔 역시 경쟁상대인 오텔 드 파리의 요리장 장 지루아를 스카우트해서 이리저리 힘쓰고 있었다. 그리고 지루아가 후임으로 추천한 것이 전 프티 물랭 루즈의 동료였던 에스코피에였던 것이다.

미쉘 갈의 『미각의 거장, 오귀스트 에스코피에의 생애Le Maitre des Saveurs, La

Vie d'Auguste Escoffier(2001)』에 의하면 지루아 이상의 일을 해주지 않으면 안 된다며 많은 요구를 해대는 리츠에게 에스코피에는 다음과 같이 대답했다고 한다.

"타개책은 단 하나. 혁신입니다. 같은 종류의 요리를 원한다면 나는 지루아 밖에 되지 않습니다. 그는 요리의 고전주의를 중요시합니다. 그러나 나의 요리는 창조, 새로움이 포인트입니다. 고객을 기쁘게 하고, 놀라게 해서 어찌되었든 간에 관심을 끌어 보이도록 하지요. 발견이라는 것은, 말하자면 금단 나무 열매의 맛을 가지는 것입니다만 그것에 내기를 걸어보도록 하겠습니다.[102]"

이야기의 출처가 확실하지 않아 에스코피에가 정말 그대로 이야기했는지는 정확하지 않지만 여기에서 에스코피에의 요리에 대한 생각이 단적으로 드러난다. 그리고 머지않아 에스코피에는 그의 생각이 옳았다는 것을 실천으로 증명해 보인다.

리츠와 에스코피에의 결합은 이렇게 시작되었다. 그랑 도텔의 요리는 그곳에 머무르는 부유한 상류계급 사람들 사이에서 호평을 얻었고, 그 평판이 다시 다른 사람들을 유럽에서 끌어들여 호텔에는 예약이 쇄도했다.

리츠의 계획은 훌륭하게 들어맞았지만 그는 그것에 만족하지 않았다. 총지배인의 지위로는 아직 부족했던 것이다. 오너가 바뀐 틈을 타서 리츠는 그랑 도텔을 떠나 칸과 바덴바덴에서 각각 호텔과 레스토랑을 구입해 자신이 경영에 팔을 걷고 나섰다. 에스코피에는 모나코에 홀로 남았으나 리츠가 없는 환경에서는 어딘가 부족함을 느끼지 않을 수 없었다. 리츠가 에스코피에를 필요로 했듯이 에스코피에 역시도 리츠의 존재는 둘도 없이 소중한 것이 되어 있었다.

두 사람이 다시 손을 잡고 일을 시작할 기회는 생각보다 빨리 찾아왔다. 1890년, 리츠는 런던의 사보이 호텔 경영을 맡게 된다. 오너인 도일리 카트의 억지에 가까운 요청에 응하면서 에스코피에를 총 요리장으로 들인다는 조건이 리츠에 의해 첨가되었다.

사보이 호텔은 최신 설비를 갖춘 호화 호텔로 1889년 오픈했으나 오픈하고 얼마 지나지 않아 경영위기에 직면하게 된다. 도일리 카트는 본래 극장주이면서 프로듀서로 성공한 인물로, 호텔 경영에 관해서는 아마추어였기 때문이다. 건물은 화려해도 조직이 변변치 않아 그 장점을 살리지 못했다. 레스토랑 요리도 평범했고 이것이 숙박객의 불평을 샀다. 그렇기 때문에 카트는 리츠의 호텔 경영 수완에 기대를 하게 된 것이다.

리츠는 사보이 호텔의 레스토랑 전부를 에스코피에에게 맡겼다. 주방의 모든 스텝이 에스코피에의 인맥에 의해 갖춰졌고 호텔 메뉴는 완전히 바뀌었다. 에스코피에의 회상록에는 자신이 부임하기 전의 호텔 주방에 대해 이렇게 기록되어 있다.

"요리부문은 어느 요리장의 지휘 하에 있었다. 로스차일드 가의 요리를 책임지고 있었으므로 그 요리장은 훌륭한 요리사임에는 틀림없었으나 일품요리가 주가 되는 큰 레스토랑의 요리장에게 요구되는 지식이 없었다.[101]"

이전의 그랑드 메종의 대연회를 전담하는 전형적인 요리사는 이미 과거의 것임을 에스코피에는 충분히 이해하고 있었다.

리츠와 에스코피에 콤비에 의해 사보이 호텔은 소생했다. 몽테 카를로처럼 여기에서도 호평이 호평을 불러 상류사회의 부유한 사람들이 머무르기 위해, 또는 단지 레스토랑에서 식사를 하기 위해 사보이 호텔을 방문했다. 특히 일요일 밤은 항상 만석으로 성황을 이루었는데 이것은 극장에서 연극 관람을 한 다음 사보이 호텔 레스토랑에서 식사를 하는 것이 유행처럼 되어 있었기 때문이다. 에스코피에의 요리는 런던 사교계를 변화시켰다고 할 정도였다.

그러나 어떻든 간에 끝은 오기 마련이다. 리츠와 에스코피에의 사보이 호텔에서의 영광의 나날은 1897년 돌연, 그것도 예상치 못한 형태로 막을 내리게 되었다. 호텔 번영을 가져온 두 사람의 중심인물이 함께 무대를 떠났기 때문이다. 그 사정에 대해서 에스코피에 자신은 회고록에 이렇게 쓰고 있다.

"사보이 호텔 회장 도일리 카트 씨와 중역 리츠 씨와의 사이에 불화라기보다는 차라리 오해가 생겨나 우리들은 그곳을 떠나게 되었다.[101]"

이 문구는 그러나 '자신에게 불리한 상황의 일은 얼버무린다'라고 하는, 인간이라면 누구나 갖고 있는 성향으로부터 에스코피에 역시 벗어날 수 없음을 나타내고 있다. 실제로는 리츠와 에스코피에는 사보이 호텔을 '떠난' 것이 아닌 '쫓겨' 났다. 미쉘 갈에 의하면 진상은 이러하다.

"쿠세니아는 리츠를 싫어했다. 거의 저주하고 있다고 해도 좋을 정도였다. (중략) 쿠세니아는 도일리 카트의 애인이었다. 사보이 호텔 개업 당시, 카트의 공동경영자라는 직함을 얻었고 호텔 내에 자신 전용의 사치스러운 거실을 만들었다. 그러나 나중에 굴러 들어와 카트의 실질적인 경영 전반을 맡게 된 리츠는 쿠세니아에게 호텔로부터 떠나줄 것을 요구했다. 그녀의 거실은 집무실로 단장되고 말았다. (중략) 쿠세니아는 리츠의 파리 진출에 사보이 호텔의 중역회의가 아직 고개를 끄덕이지 않은 것을 알고 승부에 나섰다. (중략)

'나는 일 년 전부터 두 사람의 상황을 지켜보고 있었습니다. 장부를 잘 살펴봐 주십시오. 놀라서 주저앉아 버릴 정도랍니다.'

그 후, 정말로 다음과 같은 일이 발각되었다. 1897년 단 일 년 사이에 와인을 시작으로 주류 분실이 3,400파운드에 달했다는 것. 리츠가 사업에 사용한 교제비가 과도한 금액에 이른 것. 에스코피에가 상당한 액수의 수수료를 받고 개인적으로 정원초과의 견습생을 고용한 것.[102]"

이 사건으로 에스코피에는 주저앉았다. 회상록에서는 "이것은 나에게 있어 정말로 일시적인 실망에 지나지 않았다.[101]"라며 강한 척했지만 에스코피에의 추락은 결코 작은 것이 아니었다. 그가 말하듯이 그것이 정말 일시적인 것이었다고는 하나, 그 에스코피에조차 좌절이라고 하는 고배를 마셨던 것이다.

Ⅲ. 에스코피에의 철학

1

리츠와 에스코피에의 재기는 예상 외로 빨랐다. 리츠는 당시 이미 격식 있고 우아하고 빈틈없는 서비스를 제공하는 호텔을 자신이 직접 운영한다는 꿈의 실현을 위해 리츠 호텔 디벨럽먼트 컴퍼니라는 회사를 설립했다. 파리의 방돔 광장에 접한 뛰어난 입지에 건립이 예정된 호텔 리츠는 그의 능력을 시험해보는 사업으로, 리츠는 사보이 호텔에서의 업무를 병행하며 자금을 모으기 위해 분주히 움직였다. 쿠세니아가 공격의 실마리로 삼은 '리츠의 파리 진출'에 관한 내용은 이것을 가리키고 있다. 실제로는 리츠가 사보이 호텔의 자산을 사적으로 유용했다는 증거가 없었으므로 소송에까지 이르지는 않았지만, 그가 많은 금액의 자금을 필요로 했다는 것은 틀림없는 사실이었다. 많은 자금 제공자 중에는 리츠가 대부였던 유명한 오렌지 리큐르 그랑 마르니에 제조업자 루이 알렉산드르 마르니에 라포스톨의 이름도 있었다. (10)

파리의 '오텔 리츠'는 1898년 6월 5일 화려하게 오픈했다. 주방 일체를 책임지게 된 것은 물론 에스코피에였다.

이 호텔은 "거리의 소음으로부터 떨어진 특수한 환경으로, 밤에는 고요함에 둘러싸여 쾌적했다. 정원에는 나무그늘이 있어 식사 중의 손님이 기분 좋은 바깥 공기를 쐴 수 있었다. 이것은 어쨌든 간에 여름의 더운 시기에는 매력적이었다. 차를 마시는 시간이 되자 오텔 리츠는 파리와 외국 사교계 스타들의 모임의 장소가 되었다.[101]"

---

(10) 그랑 마르니에의 대부가 리츠이었던 것은 그랑 마르니에 사(社) 공식 사이트에서도 확인이 가능하다. 여기에 따르면, 원래 큐라소 마르니에라는 이름이었던 이 오렌지 리큐르를 친구인 리츠 씨(氏)에게 맛을 보게 하였는데 그가 '그랑 마르니에'라는 이름은 어떨까 제안했다는 것이다.

오텔 리츠와 더불어 리츠와 에스코피에에게는 또 하나의 큰 계획이 있었다. 이전부터 런던에 새롭게 오픈한 호화 호텔 칼튼의 운영 임원으로 참가해달라는 요청을 받았던 것을 사보이 호텔의 사직을 계기로 맡기로 한 것이다. 파리의 오텔 리츠만으로도 힘에 부침에도 불구하고 칼튼의 제의를 받아들인 것은 분명 사보이 호텔에의 대항심(굳이 말하자면 복수심) 때문이었다고 여겨진다. 어쨌든 간에 전실 욕실 설비라고 하는, 그 당시 런던의 호텔에서는 볼 수 없었던 최고급 호텔 칼튼은 리츠와 에스코피에의 예상 대로, 그리고 임원들의 기대 대로 호평을 얻었다.

에스코피에는 칼튼 호텔에서 물러나기까지 20년간을 근무했다. 그 사이 그는 파리의 오텔 리츠의 요리담당중역으로 주방을 도맡아 관리하면서 요리사의 지위 향상과 생활안정을 위해 다양한 노력을 했다. 요리전문지『르 카르네 데피퀴르 Le Carnet d'Epicure』의 발행에 관여, 세계의 식통(食通) 모임으로 만들고자 하는 장대한 의도로 열린 '에피퀴르 만찬회'를 주재했다. 에스코피에는 위대한 요리사인 동시에 프랑스의 가스트로노미를 세계에 널리 알려 직업으로서의 요리사의 조직화에 열심히 몰두한 조직가이기도 했다. 그 에스코피에의 폭넓은 활동에 대해 당시의 프랑스 대통령이었던 푸앵카레는 레종 되뇌르 훈장을 수여했다. 이것은 요리사가 수상한 최초의 레종 되뇌르였다.

에스코피에의 생애는 다소 굴곡이 있었다고는 하지만 영광에 둘러싸여 있었다. 그러나 아무리 화려해 보여도 에스코피에의 근본을 이루는 것은 역시 요리사로서의 본능이며 착실한 노력에 의해 갈고 닦아진 요리철학이었다. 모두가 그곳으로부터 파생된 것이라고 말해도 과언이 아니다.

에스코피에의 요리철학이란 도대체 어떤 것이었을까? 다음에서 그것을 살펴보도록 하자.

2

에스코피에는 몇 권의 책을 저술했다. 이것은 그가 사색하는 요리사라는 것을 알려준다. 에스코피에가 책을 쓴 이유는 카렘의 경우와 동일하다. 즉 요리사의 교육과 계몽이 주요 목적이었다.

처음으로 세상에 소개된 것은 『요리 입문서 Le Guide Culinaire(1902)』로 900페이지 이상 되는 이 두꺼운 요리서는 그 후 다양한 언어로 번역되어 세계의 요리사들에게 프랑스 요리의 경전으로 애용되어 왔다. 1907년에 발행된 영문판 A Guide to Modern Cookery의 머리말을 살펴보자. 여기에서는 에스코피에의 요리철학의 에센스가 응축되어 있다.

머리말의 서두를 에스코피에는 이렇게 시작하고 있다. (이하, 인용은 특별한 기재가 없는 한 『요리 입문서』[103] 머리말에 의한 것이다)

"만약 모든 분야에서 요리술이 진화의 과정에 있는 것이 아니라면, 또한 그 규범이 어느 종류의 과학적인 조작이나 수학의 순서와 마찬가지로 영원히 고정되어진 것이라고 한다면, 이미 많은 뛰어난 요리서가 존재하는 이상, 이 책은 어떤 존재이유 raison d'etre도 없게 되어버릴 것이다. 그러나 오늘날의 발전 속에서는 모든 것이 변하기 쉽고 사회풍습이나 생활 수단이 매우 급속히 변천해감에 따라 처음에는 긴 시간이 지나도 퇴색되지 않을 것이라고 생각되던 유용성조차 몇 년 안에 완전히 변하고 만다."

요리는 진화의 과정이다. 이것이 항상 에스코피에의 근본에 깔려 있는 인식이었다. 회고록에서도 『요리 입문서』를 언급한 부분에서 에스코피에는 이렇게 쓰고 있다.

"이 책에는 5천 종류 이상의 새로운 요리법이 소개되어 있는데, 이것으로 완벽하다고 우겨댈 생각은 없다. 오늘 그것이 설령 완벽하다고 해도 내일은 이미 그렇지 않기 때문이다. 진보는 도중에 멈추는 일이 없다. 부족한 부분을 보충하기 위해 할 수 있는 것이 있다면 그것은, 매일 작업을 계속하면서, 판(版)을 거듭하며 새로운 정보를 더하는 일일 것이다.101"

회고록의 같은 부분에서 에스코피에는 이 책을 쓰기에 앞서 대선배인 위르뱅 뒤부아에 조언을 구한 것을 밝히며, "오랜 친구인 위르뱅 뒤부아와 에밀 베르나르 (중략) 두 대선배의 격려가 있었기에 이 책의 발행이 가능했다."라고 쓰는 한편, 뒤부아와 베르나르 공저의 『고전적 요리』에 대해 "그러나 아쉽게도 이 대대적인 요리는 오늘날에는 실현 불가능한 것이 확실하다.101"라고 쓰고 있다. 한편 이것은 앞서 사보이 호텔의 전 요리장에 대한 평가로, 에스코피에는 자신의 성공 이유가 혁신성에 있다는 것을 자각하고 있었다. 뒤부아의 최대 공적이 러시아식 서비스법의 보급에 노력한 점이라는 것을 인정하면서도, 항상 신기한 것을 요구하는 현대 고급 호텔의 고객 니즈에 부응하기 위해서는 그것만으로는 이미 불충분할 뿐만 아니라 새로운 서비스법이 요구된다고 에스코피에는 생각했다. 그 자신의 단어에 의하면 "영주의 건물이나 궁전의 커다란 식당홀에서 제복을 갖춰 입은 시종들에 의해 거행되는 전통의 과장되고 웅장한 만찬은 궁정 및 그랑 메종에서는 에티켓의 일부였다. (중략) 그러나 이것은 현대의 빠른 서비스에서는 단순히 방해가 될 뿐이다. 복잡하고 때때로 중후하기도 한 메뉴는, 오늘날 사사건건 비판하고 싶어 하는 식욕으로부터는 결코 환영받지 못한다. 또한 요리 그 자체만이 아닌 메뉴의 구성이나 서비스 방법에 대해서도 극적인 변화가 요구된다."

예를 들어 요리에 관해서는 카렘이나 뒤부아가 애용하던 장식용 받침socle에 호화찬란하게 쌓아 올리는 방법을 멀리하고 좀 더 심플한 장식 방법을 고안했다. 그것을 위해서는 당연하지만 새로운 소재와 새로운 조리법의 개발도 필요했다. 또한 서비스 방법에 대해서도 러시아식 서비스를 한층 발전시켜 사전에 정해진 가격에, 사전에 정해진 메뉴의 요리를 제공한다고 하는 이른바 코스 요리를 생각해낸 것도 에스코피에였다.

"카렘이 우리들에게 전수한 것, 즉 요리 그것이 계속되는 한 변하지 않는 근본적인 과학 원리와는 별도로, 이전부터의 요리법은 현대가 요구하는 새로운 거푸집에 의한 성형을 결코 피할 수 없다."

이러한 에스코피에의 강박관념이라고 생각할 수 있을 정도의 집요한 변혁으로의 지향은 당연히 1800년대 말부터 1900년대 초반에 걸쳐 유럽의 시대적 배경을 반영한 것이다. 18세기부터 계속된 전쟁이 간신히 종결되어 유럽 전체에 평화를 구가하는 기운이 넘쳐흐르면서 산업혁명의 성과로 대량생산, 대량소비의 시대가 본격적으로 시작되고 있었다. 도시의 부유층을 중심으로 오래된 전통의 껍질을 벗어던지고 신기한 것을 찾으려고 하는 경향도 현저했다. 런던의 사보이 호텔이나 칼튼, 파리 오텔 리츠의 주요 고객들은 완전히 이러한 인종들로 에스코피에는 이 지나친 요구에 성실히 응하지 않으면 안 되었다. 이것은 에스코피에에게 있어서도 쉬운 일은 아니었다. 상류사회의 "신기함을 추구하는 광기처럼 보이는 기호(嗜好)는 메뉴 구성에 많은 곤란을 초래하게 된다."라며 "완벽한 메뉴를 준비하는 것이 얼마나 힘든 일인가를 아는 사람은 거의 없다."라고 거의 푸념이라고 할 수 있는 논평을 덧붙이고 있는 것만 봐도 그 고생하는 모습을 짐작할 수 있다. 그러나 손을 놓지 않고

19세기 말의 파리 풍속을 그린 장 베로의 작품. 위는 샹젤리제에 있던 '라 파티스리 고프'의 매장 내 풍경 (1889년).

요리에, 메뉴에, 서비스에 완벽을 추구하는 것에 에스코피에의 위대함이 있다. 일류 요리사로서 선인(先人)에게 부끄럽지 않은 일을 해나가며 또한 시대의 변화에 망설이는 일 없이 적응한 에스코피에는 역시 기량과 지성과 유연성을 겸비한 좀처럼 드문 인물이었다고 할 수 있을 것이다.

요리 그것과는 별도로 에스코피에가 남긴 공적에는 몇 가지가 있다. 그 전부를 망라할 공간은 없지만 이것 또한 그의 철학에 관한 것이므로 주된 것을 두 가지만 간단하게 소개하고 이 단락을 마무리하도록 하자.

하나는 여성 고객을 소중히 했다는 것이다. 현대라면 특이할 것 없는 이 방침을 관철하는 것은 19세기 말의 유럽, 특히 영국에서는 용이한 것이 아니었다. 리츠와 에스코피에가 사보이 호텔에서 전개한 레스토랑이 성공하기까지 런던에서 레스토랑의 존재는 강하지 않았다. 그 대신이었던 것이 클럽으로, 예를 들어 수아이에는 리폼 클럽의 셰프로 명성을 얻었고 프란차텔리는 커번트리 하우스 클록포드 클럽의 셰프를 역임한 후 수아이에 뒤를 이어 리폼 클럽 셰프로 취임한다. 이러한 클럽은 어느 곳이나 저명한 프랑스인 셰프가 최고급 요리를 제공하는 것으로 알려져 사람들은 미식을 실컷 즐기기 위해 클럽에 다니게 되었다. 그러나 이러한 클럽은 예외 없이 남성을 위한 사교장으로, 여성이 출입하는 장소는 아니었다. 리츠와 에스코피에는 이 풍습을 태연하게 허물어뜨려 보였다. 사보이나 칼튼의 레스토랑에서는 유행하는 옷을 차려 입은 상류사회의 여성들이 함께, 때론 혼자서 테이블에 자리를 차지하고 앉아 남성고객과 완전히 똑같은 서비스를 받는 모습을 흔히 볼 수 있었다. 20세기의 가스트로노미의 발전은 여성을 무시해서는 결코 이루어지지 않음을 리츠와 에스코피에는 날카로운 통찰력으로 꿰뚫고 있었다.

에스코피에의 또 하나의 공적은 주방의 조직적 운영이다. 그는 주방에서 일하는 모든 직원을 하나의 팀으로 생각했다. 에스코피에가 제자 교육에 힘썼다는 것은 앞서 쓴 바 있다. 교육에만 열심이었던 것이 아니라 제자들을 돌보는 일에도 열의를 보였다. 그 결과, 에스코피에와 제자들과의 사이에는 상당히 긴밀한 관계가 만들어졌다. 그 관계는 에스코피에가 호텔 요리부문의 책임을 맡게 되었을 때 큰 힘이 되었다. 에스코피에의 부름에 필요한 인재가 언제든지 즉시 그에게 모여들었기 때문이다.

주방이 팀으로 운영되는 것의 이점 중 하나는 작업의 효율이 높아져 그 결과, 일 전체의 시간을 단축시킬 수 있고 이것은 에스코피에가 직면한 신기함을 좋아하는 고객의 다양한 요구에 부응하는 동시에 큰 무기가 되었다.

주방의 조직화, 여성고객의 중시, 코스 요리의 설정, 빠른 서비스, 알기 쉬운 메뉴, 그리고 독창적인 요리. 어느 것이나 현대의 레스토랑이라면 매우 당연한 것들이다. 그러나 이러한 것은 모두 에스코피에 이전에는 존재하지 않았던 것들이다.

프랑스 요리의 완성자. 에스코피에가 때로 그렇게 불리는 것은 전혀 이상한 일이 아니다. 타이유방으로 시작된 프랑스 요리의 긴 자취는 바렌이나 마샬, 라 샤펠, 카렘, 뒤부아를 거쳐 에스코피에에 이르러 하나의 귀착점을 찾아낸 것이다.

Ⅳ. 가스트로노미의 여행자

1

19세기 말부터 20세기 초반에 걸쳐 사람들의 생활을 크게 변화시킨 새로운 과학 기술이 몇 가지 등장했다. 그중에는 가스트로노미의 진전에 영향을 끼친 것도 당연히 적지 않았다.

그중 문자 그대로 가스트로노미의 지도를 덧칠하는 역할을 한 것이 '오토Auto' 즉 자동차의 발명과 그것의 급속한 보급이다.

자동차와 가스트로노미의 관계는 한편으로는 의외라고 생각할지 모른다. 그러나 자동차의 등장 없이는 현대의 가스트로노미의 다양한 모습이 있을 수 없었음은 의심할 여지없는 사실이다.

인력이나 말의 힘에 기대지 않는, 기계식의 동력을 이용해 자체적으로 움직이는 탈 것, 즉 자동차가 최초로 만들어진 것은 프랑스 혁명 전인 1769년의 일로, 발명한 것은 니콜라 조세프 퀴뇨라는 프랑스 사람이었다. 이것은 당시의 혁신적인 과학기술이었던 증기기관을 채용한 것으로 오로지 군용으로 이용되었다.

그 이후, 증기기관을 동력으로 하는 자동차의 제조가 번성했고 1870년대에는 가솔린 엔진이 발명되어 자동차는 효율적이면서 큰 파워를 지닌 운송수단으로 마차를 대신하게 된다.

그러나 초기의 자동차는 가솔린 엔진의 시대가 되었어도 부품 하나하나를 손으로 만들지 않으면 안 되었고 조립에도 막대한 시간이 걸렸으므로 결과적으로는 매우 고가의 사치품에 지나지 않았다. 당연한 일이지만 그러한 자동차의 혜택이 주어지는 것은 재력을 지닌 대귀족이나 부유한 부르주아층에만 제한되어 있었다.

1907년, 미국 실업가인 헨리 포드는 그 높은 코스트의 벽을 깨부쉈다. 조립의 라인화에 의해 대량생산이 가능해졌고 한 대당 가격을 크게 내리는 것에 성공하게 되었다.

이러한 시장에 등장한 T형 포드는 대중들의 것이었고 급속도로 보급되어 간다.

이 자동차 발달의 역사가 가스트로노미 발전의 역사와 어딘가 닮아 있지 않은가? 최초의 증기기관의 시대를 앙시앙 레짐기의 오트 퀴진에 비교한다면 다임러 벤츠에 의한 가솔린 엔진을 사용한 혁신적인 자동차는 카렘에, 그 후의 포드에 의한 자동차 대중화로의 보급은 에스코피에에 비할 수 있다. 현대의 자동차가 포드를 직접적 출발점으로 삼고 현대의 프랑스 요리가 에스코피에를 직접적 출발점으로 삼고 있는 것을 생각하면 그 유사성은 한층 두드러지게 눈에 띈다. 또한 20세기 초반에 하나의 마디를 얻은 것도 양자의 행보에 운명적인 공통성마저 느껴질 정도이다.

그러나 자동차와 가스트로노미의 관계는 그러한 추상적인 차원에 머무르는 것이 아니다. 훨씬 구체적이면서 현실적인 상호작용에 의한 것이다.

자동차의 대중으로의 보급은 새로운 오락을 생성해냈다. 그 최대의 것이 '여행 voyage'이다. 물론 자동차가 없는 시대라고 해서 사람들이 여행을 하지 않은 것은 아니다. 여행 자체는 그 목적이 무엇이든 간에 인류의 역사와 함께 한다. 자동차의 등장에 의해 새로워진 것은 여행의 스타일이다. 그때까지의 여행에서 사람들이 이동의 수단으로 이용한 것을 생각해보자. 기본은 걷는 것이었다. 육지라면 사람은 어디든지 걸어서 갈 수 있다. 바다를 건넌다면 역시 배가 필요하지만 그것 이외에는 사람이 신으로부터 부여받은 이동수단인 다리를 이용해 행로를 더듬었던 것이다. 그것이 가장 간단하고 값싼 방법이었기 때문이다.

가장 편하고 가장 빠르게 목적지에 도착하고 싶은 경우에는 말을 타고 가는 방법도 있었고 또한 쾌적한 여행을 원하는 여행자는 마차를 이용하는 수단도 있었다.

그러나 어떤 수단을 선택하든지 19세기까지의 여행의 목적은 단 하나, 특정 장소에 도달하는 것이었다. 목적도 없이 귀찮고 부담도 크면서 위험을 동반한 여행을 떠나는 것은 당시의 사람들에게는 생각할 수도 없었음에 틀림없다. 그렇게 생각지도 않았던 것을 아주 간단히 실현시킨 것이 자동차였다.

대중적인 자동차의 출현에 사람들은 확실한 목적지를 정하지 않고도 여행을 떠나는 일이 가능해졌다. 특정 장소에 도착하는 것뿐만 아니라 그 과정 또한 여행의 목적이 되었기 때문이다. 19세기 말까지는 여행을 오락의 하나로 꼽는 사람이 거의 없었다. 자동차라고 하는 신기한 탈 것이 그 여행의 개념을 뿌리에서부터 바꿨다. 우선, 자동차 그 자체가 사람들의 호기심을 자극했다. 그것을 타는 것 자체가 두근거리는 체험이었다. 게다가 그 탈 것은 자신이 직접 조작하는 것이 가능하고 원하는 장소에 말을 타고 가는 것보다 단시간에 데려다 준다. 특히 볼일이 없더라도 자동차에 타고 싶어 여행을 떠난다는 사람이 나오는 것도 필연적인 일이라고 말할 수 있었다.

이러한 세기의 변화가 있을 즈음에 자동차를 이용한 새로운 여행 스타일이 생겨났고 이것은 20세기라는 신시대를 상징하는 오락으로 급속히 보급되었다. 새로운 스타일이 정착되는 과정에서 반드시 필요한 것이 그 스타일을 활용하기 위해 정리된 정보이다. 자동차 여행에도 그것은 적용된다. 예를 들어 도로정보는 가장 으뜸일 것이다. 그것에 부수적으로 연안정보도 여행을 즐기기 위해서는 빼놓을 수 없다. 파리에서 후앙까지 가기 위해서는 어떤 도로를 자동차로 이용할 수 있고, 그 도로를 따라 어디에 가솔린 급유소가 있으며 어디에 수리공장이 있는지 등의 정보이다.

자동차의 보급과 함께 이러한 정보의 필요성도 가속도적으로 높아지고 있었다. 어느 시대라도 필요로 하는 정보는 가치를 낳는다. 그 가치를 주목하는 선견지명이 있는 기업가가 정보와 비즈니스를 엮어 생각하는 것은 물론 너무도 당연한 일이었다. 그리고 가스트로노미와 관련해 흥미로운 것은, 여행 스타일의 변화를 예상한 이 비즈니스가 머지않아 가스트로노미의 스타일에도 변화를 가져온다는 사실이다.

2

지금 현재 세계에서 레스토랑의 등급을 결정짓는 가이드북으로 정평이 나 있는 『미슐랭 가이드Guide Michelin』도 처음에는 단순히 자동차 여행자를 위한 종합적인 실용 가이드북이었다. 1900년에 간행이 시작된 『미슐랭 가이드』는 아는 바와 같이 프랑스의 타이어 브랜드인 미슐랭 사(社)가 판촉용 선전도구로 편찬한 것으로 당초에는 사용자들에게 무료로 배포되었다. 창간호 표지에는 『GUIDE

미슐랭 가이드는 1900년에 최초의 1권이 발행되었다. 단, 이때는 아직 순전히 자동차여행을 위한 편의수첩으로, 레스토랑 및 호텔 가이드북으로 특화된 것은 1920년대 후반이 되어서이다. 그 배경에는 미식과 여행을 결합한 퀴르농스키에 의한 저널리즘의 직접적인 영향이 있었다. 현재는 10개국 이상을 아우르는 국제적인 안내서가 되었다. 붉은 표지 색상 때문에 '기드 루즈(Guide Rouge)'라고도 불린다. 사진은 창간 100주년을 기념해 미슐랭사가 만든 창간호의 복제판.

『MICHELIN』이라는 타이틀에 이어 '운전자에게 무상으로 제공되는 Offert graieusement aux Chauffeurs'이라는 글귀가 쓰여 있다. 이 글귀를 둘러싸고 있는 것은 미슐랭 타이어의 단면도이다. 페이지를 열면 가장 먼저 타이어의 구조나 취급할 때의 기술적인 설명이 30페이지 이상에 걸쳐 전개되어 역시나 이것이 타이어 브랜드의 판촉용품이라는 것을 납득시키고 있지만 이후의 200페이지는 자동차 여행을 위한 가이드에 초점이 맞춰져 있다.

프랑스 도시와 마을이 ABC순으로 망라되어 각각의 장소마다 각종 정보나 이용할 수 있는 시설이 기재되어 있는 형식으로, 주요 도시로부터의 거리 정보와 함께 우체국을 시작으로 전보국, 전화국, 병원, 약국 등의 시설 정보도 얻을 수 있다. 주목해야 할 것은 이 정보 중에는 호텔이 포함되어 있고 이것은 별 1개부터 별 3개까지의 별의 수에 따라 평가되어 진다는 것이다. 당시 아직 지방에는 눈에 띄는 레스토랑이 거의 존재하지 않던 시대로, 당연한 일이지만 초기의 『미슐랭 가이드』에는 레스토랑에 대한 기재는 없다. 그러나 시설을 별로 평가하는 발상은 처음부터 있었다는 것을 알 수 있다.

1920년부터는 유료가 되었는데, 일본 미슐랭 사의 공식 홈페이지에서는 이것에 관한 재미있는 경위가 소개되어 있다.

"미슐랭 형제는 어느 수리공장에서 기울어진 작업대 다리 대신 몇 권의 미슐랭 가이드가 지면에 쌓여 있는 것을 보고 미슐랭 가이드는 무료로 배포되는 것보다 유료로 판매해야만 한다고 판단했다. '사람들은 돈을 내고 산 것만을 귀중하게 여긴다.' (중략) 이렇게 되어 1920년부터 미슐랭 가이드의 판매가 시작되었다." (http://www.michelin.co.jp/Home/Maps-guide/Red-guide/History)[11]

레스토랑의 별에 의한 개별 등급이 시작된 것은 1926년부터. 그 후의 『미슐랭 가이드』를 둘러싼 거짓과 진실이 섞인 다양한 에피소드에 관해서는 잘 알려진 대로이다. 그중에는 별의 개수를 둘러싸고 프랑스 천재요리사가 자살했다는 등의 대중들에게 이슈가 되는 일들도 적지 않았고 이러한 에피소드가 『미슐랭 가이드』의 발행부수를 한층 끌어올렸음에 틀림없다.

『미슐랭 가이드』의 공적은 그러나 레스토랑의 순위 매기기를 통해 식(食)을 대중적인 오락 수준으로 만든 것에 있지 않다. 그러한 상업주의와 결합된 대중화는 에스코피에를 대표하는 정통적인 요리사의 눈에는 오히려 가스트로노미의 타락으로 비춰졌다. 한편, 에스코피에조차 부정할 수 없는 효용을 『미슐랭 가이드』는 이뤄냈다. 아무리 그것이 미슐랭사가 의도한 것이 아닌, 우연히 결과적으로 그렇게 되어버린 것이라고는 해도 20세기 가스트로노미에 있어 크나큰 의미를 지니는 그 효용이야말로 『미슐랭 가이드』의 최대의 공적이라고 해도 좋을 것이다.

그것은 바로 지방요리에 대한 재평가이다.

가스트로노미는 파리에서 생겨나 파리에서 성숙했다. 파리는 프랑스 수도이면

---

[11] 미슐랭 가이드가 유료화된 계기를 설명하는 이 일화가 소개된 것은 일본 미슐랭 홈페이지에만이다. 따라서 이 이야기는 사실이 아닌 일종의 전설에 지나지 않는다고 하는 이도 많다.

서 정치나 문화의 중심지였기 때문에 이른바 새로운 것이 파리에 집중되는 것은 당연하다면 당연한 것이었다. 그렇다고는 해도 다른 한편으로는 다소 상도를 벗어난 것처럼 보인다. 가스트로노미에 대해 말한다면, 마치 파리 이외의 지역에서는 요리다운 요리가 전혀 만들어지지 않는 것처럼 여겨지기도 했다. 파리를 제외하고 프랑스의 지방요리는 외국인은 말할 필요도 없고 프랑스 사람들조차도 오랜 시간 되돌아보지 않았다.

이 상황을 바꾼 것이 19세기 후반부터 누구라도 가볍게 할 수 있게 된 여행이었다. 특히 목적지나 시각이 정해진 철도와 달리 가고 싶을 때 가고 싶은 장소에 갈 수 있게 된 자동차는 앞서 언급한 대로 여행 자체를 오락성이 있는 목적으로 바꾸었다. 그 자동차 최대의 특색을 살려 성공에 이른 것이 『미슐랭 가이드』였던 것이다.

『미슐랭 가이드』를 한 손에 들고 자동차로 프랑스를 구석구석을 여행하는 여행자는 어떤 지방의 어떤 작은 마을이라도 파리에 지지 않는 뛰어난 맛이 존재하는 것을 알고 놀랐다. 여행자는 파리로 돌아오면 자신이 경험한 훌륭한 식사를 이 사람 저 사람 할 것 없이 알리지 않고서는 베길 수 없었다.

이제껏 여행은 파리의 가스트로노미를 먼 외국에까지 넓히는 역할을 했다. 그리고 이제 여행은 프랑스의 시골에 잠자고 있던 뛰어난 맛을 파리에 소개하는 역할을 시작하게 된 것이다.

V. 선택된 가스트로놈의 왕

1

20세기 최대의 미식가라고 불리는 퀴르농스키는 좋든 싫든 간에 새로운 시대의 가스트로노미를 구현한 인물이다.

본명은 모리스 에드몽 사이양. 퀴르농스키라는 이름은 본래 저널리스트였던 그의 필명이었다. 식에 관한 많은 서적을 저술했는데, 그 현학적인 필명으로도 상상할 수 있듯이[12] 퀴르농스키의 작업은 그리모보다는 사바랭의 흐름을 이어받은 것이라고 할 수 있다. 즉, 가스트로노미를 다루고 있지는 않지만 그것 자체의 심화가 목적이 아니라 자기표현의 수단으로 적극적으로 활용했다는 것이다. 단, 사바랭과 다른 것은 퀴르농스키는 미식을 테마로 하는 다수의 저서를 남기고 있으며 그 영향력도 다방면에 뻗쳤다. 『미슐랭 가이드』가 프랑스 각지의 레스토랑을 소개하게 된 배경에도 퀴르농스키의 그림자가 있었다. 타이어맨으로 알려진 미슐랭사의 유명한 마스코트에 '비벤덤Bibendum'의 이름을 지은 것이 퀴르농스키라는 설은 다소 의심스럽지만,[13] 미슐랭 사가 선전을 겸해 쇼푀르Chauffeur 지(誌)에 게재하고 있던

---

[12] 퀴르농스키의 필명은 라틴어에서 유래한다. 「Cur-non」을 영어로 번역하면 「Why not」이며, 여기에 20세기 초에 유행했던 러시아풍의 영향을 받아 「sky」라는 어미를 덧붙인 것이다. 전체적으로 「스키가 뭐가 나빠?」라는 의미이며 일종의 언어놀이의 정취를 나타내고 있다. 그러나 말년의 퀴르농스키는 오히려 불우하고 지나친 장난인 듯한 이 필명을 젊은 혈기의 소치라고 느꼈는지 본명인 에드몽 사이양을 자칭하는 일이 많았다.

[13] 미슐랭 사(社)의 마스코트는 1898년 창업하자마자 이 회사의 포스터에 벌써 등장하고 있으며, 같은 포스터 중에 '비벤덤'이라는 단어도 볼 수 있다. 이 포스터에서 내건 표어 'Nunc est bibendum(자, 다 마시자)'는 원래 고대 로마 시대의 시인 호라티우스 시의 한 구절로, 어떤 장애물이라도 '다 삼켜버린다'는 미슐랭 타이어의 튼튼함을 어필한 것이다. 이 '비벤덤'이 마스코트의 이름이 된 것은 언제부터일까, 사실 확실하지 않다. 따라서 퀴르농스키가 그 이름을 지은 자라는 것도 얼마든지 가능한 설 중 하나에 지나지 않는다.

칼럼 「미슐랭의 월요일Lundi de Michelin」(14)의 집필을 퀴르농스키가 1907년 11월 25일호부터 담당, 저자명으로 'Bibendum'이라고 서명했다고 하는 시몬 알베로의 전기 『퀴르농스키, 가스트로놈의 왕Curnonsky, Prince des Gastronomes (1965)』의 기술이 올바르다고 한다면, 퀴르농스키가 초기의 『미슐랭 가이드』 편찬에 직접 관여했다는 이야기도 신빙성이 있게 된다.

그는 어렸을 때부터 문학을 목표로 삼았고 원래부터 먹는 것을 아주 좋아했다. 이 두 가지에 관한 탐구심으로 미식저널리즘의 길에 발을 들여놓았다는 점에서 샤를르 몽스레와 공통되는 경력을 가진 퀴르농스키지만 그가 운이 좋았던 것은 그 활약 시기가 몽스레보다도 반세기 정도 후라는 점이다. 덕분에 자동차를 시작으로 20세기 문명의 혜택을 듬뿍 부여받을 수 있게 되었다.

1921년부터 마르셀 루프와의 공저로 시작한 『프랑스 가스트로노믹La France Gastronomique』의 발행이 퀴르농스키의 이름을 세상에 알리게 된 계기가 된 것은 분명 퀴르농스키가 시대의 표상이었다는 증거이다.

이 서적은 3개월에 1권씩 발행되었고 『프랑스의 뛰어난 요리와 쾌적한 숙소 안내 Guide des merveilles culinaires et des bonnes auberges francaise』라는 부제대로 주로 자동차를 이용하는 여행자를 대상으로 프랑스의 지방 요리나 명소를 소개하는 가이드북이었다. 책마다 각각 한 지역을 테마로 삼고 있으며 1928년까지 7년간 총 28권이 출판되었다. 어느 책이나 120페이지 정도의 분량으로 곳곳에 그림이 들어가 있고 여행자가 여행지에서 참고할 수 있는 딱 적당한 가벼움과 편리성을 함께

---

(14) 운전자를 뜻하는 「쇼퀴르」는 가장 초기의 자동차전문지의 하나이다. 이 잡지에 미슐랭 사는 「미슐랭의 월요일」이라는 칼럼을 연재하였다. 필자는 바로 'MICHELIN'. 쇼퀴르는 얼마 안 있어 잡지의 규모를 대폭 축소하게 되고, 아마 그 이유로 「미슐랭의 월요일」도 1907년 이후 「르 주르나르(Le Journal)」로 옮긴 듯하다. 퀴르농스키가 담당했을 때가 그 시기에 해당되며 필자의 서명도 잠깐은 'MICHELIN' 그대로였다. 'BIBENDUM'이란 이름을 사용하게 된 것은 1908년 3월 이후이다.

갖추고 있었다.

이 서적을 쓰기 위해 퀴르농스키는 공저자인 루프와 함께 직접 프랑스 각지를 자동차로 여행하며 돌았다. 특히 퀴르농스키도 루프도 자동차 운전을 할 수 없었으므로 전용 운전수Chauffeur를 고용했다는데, 이것은 당시 자동차 소유자에게는 일반적인 일이었다.

L'auto était en route.

도로를 질주하는 자동차.
「프랑스 가스트로노믹 페리고르편」에서.

시리즈의 머리말에 퀴르농스키는 다음과 같이 적었다.

"이러한 책은 분명히 독자와의 공동 작업에 의해 쓰이는 것이다. 따라서 우리들은 독자들에게 우리가 모르는 맛있는 요리를 만들고 있는 레스토랑이나 숙소, 카바레의 존재와 메뉴 및 그 독특함에 대해, 또 우리들이 여행 도중 들를 가치가 없는 가게의 존재에 대해 가르쳐주기를 바라는 바이다."[104]

이렇게 일반 독자들에게 널리 정보 제공을 구하는 듯한 가이드북 만들기는 요즘에서나 통하는 것으로 극히 현대적인 발상이라고 할 수 있다. 이 발상의 전제에는 프랑스 지방에 미발굴의 맛있는 요리가 묻혀 있다는 틀림없는 확신과 일반인들이라도 이 맛있는 요리를 자신들의 혀로 발견하는 능력을 갖추고 있다라고 하는 신뢰가 없으면 안 된다. 만약 그러한 전제가 성립되지 않았다면 『프랑스 가스트로노믹』의 성공은 결코 없었을 것이다.

이 시리즈의 타이틀에 가스트로노미의 개념이 들어 있는 것은 어떤 의미에서는 상징적이라고 말할 수 있을지 모른다. 그곳에서 사용되고 있는 가스트로노미라는 단어는 분명히 그리모나 카렘이 사용한 가스트로노미와는 다른 것이다. 사바랭의 가스트로노미와도 다르고 몽스레나 뒤부아, 뒤마나 에스코피에의 가스트로노미와도 다르다.(15) 그것은 바로 20세기의 가스트로노미였다.

2

퀴르농스키가 제창하고 그의 시대가 그것을 받아들인 가스트로노미는 한마디로 말하면 지역화된 가스트로노미이다. 가스트로노미는 파리의 독점물이 아니다. 이것이 퀴르농스키가 『프랑스 가스트로노믹』을 통해 호소하고 싶어 했던 주장이었다.

이 시리즈의 제1권인 『페리고르편(1921년 간행)』을 들여다보자.

첫머리의 30페이지는 일반적인 이야기이며 31페이지부터가 페리고르의 소개이다. 그 최초의 기사인 「그리고, 특히 페리고르에 대해」를 저자는 이렇게 시작하고 있다.

"최고의 영예를 최대의 공로자에게! 프랑스에서 요리와 가스트로노미를 포괄하는 이 가이드의 최초 1권을 우리들은 페리고르에 바치려고 한다. 사실, 페리고르는 우리나라에 있어 몇 세기에 걸쳐 최고의 것을 먹어온 지역의 하나이다. 특별한 가치가 있는 트뤼프나 푸아그라의 파테, 그리고 콩피의 오랜 생산지이다.104"

이러한 어조로 페리고르의 미식에 얽힌 이야기가 길게 펼쳐진다. 페이지를 넘기면 페리고르의 명산품인 트뤼프와 콩피에 관한 흥미진진한 이야기가 이어진다. 트뤼프를 고르는 방법에 대해서는 이런 사람을 욕하는 문장도 있다.

---

(15) 퀴르농스키는 에스코피에와 거의 동시대의 사람이었음에도, 그의 저작 중에 에스코피에의 이름이 전혀 등장하지 않는다. 가르도 『미각의 거장, 오큐스트 에스코피에의 생애』 중에, "퀴르농스키도 에스코피에의 일은 무시하였다."라고 쓰여 있다. 영국 등 외국에서 일했음에도 불구하고 프랑스 요리를 최고의 예술로 여기는 자세를 엄격하게 관철하고, 그 향상에 심혈을 기울인 에스코피에는 퀴르농스키처럼 신세기의 가스트로노미를 칭찬하는 미식가의 눈에는 고루한 요리사로 비춰졌을지도 모른다.

『프랑스 가스트로노믹 페리고르편』에 삽입된 페리고르 지방의 미식 지도.

"어느 농부들은 자신들에게는 태어날 때부터의 특별한 감각이 구비되어 있다고 주장하며, 특별한 농부들은 득의양양하게 모여 있는 파리(곤충)를 보면 트뤼프가 있는 장소를 알 수 있다고 말한다. 그래서 트뤼프의 수확은 완전히 닥치는 대로 할 수밖에 없는데, 인정 많은 자연은 인간에게 취약한 감각을 메우는 정확한 본능을 가진 얌전한 공헌자를 보내주었다. 독자들은 이미 모든 미식가에 의해 사랑받아 마땅하고, 그리고 샤를르 몽스레가 불멸의 시구(詩句)로 축복을 부여한 그 경탄해 마지않는 동물의 이름을 알고 있을 것이다. 그렇다. 돼지이다.[16],104"

---

[16] 트뤼프truffe는 떡갈나무의 뿌리에 나는 버섯(송로)의 한 종류로, 땅속에 파묻혀 있기 때문에 찾는 것이 어렵다. 수확에는 그 독특한 향에 특정하게 반응하는 암돼지가 옛날부터 사용되어 왔다.

L'admirable animal cher à tous les gourmets.

트뤼프를 찾는 돼지. 캡션에는 '모든 미식가에 의해 사랑받아야 하는 경탄할 만한 동물'이라고 쓰여 있다. 『프랑스 가스트로노믹 페리고르편』에서.

먹는 것에 대한 이야기뿐만이 아니다. 페리고르의 수도인 페리그나 검은 페리고르라고 불리는 동남지구의 도시 사를라라는 지역의 역사나 풍물 소개도 있으며, 페리고르 정신이라는 컬럼도 있다. 물론 레스토랑 소개에도 빈틈이 없다. 마지막에는 대표적인 페리고르 요리 레시피까지 덧붙인 더할 나위 없는 내용이다.

이러한 구성으로 프랑스 전국을 망라하려고 한 이 기획은 아쉽게도 루프의 급사로 28권을 마지막으로 중단되고 말았다. 그러나 이 시리즈의 성공에 의해 여행과 미식의 결합은 확실하게 사람들의 의식 속에 뿌리 내렸고 그것과 동시에 지방 요리에 새로운 빛을 비추는 커다란 첫걸음이 되었다. 『미슐랭 가이드』가 단순히 여행자의 편리를 위한 가이드북에서 각지의 호텔이나 레스토랑이라는, 요리와 관련된 시설 정보를 발신하는 미디어로 변모해가는 배경에는 이러한 자동차에 의한 여행의 보급과 그것을 활용한 퀴르농스키에 의한 맛있는 지방 요리의 발견이 존재함은 말할 필요도 없다.

1927년, 파리 수아 Paris-Soir 라는 대기업 일간지가 하나의 기획을 세웠다. 다양한 문화예술 분야에 대한 공헌자를 독자투표에 의해 선발하고[17] 선발된 자에게 그 분야의 왕 칭호를 부여한다는 시도이다. 이때 선발된 왕 중에는 유명한 괴기 드라마 작가 앙드레 드 로르드 등이 있었는데, 가스트로놈 분야에서 최고득표수를 획득한 것은 다름 아닌 퀴르농스키였다. 이후 퀴르농스키는 '선택된 가스트로놈의 왕Prince-elu de la Gastronomes'이라고 불리게 된다. '프랑스 가스트로노믹'의 성공이 얼마나 대단한 것이었는가를 이 하나의 일례로 상상할 수 있다.

이 시대가 아마도 미식 저널리스트로서 쿼르농스키의 절정기였다고 여겨진다. '가스트로놈의 왕'으로 뽑힌 것을 여세로 쿼르농스키는 1928년에 '미식가 아카데미Academie des Gastronomes'를 창설, 그 초대회장의 자리에 앉았다. 그 설립의 내막에 대해서는 쿼르농스키 자신이 가스통 데리와 함께 쓴 책 중에 밝히고 있다.

"미식가 아카데미는 1928년 3월 13일, 쿼르농스키, 로빈 박사, 마르셀 루프, 데기 남작, 레옹 아브릭, 몽리스 데종비오가 모인 점심 석상에서 설립되었다. 본회의 규약은 아카데미 프랑세즈의 규약으로부터 힌트를 얻은 것이었다. 1635년 2월 22일 아카데미 프랑세즈의 규약 제1조는 다음과 같이 규정하고 있다.

'평판이 좋지 못한 자, 품행이 좋지 못한 자, 건전한 정신을 갖지 못한 자, 아카데미 프랑세즈의 기능에 적합하지 않은 자는 본 아카데미에 받아들일 수 없다.'

미식가 아카데미 규약의 제1조는 이렇게 규정하고 있다. '평판이 좋지 못한 자, 건전한 정신과 튼튼한 위를 가지지 않은 자, 미식적 고찰에 적합하지 않은 자는 본회에 받아들일 수 없다.'

그리고 16 조는 다음과 같이 선언하고 있다. '본 아카데미의 주요 활동은 최대한의 배려와 노력으로 식탁의 예술을 장려하며 뛰어난 음식 예절을 유지하기 위해 노력하는 것이다.'

누구를 회원의 자리에 앉히는가는 뛰어난 식통이나 유명한 요리사, 식도락을 찬미하는 작가 사이에서 선출된 후원자의 의견에 따라 결정된다.[048]"

---

(17) 자료에 따르면 '가스트로놈의 왕을 고르기 위해 3,000명의 요리사 투표가 실시되었다.'라는 이야기도 있으나, 이 기획은 요리 분야에서만 행해진 것은 아니며, 각각의 분야에서 각각의 전문가를 투표하기 위해 3,000명이나 동원한 것은 다소 무리인 것 같은 생각이 든다. 다른 자료에서는 문화인이나 지식인 등 파리 수아르의 독자 중에서 고른 4,000명 정도가 모든 분야의 투표에 참가했다는 증언도 있다.

학술서를 흉내낸 사바랭의 『미각의 생리학』이 찬사의 대상이 된 것과 마찬가지로 프랑스의 가스트로노미에 항상 붙어다니는 하나의 측면, 즉 권위주의로의 지향이 시대가 바뀌어도 변함없이 건재한다는 것을 알 수 있다. 이것이 바로 퀴르농스키의 본질이면서 그의 가스트로놈으로서의 한계를 나타내는 것이기도 했다. 미식가 아카데미는 퀴르농스키가 기대하고 있던 정도의 성과는 내지 못했다.

퀴르농스키의 80세 생일에 얽힌 에피소드는 잘 알려져 있다. 이 기념할만한 날을 축하하며 80곳의 레스토랑이 그를 위해 특별한 테이블을 마련, 그 테이블에는 다음과 같은 문장이 쓰인 플레이트가 올려졌다.

"이 장소는 선택된 가스트로놈의 왕으로 프랑스 요리의 수호자이면서 표현자, 이곳의 영예인 모리스 에드몽 사이양 퀴스농스키의 것이다." [18]

퀴르농스키는 요리사들로부터 사랑받았다. 그것은 그가 프랑스의 가스트로노미를 한층 더 높이 끌어올렸기 때문이 아니다. 저작을 통해 묻혀 있던 많은 레스토랑을 세상에 알리고 그 발전에 공헌했기 때문이다. 말하자면 레스토랑 업계의 광고탑 역할을 그가 담당했던 것이다.

20세기 중반 가스트로노미는 대중화되었을 뿐만 아니라 상업과 밀접하게 결합하며 비즈니스로의 길을 걷기 시작했다.

---

(18) 원문은 다음과 같다.
Cette place est celle
de Maurice Edmond Sailland-Curnonsky
Prince élu des gastronomes
Défenseur et illustrateur de la Cuisine française
Hôte d'honneur de cette maison

VI. 누벨 퀴진, 화려한 혼미

1

이 장(章)의 '에스코피에의 철학'이라고 이름 붙인 절의 마지막에 "타이유방으로부터 시작된 프랑스 요리의 긴 자취는 바렌이나 마샬, 라 샤펠, 카렘, 뒤부아를 거쳐 에스코피에에 이르러 하나의 귀착점을 찾아냈다."라고 썼다.

프랑스 요리의 귀착점이라는 것은 무엇을 가리키는 것일까? 귀착점이란 즉 종착점이다. 그곳에 도달해버리면 그곳으로부터 미래는 이미 아무것도 없는 것일까? 이 물음에 답하기 전에 에스코피에 이후의 프랑스 요리를 대충 살펴보기로 하자.

세계가 휘말렸던 최후의 큰 전쟁이 종결되고 전쟁의 잔재로부터 부흥을 이뤄 평화와 안정을 되찾은 1960년대, 프랑스의 가스트로노미 세계에서는 하나의 현상이 급속히 진행되고 있었다. 그 조짐은 실은 전쟁 이전부터 이미 보이고 있었다. 1920년대의 플라 유니크Plat Unique 운동이 그 하나이다. 문자 그대로 모든 요리를 플라 유니크(한 접시)로 끝내자고 하는 이 운동은 그때까지 당연히 여겨져 왔던 화려한 장식이나 변화가 많은 메뉴라는 전통적인 가스트로노미에 대한 부정 이외에는 없었다. 물론 이 운동을 주도한 것은 요리사가 아닌, 저널리스트나 작가 등 요리에 깊은 관심을 가진 비평가라고 불리는 사람들이다.

이 운동은 머지않아 시들해졌지만 균열은 남았다. 그것은 큰 레스토랑의 몰락을 가져왔고, 작은 레스토랑에서는 오로지 개인 고객을 위한 가정적인 요리가 제공되었다. 이 요리가 마음에 든 고객 중에는 레스토랑에서 먹는 것보다는 자신의 집에서 조리할 수 있지 않을까라고 생각하는 이들도 나오게 되었다.

레이몬 올리베는 이 현상을 '가스트로노미의 민주화[002]'라고 부른다.

"가스트로노미의 민주화라고 하는 단어는 결코 무의미하지 않다. 레스토랑에서 잃은 것을 가정에서 얻게 되었다. 그 의미에서 생활수준의 향상은 레스토랑의 불운이었을지 모른다. 그러나 이것은 어느 문화의 포기가 아니라 회생, 또는 개종이라고 해석해야만 할 것이다.002"

　제2차 세계대전 후의 개방감은 프랑스인들을 또다시 맛있는 음식에게로 부추겼다. 신문이나 잡지에는 매일같이 구르메 정보가 실렸다. 가스트로노미는 다시 숨을 쉬는 것처럼 보였으나 완전히 예전으로 되돌아 간 것은 아니었다. 올리베가 가스트로노미의 민주화라고 부른 상황은 더욱 진화해 프랑스의 식탁을 석권했다.

　그러한 상황을 배경으로 1960년대 말에 시작된 누벨 퀴진은 단순히 요리 세계의 틀을 짜는 것을 넘어 사회현상이라고도 말할 수 있을 정도로 성황을 이뤘다.

　누벨 퀴진이라는 단어는 결코 새로운 것이 아니다. 17세기의 라바렌이『프랑스의 요리사』에 이미 게재한 바 있으며, 그 후에도 주인인 요리사는 반드시라고 말해도 좋을 정도로 누벨 퀴진을 내세우며 각각의 요리의 혁신성을 겨뤄왔다. 그러나 앙시앙 레짐 하에 있어 누벨 퀴진은 요리사들이 궁정이라는 제한된 공간에서 그들의 지위를 보전하기 위해 주장한, 말하자면 슬로건과 같은 것이었다. 그것에 반해 20세기의 누벨 퀴진은 대중화된 가스트로노미를 배경으로 미식에 익숙해진 많은 고객의 요청에 요리사가 응하는 형태로 실현되었다.

　계기를 만든 것은 레이몬 올리베이다. 장 로베르 피트에 의하면 "레이몬 올리베는 다른 의미에서 요리사의 중요 인물이다. 1964년 동경 올림픽에서 레스토랑의 업무를 책임지게 된 그는 프랑스 요리와 극동의 요리에 다리를 놓은 최초의 인간이다. 이것이 누벨 퀴진의 시초가 되었다.014"

　누벨 퀴진의 본질에 관해서는 올리베가 이렇게 쓰고 있다.

　"이 누벨 퀴진이 성장해 1970년대를 지배하고 이윽고 퇴폐해간다. 그 엄격한 근원이라고도 불리는 규칙을 들어보자.

　1. 뛰어난 소재의 선택.

　2. 단시간 푹 끓임.

3. 전통적인 3종류 소스의 폐지. 동시에 한층 즉흥적인 메뉴와 요리.
  4. 카렘식 장식의 폐지. (중략)

고기, 생선, 채소, 모두를 가늘게 썰어 한입 크기로 하는 대유행을 만들어냈다. 단시간에 끓여야 하므로 당연한 귀결로 그렇게 하지 않으면 안 된다. (중략) 이 방법에 의하면 일인분 재료가 적어도 된다. 유행은 질주해서 설익고 설구워지는 것이 범람했다. 한입으로 먹어 치울 수 있는 고기와 그것에 곁들여진 것은 콩깍지 강낭콩 2개에 당근 2조각.002"

실제의 누벨 퀴진의 유행에는 조금 더 복잡한 요인이 얽혀 있었다. 올리베나 폴 보퀴즈, 장 트루아그로, 미셸 게라르 등의 유명 셰프가 적극적으로 연관되어 있었으며 여기에 당시의 패션도 영향을 끼쳤다. 그것은 피트가 『프랑스의 가스트로노미』에서 장 폴 마롱의 저서를 인용해 게재한 다음과 같은 문장에 표현되어 있다.

"돌연, 남성은 얇게 입는 것을 동경하고 또한 여성도 가는 허리와 평평한 배를 남성과 경쟁하듯이 추구했기 때문에, 나체의 미학에 맞춰 영양을 섭취하는 것이 필요하게 되었다.014"

이것에 계속해서 피트는 다음과 같이 썼다.

"이것이 미셸 게라르가 최초로 생각하고, 누군가가 실행하게 된 '맛있게 먹고 살찌지 않는 요리'의 성공 이유이다. 요리의 양은 줄고, 기름진 재료는 사용하지 않게 되었고, 소스는 '담백한 고기나 채소의 농축액'에 자리를 양보했고 채소가 재평가되었으며 한편 전분질은 멀리하게 되었다.014"

이 경향을 후원한 것은 이미 인정받고 있는 레스토랑을 우대하는 『미슐랭 가이드』에 대항해 이름도 없는 뛰어난 레스토랑의 '발견'에 힘을 기울인 새로운 구르메 가이드 『고미요 Gault et Millau』였다. 『고미요』에 관해 자세히 설명할 여유가 여기서는 없으나 이 신참 가이드북이 인텔리층을 중심으로 지지를 얻은 덕분에 누벨 퀴진은 '사회적 사건'이 되었다. 패션에 영향을 받은 가스트로노미 자체가 새로운 패션 그것이 되었다.

그러나, 한 세대를 풍미한 누벨 퀴진의 융성은 그다지 길게 이어지지 않았다. 올리베도 썼듯이 요리의 변혁이 너무 지나쳐서 본래 수단이었던 것이 목적으로 바뀌어버렸기 때문이다.

극단적으로 지방을 없앤 요리는 당연히 풍미가 떨어져 버린다. 밋밋한 맛은 금방 질려버리기 마련이다.

이렇게 누벨 퀴진의 야망은 어이없이 무너지고 말았지만 그 이후는?

그 이후에 새로운 요리의 조류가 생겨난 것은 아니었다. 누벨 퀴진은 결과를 놓고 보자면 가스트로노미의 질서에 혼란을 초래했을 뿐이다. 이 말이 지나치게 들릴지 모르겠지만 누벨 퀴진을 경계로 가스트로노미가 혼미의 시대에 들게 된 것은 확실하다.

여기서 처음의 질문으로 되돌아가자.

에스코피에에 의해 요리가 하나의 귀착점에 도달했다고 하는 것은 어떤 의미일까?

바렌부터 카렘을 거쳐 에스코피에에 이르는 가스트로노미의 변화는 그 옷을 벗어 던지고 새로운 옷으로 갈아입었다고 하는 양상의 변화(변용)였다. 그에 반해 에스코피에 이후의 변화는 본질적인 부분의 변화, 즉 변질이다. 최고의 가스트로노미는 에스코피에로 완료되었다. 그리고 그곳으로부터 그때까지와는 다른 새로운 가스트로노미가 시작되었다. 양자는 시간적으로는 이어져 있지만 공간적으로는 단절되어 있다. 귀착점에 도달했다고 하는 것은 이러한 의미이다.

2

지금이야 누구든지 가스트로노미를 이야기한다. 사람이 모인 곳이라면 '반드시'라고 해도 좋을 정도로 음식에 관련된 화제가 있고 마치 정치에 관해 논하듯이 진지하게 맛있는 음식이나 레스토랑에 관해 서로 이야기를 주고받는다.
 퀴지니에나 파티시에는 어떠한가? 그들도 이미 종래의 전통적인 가스트로노미관(觀)으로부터는 자유이다. 자기 안에 각각 고유의 가스트로노미를 지니고 있으며 그것이 식(食)에 종사하는 사람으로서의 개성이라고 생각하고 있다.
 미식에 관한 정보는 거리에 넘쳐난다. 정말 가스트로노미의 범람이다.
 올리베의 말을 빌자면, 가스트로노미는 민주화를 달성했다. 그것은 언제, 어디라도 있을 법한 보편성을 획득했다는 것이다.
 그러나 언제, 어디라도 있는 보편성에 어떻게 특별한 가치를 부여할 수 있을 것인가? 역설적이지만 이것은 진실이다.
 카렘의 시대에는 가스트로노미라는 단어가 가리키는 영역이 좁았고 매우 일부의 제한된 사람들만이 특권으로 그것을 공유했다. 현대에 들어서는 가스트로노미의 영역이 매우 넓어졌고 누구라도 손을 뻗으면 쉽게 만질 수 있는 것이 되었다. 그러나, 보편화가 이루어진 만큼 실체는 모호해졌고 가스트로노미라는 무언가 확실하지 않은 개념만이 홀로 걷고 있다.
 실체가 불명확하고 개념만이 둥둥 떠돌고 있다는 마치 유령과 같은 가스트로노미.
 그렇지만 사람들이 가스트로노미라는 단어를 손에서 놓으려 하지 않는 것은 그것에 문화적인 정신이 담겨 있어 그 정신이 사람들에게 풍요로운 기분을 만들어 준다고 믿기 때문이다. 적어도 그렇게 믿게 하는 마력이 가스트로노미에는 아직 남아 있다는 것이다.
 그렇다면 미래에 가스트로노미는 어디를 향해 가게 될 것인가?
 이대로 모호함을 가속시키며 언젠가는 가스트로노미라는 개념 자체가 향수 저편으로 소멸해버릴 것인가? 그렇지 않으면 카렘이나 에스코피에와 같은 재능 넘치는 구세주가 나타나 또 다시 새로운 진화를 시작할 것인가? 또는 어느 날 패션을 추구하는 것에 질린 사람들 중에서 전통회귀의 기운이 일어 가스트로노미도 카렘 시대로 역행을 시작할 것인가? 그것은 누구도 알지 못한다.

  확실한 것은, 가스트로노미가 있든 없든 간에 사람은 먹지 않으면 안 된다는 사실이다. 그리고 사람이 먹는 것을 멈추지 않는 한 식(食)은 문화의 한쪽 끝에 계속 머물러 있다는 것이다.

- 에필로그 -

프롤로그에서 제기한 카렘의 수수께끼는 결국 수수께끼 그대로 남아 있다. 그러나 그 수수께끼 배후에 있었던 상황에 대해서는 이 책을 통해 다소 이해가 갔을 것으로 생각한다. 미식의 변천을 더듬어 온 이 여정의 끝에서, 1840년대 파리의 신문에 발표된 한 편의 단편소설을 소개하며 에필로그를 대신하기로 한다.

1840년대는 신문 소설이 매우 번창한 시기이다. 1842년부터 1843년에 걸쳐 쥬르나르 데 데바 지(紙)에 연재된 우제느 슈의 「파리의 비밀」이 인기를 얻자 이에 자극받은 알렉상드르 뒤마는 1844년부터 루 시에쿠루 지(紙)에 「삼총사」 연재를 시작했다. 주지하는 바와 같이 이것도 큰 호평을 얻었다.

이러한 신문 소설은 '로망 푀이통'이라 불리며, 19세기 중반 프랑스의 대중 문학의 일대 장르를 형성했다.

여기에 전문을 소개한 앙리 벨토의 작품도 그런 '푀이통' 가운데 한 편이며 1842년 4월 20일과 21일 이틀간에 걸쳐 라 프레스 지(紙)에 발표된 것이다.

『아라비안 나이트』 중에서도 잘 알려진 바드르 알 딘 하산의 일화를 바탕으로 앙토넹 카렘이 주인공이 되어 기상천외한 스토리가 펼쳐지는 이색적인 이야기. 내용면에서는 "진짜야?"라는 부분도 있을지도 모르지만 이것은 '푀이통'이니 그저 즐겨주셨으면 한다. 게다가, 뭐니뭐니 해도 카렘이 주인공인 대중 소설은 그냥 귀중한 존재가 아닌가. 카렘이 죽은 지 10년도 되지 않아 그의 가스트로노미가 일종의 전설로 일반 대중 사이에 알려져 있었음을 나타내는 명백한 증거이기도 하다.

저자인 앙리 벨토는 1804년생의 작가 겸 저널리스트로, 푀이통 작가로서도 매우 활발하게 활동했던 사람이다. 이 단편은 발표 4년 후인 1846년에 간행된 『MEMOIRES DE MA CUISINIERE』라는 제목의 단편집에 수록됐는데, 이 단편집에는 카렘을 테마로 한, 속편이라 할 수 있는 재미있는 다른 단편도 포함되어 있다.

바르드 알 딘 왕자의 타르트레트
S. 앙리 벨토

1. 카렘의 만찬

그 아침, 카렘은 자기의 연구실에 있었다. 양손으로 이마를 받치는 자세로 깊은 몽상에 잠겨 있었다. 요즘 계속 해결 방법을 모색해온 요리의 여러 문제 중 하나에 대해 생각을 이리저리 굴리고 있었던 것이다. 연구실 문이 열렸다. 그러나 그 소리는 생각에 골몰해 있던 그의 귀에는 들리지 않았다. 이어 고가의 캐시미어를 입고 영국풍 베일로 얼굴의 반을 가린 젊은 여자가 급히 방으로 들어왔지만, 그것조차 몰랐다. 여자는 흥미롭게 주위를 둘러보고 방금 들어선 방을 재빠르게 탐색했다. 연구실은 하나의 큰 방으로 이루어져 있었으며 채광용 거대한 창이 두 개 있었다. 빨간 커튼을 통해 들어오는 햇빛은 무수히 불가사의한 형형색색의 모양을 만들어 내고 있었다. 오른쪽에는 방대한 양의 책이 꽂혀 있는 책꽂이, 왼쪽에는 피아노, 그리고 작은 은냄비가 올려진 작은 요리 스토브가 있었다.

리고가 그린 바텔의 초상화, 캉바세레스를 그린 환상적인 동판화, 로베르의 탈레랑 소묘, 그러한 그림만이 음침한 갈색으로 덮인 벽의 답답함을 완화시키고 있었다. 방 중앙은 저명한 메트르 도텔의 서재가 차지하고 있었다. 카렘이 미식연구에 바치는 열정은 아마도 천체 운행시스템에 바친 뉴턴의 열정조차 미치지 못할 것이다. 방 안을 걸어 다니는 사람의 기척도 알아채지 못할 정도로 깊은 생각에 빠져 있는 그를 깨우기 위해 여자는 몽상가의 어깨에 살짝 손을 올려야 했다.

그는 깊은 잠에서 갑자기 깨어난 사람처럼 몸을 벌떡 일으켰다. 그리고 자신의 부주의를 사과하며 세상물정에 밝은 인물의 분위기를 풍기면서, 기품 있는 태도로 아름다운 미지의 상대에게 의자를 권했다.

여자는 베일을 올리고 그 얼굴을 카렘에게 드러냈다. 그것은 지금까지 수많은 시인들이 마음에 그려온 것 같은 섬세하고 아름다운 얼굴이었다. 아니 단지 아름다운 것만이 아니었다. 거룩하다고조차 할 수 있었다.

"제가 누군지 아시나요?" 음악처럼 감미로운 목소리로 여자가 물었다.

"당신을 만나는 영예로운 기회가 한 번이라도 있었다면 마담, 제 몸과 마음이 어떻게 그걸 잊을 수가 있겠습니까." 카렘은 가볍게 인사하면서 대답했다.

"기쁘군요." 여자는 말했다. "고귀한 여자로서 처음 만나는 예술가에게 부담감을 느끼는 것은 아니지만, 그래도 저는 당신의 겸손한 말씀을 다행으로 생각합니다. 감사합니다. 무슈 카렘, 오늘 방문한 목적은 부탁하고 싶은 일이 있기 때문이에요."

"그 부탁이 무엇인지, 저는 그것을 알고 싶은 욕구를 누를 수 없습니다."

"그 친절한 말씀은 정말 기쁘게 생각합니다. 그러나 저는 숨기지 않고 말씀드려야만 합니다. 제가 오늘 당신에게 부탁하려고 하는 것은 그다지 간단한 것이 아닙니다. 아시다시피, 여자라는 건 무모하고 성가신 존재니까요."

카렘은 가볍게 고개를 숙이며 여자가 설명을 이어가길 기다렸다.

"무슈 카렘, 당신이 저의 친구들을 위해 만찬을 준비해주셨으면 합니다."

"제가 가지고 있는 조그마한 지식은 선진적인 기술을 사랑하는 사람이면 누구나 이용할 수 있는 것입니다." 이렇게 대답하며 그는 메뉴를 쓰기 위해 펜을 잡았다.

"당신은 제가 말씀드리고 있는 것을 잘 알지 못하는 것 같군요. 이 만찬은 모두 다 당신 혼자 준비해야 한다는 말이에요."

카렘은 그 말에 진지하고 엄숙한 무언가를 느꼈다. "마담, 아시다시피, 저는 탈레랑 공을 모시는 요리사이며, 입장상 다른 일에 모든 시간을 쓸 수는 없습니다."

여자는 우아한 몸짓으로 목도리와 모자를 벗고, 피아노 앞에 앉아 연주하면서 노래를 부르기 시작했다.

이렇게 순수하고 아름다운 선율에 넘치는 노래를 들어본 적이 있는가. 카렘은 가슴이 벅차오르고 눈동자가 축축해져 여자의 발 밑에 무릎을 꿇고, 매혹되어 무심코 말해버리고 말았다.

"어떤 일이라도 하겠소. 모두가 마담 뜻대로."

"고마워요." 아이 같은 기쁨을 보이며 여자는 말했다. "당신의 말씀은 잘 들었습니다. 하지만 저는 약속을 더 확실하게 하고 싶어요."

"말씀대로 하겠습니다."

"잠깐만." 여자는 계속했다. "좀 더 다짐해 주세요. 이 일을 맡은 것을 후회하지 않도록." 그녀는 다시 노래하기 시작했다.

눈물이 흘러 카렘의 볼을 타고 떨어졌다. 그는 완전히 정신을 잃을 지경이었다.

"그럼 제가 원하는 것을 말씀드릴게요." 유명한 메트르 도텔이, 피아노 건반을 두드리던 그녀의 섬세하고 하얀 손을 잡고 입맞춤을 하자 젊은 여자는 쾌활한 목소리로 이렇게 말했다.

"당신은 세 명의 손님을 위하여 할 수 있는, 가장 호화롭고 사치스러운 만찬을 마련해야 해요. 누구에게도, 당신이 완전히 신뢰하고 있는 사람도, 어떤 사소한 도움조차 받을 수 없고, 흔한 소스나 포타주조차도 당신이 직접 요리해야 합니다. 이것만은 말씀드릴 수 있습니다. 당신은 이 애호가를 위해 그렇게 할 가치가 있고, 또 당신의 예술적 창조성과 기술의 훌륭함을 이렇게 이해받을 기회는 지금까지 한 번도 없었으며, 그리고 앞으로도 결코 없을 것이라는 겁니다."

"마담, 말씀하신 것은 반드시 지킵니다."

"모레 오후 4시 정각에, 준비에 필요한 모든 것을 가지러 오겠습니다. 그리고 그 후에 마차가 당신을 모시러 올 텐데 죄송하지만 눈가리개를 해야 하며, 사정을 아는 저희 충실한 하인이 요리를 마무리할 곳으로 안내할 것입니다. 돌아가실 때도 이와 같이 하게 될 거예요."

"수수께끼 같은 취향은 어떤 이유에서인지요?" 마치 소설처럼 전개되는 이 모험에 흥미를 느낀 카렘이 물었다.

"당신은 제가 말하는 대로 하시길 맹세하셨지요. 그대로 하시기 바랍니다. 그럼."

여자는 금으로 된 잠금쇠가 붙은 모로코 가죽 주머니를 카렘 책상 위에 놓고 허둥지둥 떠나가려고 했다. 카렘은 그녀를 붙잡아 주머니에서 수표를 빼며 가부를 묻지 않고 무거운 어조로 말했다.

"이것을 받으라고 말씀하시는 것은, 마담, 제 마음이 승복하지 않습니다. 주머니는 당신에 대한 소중한 추억으로 받아놓겠지만, 내용은 괜찮으시다면 가난한 예술가들에게 나눠주시거나 당신이 원하는 대로 써주시기 바랍니다. 이게 제 유일하고 절대적인 조건입니다."

여자는 손을 뻗어 요리사의 손에 애정을 담아 그 손을 포갰다.

"알겠어요. 하지만 이것만은 잊지 마세요. 제가 누군지 알려고 하지 마십시오. 이것에 대한 질문은 일체 하지 마시고, 추측도 하지 마십시오. 제가 당신께 이야기한 것, 그것이 전부이거든요."

여자는 떠나가 버렸다.

그 후 이틀간, 카렘은 마법의 지팡이로 그를 두드린 요정을 떠올리느라 요리에 대한 깊은 상념을 잊어버리고 있는 자신의 모습을 여러 번 발견하고 놀랐다. 마법의 지팡이는 19세기 가장 유명한 메트르 도텔을 평범한 요리사로 바꾸어버린 것이다. 그는 약속을 충실히 지키기 위해 의심하지 않고 과일과 채소, 수렵육, 가금류, 스파이스, 고기를 선택하고 나누는 일, 재료를 빠짐없이 사고 준비하는 일에 전념했다. 이론가로서, 그리고 숙련된 기술자로서 모든 소재에 대해 심오한 기량을 구사했으며 조금이라도 납득이 가지 않는 소재는 배제하였다.

준비가 끝난 다음날 오후 4시, 여자가 말한 대로 검은 옷을 입은 하인 둘이 와서 카렘이 마련한 모든 것을 옮겨갔다. 이어서 나이든 종자가 편지를 가지고 방문했다. 편지에는 다음과 같은 문구가 적혀 있었다. "마차와 눈가리개가 당신을 기다리고 있습니다."

카렘은 조금의 망설임도 없이 메트르 도텔 옷을 입고 검을 차고 저택의 문 앞에 세워진 마차에 올라탔다. 차창 커튼은 주의 깊게 닫혀 있었음에도 불구하고 나이든 종자는 양질의 캐시미어 스카프로 카렘의 눈을 덮기를 게을리하지 않았다.

마차는 10분 정도 달리다 멈췄다. 두 종자가 카렘의 손을 잡고 양쪽에 붙어서 주의 깊게 계단을 내려갔다. 계단을 거쳐 몇 개의 방을 지나갔다. 마지막에, 이 모험의 주인공에게 눈을 덮고 있던 눈가리개를 푸는 것이 허용되었다.

그곳은 간이 오븐 두 개가 놓인 작은 방이며, 그는 여기에서 요리 작업을 완성해야 될 것 같았다. 흑인 소년이 카렘의 문장이 자수된 하얀 공단 앞치마와 작은 끈이 붙은 우아한 태피스트리 모자를 그에게 건네주자마자 순식간에 방에서 떠나가버렸다. 큰 오븐 옆에 있는 벨벳 쿠션 위에는 벨이 놓여져 있었다. 정확히 오후 5시에 카렘은 그 벨을 울렸다. 즉시 두 하인이 방안에 들어와서 요리를 마친 수많은 접시를 메트르 도텔의 손에서 받았다. 두 사람은 카렘이 요리 서빙 방법에 대해 알려주는 짧고도 명쾌한 지침을 정중하게 들었다. 그것이 끝나자 카렘은 모자와 앞치마를 벗고 다시 외투를 입으며 종자들이 자신을 마차로 자택에 데려가 주기를 기다렸다. 이전에 두 종자에 의해 주의 깊게 닫혔던 문이 다시 열리는 데는 그다지 시간이 걸리지 않았다. 들어온 사람은 이번에도 흑인 소년이었다. 소년은 카렘이 사용했던 캐시미어 스카프를 건네주고 그것으로 눈을 가리라고 몸짓으로 요구했다. 그리고 그의 손을 잡고 가까운 방으로 이끌었다. 소년은 카렘을 의자에 앉히고 눈가리개를 벗겼다. 『19세기 프랑스 요리술』 저자의 눈앞에 그가 스스로 요리한 식사가 펼쳐졌다. 그는 상석을 차지하고 있었고 옆에는 그 정체 불명의 미녀와 시인이 자리에 앉아 있었다.

"이런 시시한 책략을 용서하십시오." 시인이 그렇게 말하며 카렘에게 손을 내밀었다. "저희 집에서 충분히 대접하고 싶었습니다. 그러나, 카렘 씨가 바로 준비하신 요리 이외에 어떻게 카렘 씨에게 어울리는 식사를 대접해 드릴 수가 있겠습니까? 그래서 제가 경애하는 가장 뛰어난 가희(歌姬)이며 저에게 우정을 가지고 대해 주는 이 여성에게 협력을 부탁한 겁니다."

카렘은 깊이 감동했다.

"예술가의 재능에 대해" 카렘은 흥분된 목소리로 중얼거리듯이 말했다. "이렇게 세련된 배려로 가득한 칭찬은 없습니다. 저는 당신이 저에게 보여주신 평가를 결코 잊지 않을 것입니다."

"저도 당신의 후의를 잊을 수는 없겠지요, 카렘 씨. 고객인 제가 누군지도 모르는데 이렇게 저를 위해 와주셨기 때문입니다. 솔직하게 말하면 당신 정도의 지위와 부를 가진 분이 제게 협력하기 위해 와주셨다고 하는 것은 저에게는 행복이고 자랑입니다. 탈레랑 공의 가호를 받으시는 당신 덕분이죠. 나에게 미미하지만 행운과 명예가 조금이나마 미소를 던져준다면, 그것은 모두가 당신 덕분이 아니면 무엇일까요? 자, 그것보다 눈앞의 훌륭한 요리를 식기 전에 드십시오. 카렘 씨는 구르망이라고 들었는데, 그걸 증명하기에 더없이 좋은 기회지요."

카렘은 그 말에 동의하듯 미소를 띠며 테이블에 다가앉아 냅킨을 풀고 숟가락을 손에 들었다.

독자 여러분에게 보증하건대, 프랑스 요리의 거장이 손수 한 요리를 맛보고 스스로 창조한 감동을 스스로 축복하는 광경은 정말로 흥미로운 것이었다. 때론 칭찬의 큰 목소리를 내는가 하면 오랜 연구로 인해 머리카락이 벗겨져 위로 올라간 이마는 큰 기쁨으로 더욱 빛났고, 그것은 마치 자신이 쓴 비극의 장면에 대해 파르테르(1층 플로어 석) 손님이 총 기립하여 박수 갈채를 보내주었을 때의 시인의 모습 같았다. 그는 기쁨을 아끼듯 조금씩 음식을 입으로 날랐고, 눈앞에서 광채를 발하는 30년산 보르도를 바라보는 구르망처럼 쾌락에 찬 표정으로 천천히 그것을 맛보았다.

비스크 드 페르드로(자고새 포타주)는 그 섬세한 맛과, 말로는 표현하지 못할 훌륭한 향, 좋은 육질이 충분히 권할만하다고 생각되어 카렘은 자신의 두 번째 요리를 서빙했다.

오르톨랑 아 라 프로방스(프로방스풍 멧새요리)는 그리 잘 되지 않았다. 그는 새를 덮고 있는 등 지방층에 좀처럼 포크를 찔러 넣을 수 없어 눈살을 찌푸렸다. 씁쓸한 한숨을 흘리며, 카렘은 그 접시를 조용히 밀어냈다. 아뿔싸! 트뤼프에 향기가 부족하다. 천재 요리사가 완전히 실패를 하고 말았구나. 그는 무명의 요리사조차도 잘할 수 있는 요리에서 실패했다는 걸 인정하지 않을 수 없었다. 성공과 실패 사이에는 근소한 차이가 있을 뿐이다. 정신적인 타격을 받아 아무 말도 못하고 있는 카렘 앞에 은도금을 입힌 종(鐘) 모양의 뚜껑이 붙은 접시가 옮겨져 왔다. 대담하고 독창적인 혁신성으로, 3번째 코스와 디저트 사이에 제공하도록 그가 미리 지시해 놓은 것이다. 바로 천재에게만 허용되는 참신한 취향이었다.

동석자 두 사람에게 잠시 관심과 기대를 안기면서 카렘은 승리자 같은 몸짓으로 뚜껑을 열고, 너무 단순해서 오히려 우아하다고 할 수 있는 형태의, 슬쩍 보기만 해도 식욕을 돋우는 3개의 타르트레트를 선보였다. 타르트레트를 덮고 있는 매혹적인 색조는 필설(筆舌)로는 다 표현할 수 없으며, 그것을 보면 누구나 맛보고 싶다는 욕망에 몸을 떨게 될 것이다.

카렘은 이것을 양쪽의 두 사람에게 각각 하나씩 나누어 주고 나머지 하나를 자신이 먹었다.

파티시에의 예술이 지금까지 만들어낸 것들 중 이와 유사한 것은 하나도 없었다. 바텔은 크림과 혼연일체가 되어 녹는 듯한 이런 최고의 맛을 볼 기회를 가진 적이 있었을까. 그렇다. 위대한 바텔에게 이것을 음미할 기회를 놓쳤다고 한다면, 그는 물고기로 인해 실수를 저지른 그 잊을 수 없는 날처럼, 분노의 절규를 외치면서 그 절망한 손으로 검을 잡을 것임에 틀림없다.

시인과 프리마돈나는 솟아나는 다정함으로 자연스럽게 손을 올리면서 감탄을 담아 카렘의 팔을 단단히 잡았다. 카렘은 그 칭찬을, 자신의 우수성을 인정받은 예술가처럼 그대로 받아들이지 않았다. 심지어 어딘가 겸양의 표정조차 떠올랐다.

"아닙니다!" 카렘은 말했다. "이 과자에 대해서, 제가 공적을 주장할 수는 없습니다. 이것을 창조한 영예를 받아야 할 사람은 따로 있습니다. 저는 그 만드는 법을 터득한 파리의 메트르 도텔에 지나지 않습니다. 이 탁월한 과자 제법의 비밀을 알고 있는 사람은 저를 포함하여 3명이 있습니다. 아마도 시인인 당신이 지금까지 써왔던 어떤 모험담에서도 이 과자의 레시피가 제 손에 전해진 일련의 일보다 더 기괴하고 이상한 이야기를 찾을 수는 없을 것이며, 상상마저 할 수 없을 것임에 틀림없습니다. 원하시면 모든 이야기를 들려 드리지요. 이 가스트로노미의 작은 모임에 어울리는 이야기이며 알려지지 않은 진실을 후세에 전하게도 될 테니까요. 결국, 요리를 탐구하는 것은 음악이나 미술과 마찬가지로 젊은 사람들의 교육을 위한 양식이 돼야 합니다.

지금부터 7, 8년 전의 한 저녁시간이었습니다. 베네벤토 대공(탈레랑) 각하가 주최하실 만찬에 대해 계속 숙고하고 있던 저는 좀 피곤해서 연구실을 떠나 파리의 거리를 정처 없이 산책하고 있었습니다. 생각을 정리하는 데는 걷는 것이 최선이거든요. 제 머리를 괴롭히고 있던 것은 새로운 메뉴 이외에 유럽에서도 거의 정반대인 두 나라의 요리, 즉 이탈리아 요리와 영국 요리를 질적으로 결합할 대담한 조합을 어떻게 찾아야 할까라는 것이었습니다.

사색에 잠겨 있자니, 갑자기 제 이름을 부르는 소리가 들렸습니다. 저는 고개를 들고 명상의 세계에서 현실 세계로 저를 되돌렸습니다.

저를 불러 세운 분은 팔마 공(公), 즉 제국 대법관(캉바세레스) 각하였습니다. 각하는 밤마다 각하 왕림의 영예를 얻은 다양한 자리에 가시는 길에 언제나처럼 파노라마 거리를 산책하고 있는 중이었습니다. 각하 뒤에는 두세 걸음 사이를 두고, 이것도 언제나처럼, 허리에 칼을 내려 모자를 옆구리에 안은 빌르비엘르 공작과 에그르푀유 공작이 함께 모시고 있었습니다. 빌르비엘르 공작은 전형적인 마른 체형을 가진 분이었습니다. 그의 해골 같은 빼빼 마른 몸을 타파하는 것은 진작부터 품어왔던 제 대망의 하나였습니다. 미식가가 굶주린 사람과 같은 모습인 걸 보면, 저는 항상 슬픈 기분이 되는 것입니다. 반대로 에그르푀유 공작은 그 둥글둥글한 몸매에서 좋은 식탁을 향수하며, 필요에서가 아니라 기쁨에서 먹는 사람처럼 보였습니다.

각하가 저에게 말을 걸어 오셨습니다. '이런 곳에서 대체 뭘 하고 있는 건가, 카렘. 최근 요리예술을 더욱 완벽하게 만들 뭔가 새로운 연구 결과가 있었던 것이냐?'

'각하 같은 뛰어난 미식 대가께 보일 수 있는 것은 아무것도······.' 제가 대답했습니다. '그러나 조만간 각하의 동의를 얻을 수 있는 혁신적인 성과를 꼭 제시하려고 합니다.'

그리하여 저는 이탈리아 요리와 영국 요리의 결합에 대한 제 계획을 이야기했습니다. 에그르푀유 공작과 빌르비엘르 공작이 제 이야기를 들으려고 다가섰습니다.

'카렘,' 각하가 말씀하셨습니다. '자네가 지금 말한 것은 천재가 취해야 할 방향에서 벗어나고 있는 듯한 생각이 드는데, 영국에 관해서는 해야 할 것이 아무것도 없지. 왜냐하면 그 요리는 조잡한 것이니까. 난 이탈리아 요리에 대해서도 별로 평가하고 싶지 않다네. 향신료를 너무 많이 사용하기 때문에 혀가 얼얼할 뿐, 섬세함하고는 거리가 멀지. 푸딩은 소화불량을 일으키지 않을 수 없고, 마카로니에는 고추를 듬뿍 뿌리거든. 내가 자네라면, 고전적인 요리나 동방 요리를 탐구하려고 하겠네. 그리스 사람이나 로마 사람은 좋은 생활을 이해하고 있었으니 말이지. 맛있는 과일이 풍부했던 인도 사람이나 페르시아인, 터키인은 전세계 어떤 사람들보다 저장 방법과 과자 제법에 뛰어났지. 자네가 배우고 싶다면 그 방향에 눈을 돌려야 하는 것일세. 하지만 새로운 요리를 만들어내는 편이 더 좋은 건 틀림없어. 그 점에 관해서는 자네보다 뛰어난 사람이 없는 셈이지.'

에그르퀴유 공작은 빌르비엘르 공작과 더불어 이 말씀에 찬의를 나타내고, 저를 칭찬했습니다. 저는 이 영광 넘치는 격려에 어울리는 인간임을 증명해야 한다고 마음 먹으면서, 다시 명상에 잠겨 어슬렁어슬렁 걷기 시작했습니다. 이전과 같이 이번에도 긴 시간, 행방도 모른 채 방황했습니다. 마침내 피로가 제 식욕을 일깨워 저는 굶주림을 채울 수 있는 식당을 찾기 위해 과학적 탐구를 중단했습니다. 자신이 어디 있는지 확인하려고 근처를 둘러봤습니다. 거기는 로얄 광장을 둘러싸고 진흙탕 길이 그물코처럼 얽힌, 상탄토와느 거리와 교차하는 가늘고 곧은 골목이었습니다. 눈앞에는 말고기와 수상한 토끼고기를 내는 조잡한 가르고트가 있었지만, 그런 집에서 식사하는 건 생각만 해도 기분이 나쁘게 되더군요. 조금 떨어진 곳에 작은 파티시에 가게가 눈에 띄어 그 가게에 들어가보기로 했습니다. 이 카렘이 검소한 갈레트 조각으로 식사를 해야 하나 생각하니 쓴웃음이 떠올랐습니다. 그러나 놀랍게도 카운터에 그런 조잡한 과자는 하나도 놓여 있지 않았습니다. 제가 본 것은 매우 매력적으로 보이는 타르트레트 뿐이며 그것을 팔고 있는 사람은 늙은 흑인 여자였습니다.

그 과자를 입에 댔을 때의 놀라움을 말하라면! 고대 로마 시인 오비디우스가 트라키아의 농민이 즉흥적으로 만든 시구를 듣고 그게 자신이 만든 것보다 훨씬 아름답다고 느끼는 걸 상상해보십시오. 저는 두 번째 타르트레트를 먹어 보았습니다. 혹시 어떤 우연이 겹쳐서 먼저 먹은 과자에게 말할 수 없는 풍미를 주었는지도 모른다고 생각했기 때문입니다. 그러나 두 번째 타르트레트는 첫 번째보다 더 탁

월한 맛이었습니다. 경악한 저는 흑인 여자에게 물었습니다. '이 타르트레트는 누가 만든 것인가?'

'저예요.' 여자는 대답했습니다.

'그러면 레시피를 알려줄 수 있겠나?' 저는 말했습니다. '물론 보수는 지불하겠네.' 저는 지갑에서 500프랑을 빼내 아프리카 여자에게 내밀었습니다. 하지만 그녀는 그 제안을 거절하고 이렇게 대답했습니다.

'나으리, 그 요청을 저는 받을 수 없군요. 저는 죽어가는 여자의 침대 옆에서 맹세했으니까요. 이 타르트레트의 비법을 그녀의 따님에게 외에는 결코 누설치 않고, 또 따님 자신도 18세의 생일을 맞이할 때까지는 다른 사람에게 누설하지 못한다는 것이 조건이에요.'

이 대답은 내 호기심을 만족시키지 못했지만 대신 더욱 강하게 만든 것은 말할 필요도 없겠지요.

'그 여자가 누구신가?' 저는 물었습니다

'그분의 이름은 전혀 모르는데요. 어느 저녁, 저는 불쌍한 한 외국인을 모시기 위해 런던으로 불려져 갔어요. 나이가 한 살 정도되어 보이는 어린 여자 아이를 데리고 있던 그분은 낮에 런던에 도착하다가 갑자기 병으로 쓰러졌던 것이고요. 그분을 진찰하신 의사선생님에 따르면 그 밤이 밝을 때까지 살지 못하리라고 했는데, 그 말이 맞았어요. 이윽고 그분은 헛소리를 입에 담기 시작했어요. 그 불운한 분의 마음을 차지하던 것은 단 두 가지뿐, 뒤에 남을 따님과 과자 만드는 법이었지요. 그분의 말씀에 따르면 그 타르트레트를 맨 처음 창작한 사람은 페르시아 왕자라는 것이에요. 죽음을 앞둔 여성은 아침이 되어 고개를 들고 내게 다가와 달라고 몸짓으로 가리켜, 분명한 어조로 레시피를 반복하는 것이었어요. 이걸 잘 기억해 줘, 그분은 말했습니다. 이것은 내가 딸 아이에게 남겨줄 수 있는 단 하나의 행복의 희망이야. 딸이 18살이 될 때까지 이걸 당신과 딸 이외에는 아무도 모르게 해 줘! 맹세해 줘! 이상한 힘이 그분을 지켜주고 있었음에 틀림없지요. 그렇게 말하다가 그녀는 쓰러졌습니다. 죽어버린 것이었지요.'

잠시 눈물을 흘린 후 그 흑인 여자는 다시 입을 열었습니다.

'이런 천한 신분이지만 저는 어머니를 잃어버린 아이를 버릴 만큼 야속하지는 않아요. 얼마 안 되는 옷과 죽은 분이 남긴 보석류을 팔아 어떻게 장례를 끝마쳤습니다. 그리고 남은 돈으로 작은 가게를 사고 그분이 가르쳐주신 대로의 레시피로 타르트레트를 만들어 팔기 시작했어요. 이 새로운 장사가 곧 큰 평판을 받은 덕분에 나는 그때까지 했던 간호사 일을 그만두고 거두기로 한 아이를 훌륭하게 길러 낼 수 있었어요. 12년 후에는 파리로 여행하는 데 충분할 만큼 부자가 되어 있었고요. 그것은 내게 가장 큰 소망이었지요. 그분, 마가렛의 어머니는 프랑스 사람이었어요. 그래서인지 뭔가 이상한 손이 아이를 모국으로 데려가려고 나를 이끄는 듯한 느낌이 들었어요. 우리는 런던을 떠나 세상이 안정되자마자 파리로 향했습니다. 그 타르트레트는 파리에서도 런던과 같은 명성을 얻을 수 있었습니다. 그러나 그 아이의 어머니가 확신을 가지고 예언했던 행운을, 그 타르트레트가 마가렛에게 일으킬 조짐은 아직 없어요.'

'마가렛 양을 만나고 싶은데.'

'지금 자고 있는데요, 나으리. 7시에 학교에서 돌아와, 다음날 아침 공부를 준비할 수 있도록 8시에는 잠자리에 들지요.'

잠시 생각하고 나서, 나는 세 번째 타르트레트를 맛보았습니다. 행동을 망설일 필요가 없다는 새로운 확신을 얻어 저는 흑인 여자에게 말했습니다.

'내일 오후 4시에 베네벤토 공의 저택에 와서 이 타르트레트 6개를 만들어줄 수 있겠나. 저택의 주소는 여기 있네.'

그녀는 의아스러운 표정으로 저를 보았습니다.

'걱정하지 말게.' 저는 말했습니다. '내 명예를 걸고 맹세하건대 자네 비밀을 침해하려고는 하지 않을 거야. 내가 원하는 것은 타르트레트를 뜨거운 상태로 내려는 것이다. 필요한 재료는 모두 자네가 가져오면 좋겠지.'

다음날, 그녀는 제가 지시한 대로 와서 타르트레트를 준비했습니다. 저는 그걸 공이 제국 대법관 각하와 식사하고 있는 식탁에 내놓았습니다. 그리고 안타까운 마음으로 결과를 애타게 기다렸습니다. 이윽고 저는 공에게 불려갔습니다. 틀림없이 칭찬의 말씀을 들을 것으로 생각했지요. 그러나 탈레랑 공의 입에서 나온 것은 나무람의 말이었습니다.

'카렘, 아까 식탁에 나온 타르트레트에는 도대체 무엇이 들어 있던 건가? 캉바세레스는 맛보기는커녕 얼굴이 새빨개져, 갑자기 소화불량에 시달리셨다.'

그것은 파로마 공이 경험한 첫 소화불량이었습니다."

2. 소화불량의 결말

"캉바세레스 각하가 생애 첫 심한 소화불량에 걸렸다는 겁니다. 그럴 리가 없을 텐데, 탈레랑 공 저택에서, 게다가 저의 지시로 제공된 식탁에서! 저는 염치와 슬픔 때문에 몸이 찢기는 느낌이 들었습니다." 카렘은 불쾌한 기억에 창백해져 조금 몸서리를 치다가 말을 이었다.

"이러한 사건은 제 운명을 결정하고, 지금까지 빛나던 수많은 업적을 엉망으로 만들고, 제 손발을 적이나 라이벌의 신랄한 말로 묶을 수 있지요. 너무나도 잔혹한 이 일격은 제가 지금까지 가장 견고하다고 믿어온 것을 부숴버렸습니다. 저는 제 요리의 큰 장점은 위생과 가스트로노미를 조화시킨 것이라고 종시일관 공언해왔습니다. 하지만 이젠 유럽에서 가장 유명하고 강인한 불사신의 위장이 내 손에 참패를 당했다는 말이군요.

그 밤을 얼마나 절망적인 기분으로 보내야 했는지 말로는 표현할 수 없지요. 한 시간마다 파로마 공의 상태를 묻기 위해 종자를 심부름 보냈습니다. 공은 그 후에도 계속 괴로워하고 계셨습니다. 초췌하고 열 때문에 일으킨 육체적인 질환이 더 나빠지는 듯 싶었습니다. 그러나 드디어 새벽 5시가 가까워질 무렵, 환자가 깊은 잠에 떨어졌다는 소식을 들었습니다. 의사는 앞으로는 더 이상 증상이 나빠지지 않을 것이라는 말을 남기고 돌아갔습니다.

최소한의 안심이 되는 소식에 저는 잠을 자려고 했습니다. 수면을 취하는 게 필요했지만 눈을 감을 수가 없었습니다. 이른 아침에 기분전환을 하려고 연구실로 내려갔습니다. 하지만 그것은 저에게 잔혹한 속임수에 불과했습니다. 가장 단순한 레시피에조차도 집중할 수 없었던 겁니다. 탈레랑 공의 아침 식사를 위해 제가 자주 준비해왔던 크림에 설탕을 두 번이나 추가했을 정도입니다. 게다가 스스로 놀랍게도 그 크림이 들어 있는 냄비를 불을 지피지도 않은 아궁이에 올려놓으려고 했고요.

정오경에 파로마 공의 종자 한 사람이 와서 공이 즉시 저를 만나고 싶다는 말을 전했습니다.

이것은 마지막 일격이었습니다. 각하는 저를 앞에 두고 제 실수와 치욕을 비난할 것이니까요. 상탄토와느 가에서 찾아낸 불길한 과자를 고귀한 식탁에 올렸던 자신의 어리석음에 대해서 저는 당연히 받아야 할 벌을 참을 수 밖에 없지요. 처분을 받아야 하는 군인처럼 저는 메트르 도텔의 정규 옷차림을 하고 공을 뵈러 갔습니다. 즉시 뵙는 것이 허용되었습니다. 공은 안색이 창백했고 침통한 나머지 쇠약하고 음울한 모습이었습니다. 저는 무릎을 꿇었습니다. 눈물이 흘러나오는 것을 억누르지 못했습니다.

'그리 걱정하지 마, 카렘.' 공은 부드러운 목소리로 말씀하셨습니다. '안심해라. 나의 소화불량에 관해서는 너는 아무런 책임도 없으니.'

'각하의 자비가 제 후회를 한층 더하게 합니다. 저는 실패도 더욱 중대합니다.' 저는 그런 말씀을 드렸습니다.

공은 저를 일어서게 하고 의자에 앉으라 몸짓으로 가리켰습니다. 그리고 지난 밤 고난의 흔적이 엿보이는 모습으로 이마를 양손으로 덮으면서 이렇게 물으셨습니다.

'사프란과 석류가 들어 있는 그 타르트레트는 자네가 스스로 레시피를 생각한 건가?'

'그렇지 않습니다, 각하. 그건 제 손으로 만든 게 아닙니다.'

공은 마치 독사에게 물린 것처럼 깜짝 놀라며 몸을 일으켜 저를 물끄러미 바라보면서 다음 말을 촉구하셨습니다.

'이 실수의 책임은 모두 저에게 있습니다. 즉, 제가 벌을 받아야 하는 겁니다. 그렇지요, 각하. 제 무분별로 인해 저희 주군과 각하가 동석하셨던 식탁에 산탄토와느 가의 가게에서 장사하고 있는 흑인 여자가 만든 타르트레트를 뻔뻔스럽게도 올리고 말았습니다.

'카렘.' 공은 말씀하셨습니다. '그 여자에게 누가 만드는 방법을 가르쳤는지, 나는 그걸 알아야 한다.'

저는 공의 너무 절박하신 모습에, 대법관에게 독을 먹이려는 사람이 있는 것이 틀림없다고 생각해버렸습니다.

'여자는 저에게 그 이야기를 하려고 하지 않았습니다. 그 비밀에 대해 돈을 제공하려고 해도 헛된 것이었습니다. 레시피를 털어놓기를 완강히 거절한 것입니다. 제가 알 수 있었던 것은 그녀가 여자 아이와 함께 영국에서 왔다는 것뿐이었습니다.'

'아, 하나님!' 각하는 중얼거렸습니다. '하나님! 마침내 몇 년 동안 찾던 비밀을 밝혀내게 된 것입니까.' 공이 벨을 울리자마자 시종이 방안으로 들어왔습니다.

'피에르, 지금 카렘 씨와 함께 마차로 산탄토와느 가로 가 그곳에서 과자를 팔고 있는 흑인 여자가 있는 곳에 다녀와라. 그 여자와 함께 살고 있는 소녀를 내게로 데려 오는 거야. 전속력으로 가거라. 기다리는 나에게는 1분이 1세기로 느껴질 정도구나. 밤새 고통이 남아 있지 않다면 내 스스로 달려가련만.'

저는 혼란스러워 무슨 일이 일어나는지 전혀 이해하지 못했습니다. 종자의 놀라움도 저와 마찬가지였습니다. 가는 길에 그는 지금까지 20년 동안 각하를 모셔왔는데 그토록 흥분된 공은 본 적이 없다고 했습니다.

빨리 달린 결과 이윽고 마차는 목적지에 도착했습니다. 흑인 여자는 의아한 모습도 보이지 않고, 오히려 함께 오라는 지시에 기꺼이 따르는 것이었습니다.

'캉바세레스 공을 알고 있느냐?' 그렇게 물으니 그녀의 대답은 이러했습니다. '아니요. 그러나 그것은 문제가 아닙니다. 그 타르트레트는 역시 우리의 부적이었지요. 죽기 직전에 그 분이 예언하신 것이 실현되려고 하는 것이 틀림없네요.'

그러다가 그녀는 소녀를 불렀습니다. 보기 드문 아름다움을 지닌 14살이나 15살이 되어 보이는 소녀였습니다. 두세 마디 영어로 말을 나눈 후에 여자는 소녀를 저희에게 소개해줬습니다. 소녀가 늙은 여자 손을 잡으며 눈을 올려 하느님에게 경건한 감사의 말을 바치기를 기다리다가 우리는 모두 함께 공의 저택을 향해 마차를 몰았습니다.

우리가 공의 거실 문턱을 넘기도 전에 대법관은 놀라움과 기쁨의 소리를 질렀습니다. 소녀 곁으로 달려가면서 그 손을 잡고 이마에 입맞춤을 하고 이렇게 외치는 겁니다.

'우리 아가! 도대체 너를 몇 년 동안 찾은 것이냐!'

저는 거실을 떠나 별실로 가 거기서 탈레랑 공을 위한 임무를 시작할 오후 5시까지 대기하기로 했습니다. 파르마 공께서 다시 부르시리라 예상하고 있었기 때문이지요. 그러나 그 예상은 실수였습니다. 각하는 제가 그토록 중요한 역할을 맡은 모험에 대해 다시 저에게 이야기하려고 하시지 않았던 겁니다. 단 한 번 유명한 미식가 여러분들과 회담하는 자리에서, 감히 그 신비로운 타르트레트 이야기를 내비쳐 본 적이 있었습니다. 그러나 금기를 접한 듯한 공의 표정이 제 경솔한 행위에 대한 경고가 되어 저는 입을 다물었습니다. 그 후에는 같은 실수를 반복하지 않도록 세심한 주의를 기울여왔습니다.

하지만 그 이상한 타르트레트에 관한 비밀이, 가장 중요한 연구에 몰두하고 있는 동안에도 저를 괴롭히게 되었다는 것은 말할 필요도 없겠지요. 흑인 여자를 찾아내려는 제 노력은 열매를 맺지 못했습니다. 그녀가 있던 카운터에는 지금 다른 파티시에가 있습니다. 그는 그녀를 만난 적도 없다고 합니다. 여자는 자기 가게로 돌아가지도 않았던 겁니다. 캉바세레스 각하의 종자는 그녀의 가재도구를 옮기고 임대료 2년 분을 지불하고 갔답니다.

저는 어리석은 생각에 사로잡혀 있었습니다. 각하는 그 타르트레트가 너무 맛있어 미식의 기쁜 나날을 더욱 가치 있게 하기 위해 그 과자를 독점하려고 하는 게 아닐까? 그러나 타르트레트는 다시 공의 식탁에 오르지 않았습니다. 저택으로 데려올 때까지 공은 소녀를 아는 바 없었을 것입니다. 그럼에도 불구하고 소녀를 보자마자 공은 대단한 기쁨을 표시하셨던 겁니다. 그 후엔 소녀와 흑인 여자가 어떻게 됐는지 아무도 모릅니다. 저택의 하인들도요. 저택 안에서 그녀의 모습들을 본 사람은 없습니다! 그래서 제 호기심은 채워지지 않는 채로 얼마나 놓여 있었던지요. 이해하실 수 있겠습니까?

3년쯤이 지나자 저는 그 이상한 체험의 전말을 거의 잊어버리고 있었습니다. 그러던 어느 아침, 탈레랑 공이 고맙게도 저의 연구실에 와주셨습니다. 공은 그런 호의와, 이렇게 말하는 게 용서된다면, 우정을 가끔 저에게 보여주십니다.

'카렘.' 공은 저에게 미소 지으면서 말씀하셨습니다. '난 너에게 비밀을 털어놓으러 여기 왔네. 자네가 어떤 약속에 대해서도 충실히 지킬 사람이란 건 알고 있거든. 그래서 앞으로 내가 말하는 것은, 네가 죽을 때까지, 누구한테도 결코 새지 않

도록 해주게. 자네의 명예를 걸고 맹세해주길 바라네.'

공이 저에게 맹세를 요구하는 그 말투는 반은 성실하고 반은 농담한 듯한 것이었는데 그것은 공이 저에게 항상 보이는 방식이었습니다. 저는 공의 말씀대로 하겠다고 약속했습니다.

'그럼, 이제 아무 근심 없이 자네에게 앙트르메 레시피를 털어놓을 수 있게 된 셈이군. 다음 목요일 내가 주최할 만찬에 그 과자를 만들어주었으면 하네.'

저는 그 레시피에 눈을 빼앗겼습니다. 의심할 여지없이 그 특별한 타르트레트의 레시피임이 틀림 없었지요.

공은 저의 놀라움과 곤혹에 미소를 짓지 않고서는 견딜 수 없는 듯한 모습이었습니다. 제가 열심히 호소했음에도 불구하고 아무런 설명도 주시지 않은 채 공은 떠나가셨습니다.

몇 번 시도를 거듭한 끝에 저는 그 흑인 여자가 만든 것과 똑같이 맛있는 타르트레트를 만들어내는 데 성공했습니다.

그것은 참으로 기괴하고 낯선 레시피로, 분명 거의 정반대의 재료로 이루어져 있었습니다. 레시피에 적힌 배합을 그대로 읽은 사람은 아마 이것은 요리술에 대한 기량이 넘치는 지식에 의한 것이 아니라 오히려 미친 상상력의 산물이라고 볼 겁니다. 아무쪼록 그 판단은 여러분 스스로 하시기 바랍니다. 이런 배합이 미각에 이만큼 맛있게 느껴지는 것이 있을 수 있는 일인가요? 우선 치즈가 마데이라 와인과 하나가 됩니다. 이어서 고추와 설탕이 우유, 기름과 생각지도 못한 결합을 형성합니다. 그리고 마침내 사프란과 계피, 벌꿀이 육즙, 오렌지 향, 석류 과즙, 그리고 강렬한 생강즙과 합쳐져 섞인다라는 아직 아무도 경험하지 못한 놀라움을 만나게 되는 것입니다.

다음 목요일에 만찬을 준비하기 위해 식사실에 들어간 제 눈에 느닷없이 들어온 것은 3년 전에 그 흑인 여자가 파르마 공 저택으로 데려갔던 그 소녀였습니다.

다이아몬드로 몸을 꾸민 그녀는 탈레랑 공 오른쪽의 최상석에 앉아 있었습니다. 왼쪽에는 파로마 공이 계시고요. 저는 놀라서 손에 잡은 모자를 떨어뜨렸고 그걸 주우려 하는 사이 거의 오피시에 드 부슈를 쓰러뜨릴 뻔했습니다.

드디어 타르트레트를 내는 순간이 왔습니다. 저는 셰프의 사무실에서 접시를 받아 대담스럽게도 스스로 소녀의 눈 앞에 그 과자를 놓았습니다. 타르트레트를 접한 그녀는 좀 동요한 모습으로 옆에 계신 대법관과 의미 있는 듯한 눈짓을 교환했습니다. 그리고 마침내 타르트레트로 손을 뻗었습니다. 과자를 다 먹은 그녀는 그걸 만든 제가 보인 재능에 대해 정중하게 칭찬의 말을 건넸습니다.

식사가 끝나고 사람들이 테이블을 떠나기 위해 일어서자 저는 즉시 에그르쾨유 공작 옆에 몸을 다가가 소녀의 이름을 물었습니다.

'D 공작부인이야. 지난주 젊은 D 공작하고 결혼했다네. 자네도 알고 있는 대로 대단한 부자이며 무용이 뛰어나고 게다가 미남이네. 결혼 지참금은 대단한 금액이었다는 것 같아. 적어도 500만 프랑 이상이라는 소문이야.'

저는 멍해졌습니다. 그 타르트레트 장사가 500만 프랑의 지참금이라니요! 그러나 그것은 사실이었던 겁니다. 나중에 제가 각하의 서기한테 얻은 정보가 에그르쾨유 공작 이야기를 뒷받침해주었습니다. 그 후로 저는 신비스러운 이 건에 대해서 어떤 새로운 발견도 하지 못하고 있습니다. 너무 복잡한 고르디우스의 매듭을 푸는 방법을 찾지 못하는 겁니다. 그것을 끊을 알렉산더 대왕의 칼을 갖고 있지 않는 이 몸으로는 더 이상 생각을 진전시킬 수 없는 셈이지요."

"그럼." 프리마돈나가 입을 열었다. "제가 그 수수께끼를 풀어 드리겠어요."

"당신이?" 카렘은 놀라 물었다.

"그래요. 제가."

"도대체 어떤 기적으로?"

"아! 기적도, 황당무계한 이야기도 아니에요. 아주 단순하고 당연한 일이거든요.

실은 전 도로테하고 학교시절 동급생이였어요. 도로테, 즉 현재 D 공작부인 말인데요."

"이런 흥미로운 우연이!" 카렘은 무심코 큰 소리를 질렀다.

"그 우연이, 당신이 이리도 고뇌하면서 추구해온 비밀을 공유하는 200명의 젊은 여자와 저를 결부시키고 있는 것이지요. 당신이 이 수수께끼에 대한 이야기를 시작하자마자 저는 그걸 풀어 드릴 준비가 돼 있었어요."

이번에는 카렘이 귀를 기울이는 순서였다.

"1776년 말인데요." 그녀는 말하기 시작했다. "몽펠리에의 인접한 부지에 두 가족이 살고 있었는데, 이 가족들은 이웃끼리도 친하게 교제하고 있었어요. 하나는 흔한 저택이었지만 또 하나는 훌륭한 대저택이었답니다. 전자는 구호 법원의 재판관 캉바세레스 씨의 것이며 후자는 피카르디 주지사인 P 백작의 것이었어요.

재판관의 아드님은 성장함에 따라 주지사 따님과 매우 친하게 됐대요. 나이도 거의 같은데다 이웃끼리니까 둘은 서로 아무 방해도 없이 매일 만났지요. 백작은 공무 때문에 집을 비우는 때가 많았고 그 부재 중 따님 교육은 나이든 이모님이 담당하고 있었는데 그 이모님도 두 젊은이 사이를 책망하려 하지 않아 이런 관계가 둘이 18세가 될 때까지 계속되었다는 거예요.

그래서 캉바세레스 가의 아드님은 사교적인 교제를 좀처럼 하지 않는 두 여성과 거의 매일 밤을 함께 보냈던 것입니다. 유일한 예외는 부주교인 종조부님이며 피케 게임의 달인이었던 그는 저녁이 되면 반드시 와서 오후 5시부터 9시까지 후작미망인과 카드 테이블에 마주 앉아 시간을 보내는 게 습관이었지요.

이렇게 노인들이 카드 놀이에 즐기고 있는 동안, 젊은 두 사람은 독서에 빠져 세상에서 가장 이상적이고 시적인 사랑의 말을 서로 전하고 있었지요. 『아라비안 나이트』도 그런 책 중 한 권으로 이모님께서 읽는 것을 허락해주신 책이었습니다. 불가사의한 보물로 꽉 채워진, 동양의 상상력이 넘치는 소박하고 아름다운 이야기들. 그건 다른 어떤 책보다 두 사람을 매료시켰지요. 그들은 모든 영웅들의 이름 뿐만 아니라, 아주 사소한 모험조차도 마음에 담아두었대요. 몇 번이나 반복해서 읽었으니 이름도 모르는 가난한 젊은이가 어느 날 갑자기 훌륭한 왕자로 환생해서 오랫동안 몰래 마음에 두었던 칼리프의 따님과 결혼할 수 있게 됐다는 이야기도 외우고 있었어요.

그중에서도 아름다운 부인을 아내로 가진 하산 바르드 알 딘의 일화는 매우 재미있었고, 그 왕자는 두 사람이 좋아하는 영웅이었지요.

그러던 어느 저녁. 다마스커스 문 앞에서 타르트레트 장수로 변장한 초라한 왕자의 이야기를 벌써 100번 이상 읽은 두 사람의 마음 속에 문득 왕자의 타르트레트를 스스로도 만들 수 있지 않을까라는 엉뚱한 생각이 떠올랐다는 거예요. 레시피는 부분적으로 책 속에 써 있었대요. 이 계획은 그들에게 기쁨을 초래했다는군요. 그들은 즉시 부엌으로 달려갔답니다. 몇 년 후에 유럽에서 가장 탁월한 미식가로 이름을 날리는 레지의 열정은 그때도 이미 조짐이 있었지만, 당시는 젊은 아가씨의 요리 도전을 돕는 미덥지 못한 조수에 불과했지요. 시행착오를 수천 번 반복한 무모한 시도 끝에 마침내 그들은 훌륭한 타르트레트 만들기에 성공했답니다. 두 사람은 바로 그 작품을 이모님과 부주교님께 가져 갔습니다. 그들이 이 정체를 알 수 없는 혼합물을 의심스럽게 입에 댄 후 그 맛과 아름다움을 칭찬하는 데는 그리 오랜 시간이 걸리지 않았어요.

세 사람이 어린아이처럼 기쁨에 잠겨 있던 바로 그때, 저택의 창문 아래에서 마차가 일으킨 시끄러운 소리가 들렸어요. 역마차가 정원에 들어온 거예요. 즉시 위엄 있는 엄격한 표정의 사람이 거실의 문을 열었습니다. 이모님은 그 여행자 쪽으로 달려가 그 사람을 포옹했고, 디아나는 키스를 받고자 존경이 담긴 모습으로 이마를 내밀고 있었어요. 그 사람은 P 백작이었지요.

백작은 부주교님께 쌀쌀한 인사를 보낸 다음에 얼음 같은 시선을 레지에게 던지고 자기 방으로 내려가 버렸어요. 젊은이는 상실감에 사로잡혀 어머니에게로 돌아가 최악의 예감에 시달렸습니다.

아! 그 예감은 적중했다는군요. 그 후에 그가 디아나를 만난 적은 단 한 번 밖에 없었지요. 다음 날 디아나 아버지는 그녀에게 아무 상의도 없이 그녀를 V 후작에게 시집 보내기 위해 데리고 떠나 버렸대요.

레지는 이별의 안타까움 때문에 우울한 마음으로 나날을 보냈지만 시간과 학구열에 의해 깊은 슬픔에서 서서히 회복되어 갔습니다. 그는 변호사가 되어 고향 마을에서 200리브르의 연금을 받는 신분이 되었지요. 이윽고 그는 몽펠리에의 법조계에서 가장 뛰어난 인물로 명성을 누리게 되었습니다. 그분에 관한 그 뒤의 이야기는 여러분도 잘 아실 테니 더 이상 말씀드리지 않겠어요. 미덥지 못한 레지는 유명하고 힘 있는 캉바세레스가 된 거예요. 캉바세레스는 제국 대법관이 되어 파르마 공이라는 작위를 받았어요.

공포정치 중이었던 1793년의 일입니다. 하산 바드르 알 딘도, 그 타르트레트도 오랫동안 잊고 있던 캉바세레스에게 편지 한 통이 도착하였습니다. 보낸 사람의 이름을 보자마자 그분의 심장이 고동을 쳐 눈물이 가득 흘러 넘쳤습니다. 그건 디아나의 편지였습니다.

'저는 외국으로 이주를 피할 수 없게 되었습니다.' 편지는 이렇게 적혀 있었습니다. '남편은 키베롱 전쟁에서 전사하고 그 후엔 타향살이와 빈곤이 제 운명이 되었습니다. 저는 어머니로서 당신에게 제 딸을 지켜달라고 부탁드리려고 합니다. 좋은 시기가 올 때까지 프랑스 정부에 의해 압류되어 있는, 남편이 딸에게 남긴 유산을 당신이 보관해줄 수가 있는지요? 레지, 저는 이것을 바드르 알 딘 왕자의 타르트레트가 있던 참혹하고 달콤한 그 저녁을 걸고 부탁드립니다. 디아나.

추신 : 저는 영국을 향해 떠나갈 겁니다. 런던에 도착하면 다시 편지를 드려 당신에게 답장을 받을 방법을 알려드리지요.'

캉바세레스는 두 번째 편지가 도착되기를 6개월간 기다렸습니다. 그리고 전쟁에도 불구하고, 또 그런 조사가 많은 곤란이 따른다는 것을 알고 있음에도 불구하고 디아나를 찾아내 프랑스로 데려오기 위해 영국으로 사자를 파견했어요. 프랑스에서는 그의 영향력으로 그녀의 건강을 회복시킬 수 있었기 때문이지요. 하지만 그건 헛걸음으로 끝났습니다. 그녀는 런던에 도착한 그날에 너무 심한 정신적인 고통 때문에 죽어버린 것이지요.

자, 이제 모든 것이 뚜렷해졌습니다. 우연에 의해, 아니 오히려 이렇게 말하는 것이 모독이 되지 않을 줄 알지만, 하느님의 뜻으로서 당신이 사자가 되어 디아나 따님을 파르마 공 각하와 V 후작의 막대한 유산으로 이끌었다는 거죠. 젊은 고아의 보호자가 된 캉바세레스는 그녀를 파리에서 가장 뛰어난 학교에 넣어서 교육을 마치도록 했습니다. 그리고 나서 D 공작에게 시집 보냈던 거예요.

늙은 흑인 여자는 지금 가장 행복한 가정부가 되어, 일찍이 키웠던 여자의 저택 안 호화로운 거실에서 살며, 공작 부인의 아이들을 위해 종종 바드르 알 딘 왕자의 타르트레트를 만들어주는 것 이외에는 더 이상 과자로 마음을 괴롭힐 일도 없답니다."

여자가 이야기를 끝낼 무렵 카렘은 깊은 몽상에 잠겼다.

"가스트로노미에도 역시 이야기가 있군요." 그는 입을 열었다. "이 멋진 이야기가 세상에 알려지지 않은 것은 얼마나 불행한 일인가요. 이것은 아마도 여성의 교육에서 요리법이 모두 것에 앞서 자리하지 않으면 안 된다는 것을 가리키는 것이겠지요. 요리술은 수학보다 뛰어나다고까지는 말할 수 없더라도 그와 동등하게 올바른 판단력을 길러줍니다. 그리고 그것은 세상에서 행복과 성공을 위한 수단이 되는 것입니다. 다만 그 수단은 종종 똑똑함도 사려 깊음도 부족한 지도로 인해 빼앗겨 버리는 일도 있습니다만."

이 묘한 역설을 비웃는 사람은 아무도 없었다. 부조리하다고도 어이없다고도 생각하지 않았다. 카렘은 자기가 종사하는 직업에 극히 진지하게 임하는 사람으로, 그 열정의 힘으로 그의 직업은 예술의 영역에까지 오르게 된 것이다.

"무슈 카렘." 시인이 말했다. "언젠가 이 이야기를 제가 쓰겠어요. 약속하겠습니다. 머지 않은 때에 당신은 그걸 출판물에서 볼 수 있을 것입니다."

아아! 카렘이 그것을 읽는 일은 없었다. 프리마돈나도 읽지 못했고 D 공작부인도 읽지 못했다. 세 사람 모두가 지금은 흙 밑에 자고 있다. 처음 한 사람은 파리에서. 다음 한 사람은 브뤼셀에서. 그리고 마지막 한 사람은 독일에서.

캉바세레스나 탈레랑, 빌르비엘르, 에그르푀유. 그들도 모두가 세상의 무대에서 물러나 버렸다. 이 이야기의 등장 인물 중 남아 있는 사람은 소설 『바드르 알 딘 왕자의 타르트레트』의 저자뿐이다.

LE TARTELETTES DU PRINCE BEDREDDIN

par S. Henry Berthoud

d'apres "La Presse" Avril 20 et 21, 1842

http://gallica.bnf.fr/ark:/12148/bpt6k428825j

http://gallica.bnf.fr/ark:/12148/bpt6k428826x

– 인용문헌 일람 –

서식은 다음과 같음
본서 안의 번호 서명[저자, 역자, 펴집자명] 발행년도

001　SATYRICON [W. C. Firebaugh訳] 1922年
002　THE FRENCH AT TABLE [Raymond Oliver] 1967年
003　MANGER AU MOYEN AGE [Bruno Laurioux] 2002年
004　FAST AND FEAST [Bridget Ann Henisch] 1976年
005　LA GASTRONOMIE AU MOYEN AGE [Odile Redon, François Sabban, Silvano Serventi] 1991年
006　SAVORING THE PAST [Barbara Ketcham Wheaton] 1983年
007　中世フランスの食―『料理指南』『ヴィアンディエ』『メナジエ・ド・パリ』[森本英夫] 2004年
008　THE LETTERS OF MADAME DE SEVIGNE TO HER DAUGHTER AND FRIENDS [Ed.Mrs. Hale] 1878年
009　ALL MANNERS OF FOOD [Stephen Mennelle] 1985年
010　LE CUISINIER FRANÇOIS [François La Varenne] 1651年
011　CHRONIQUE DE LA RÉGIENCE ET DU RÈGNE DE LOUIS XV [Edmond Jean François Barbier] 1858年
012　LE CUISINIER MODERNE [Vincent la Chapell] 1742年
013　THE ART OF DINING; OR GASTRONOMY AND GASTRONOMERS [Abraham Hayward] 1852年
014　GASTRONOMIE FRANÇAISE [Jean Robert Pitte] 1991年
015　THE INVENTION OF THE RESTAURANT [Rebecca L. Spang] 2000年
016　ENCYCLOPÉDIE VOL.28 [Didelot, D'Alembert] 1780年

017　LA NUIT DE PARIS [Rétif de la Bretonne] 1789年
018　DICTIONNAIRE DE L'ACADEMIE FRANÇOISE 1798年版
019　TRAVELS IN EUROPE, ASIA, AND AFRICA [Anonymous] 1782年
020　TABLEAU DE PARIS, Tome1-12 [Louis Sebastian Mércier] 1783-1788年
021　NOUVEAU PARIS, Tome 1-5 [Louis Sebastian Mércier] 1800年
022　THE GENTLEMAN'S GUIDE IN HIS TOUR THROUGH FRANCE [Anonymous] 1770年
023　HOW TO ENJOY PARIS [Anonymous] 1818年
024　GALIGNANI'S PARIS GUIDE [Anonymous] 1822年
025　PARIS AS IT WAS AND AS IT IS [Anonymous] 1803年
026　LA GASTRONOMIE, OU L'HOMME DES CHAMPS À TABLE
　　　[Joseph Berchoux] 1801年
027　PARIS À TABLE [Eugène Briffault] 1846年
028　LES CLASSIQUES DE LA TABLE [Ed. Frédéric Fayot] 1845年
029　NAPOLEON'S MASTER [David Lawday] 2006年
030　REVELATIONS OF THE LIFE OF PRINCE TALLEYRAND [Eduard Colmache] 1850年
031　THE DIARY OF FRANCE [Lady Shelley] 1912年
032　ナポレオンとタレイラン [高木良男] 1997年
033　THE COURT AND CAMP OF BUONAPARTE [Anonymous] 1829年
034　LE LIVRE DE CUISINE [Jules Gouffé] 1867年
035　L'ART DE LA CUISINE FRANÇAISE AU DIX-NEUVIÈME SIÈCLE, Tome I
　　　[Antonin Carême] 1833年
036　A PALATE IN REVOLUTION [Giles MacDonogh] 1987年
037　L'ALMANACH DES GOURMANDS [Grimod de la Reynière] 1803-1812年
038　L'ARCHICHANCELIER CAMBACÉRÈS [Pierre Vialles] 1908年
039　A THEORY ABOUT SIN [Orby Shipley] 1875年
040　DICTIONNAIRE DE L'ACADEMIE FRANÇAISE 1802年版
041　GRIMOD DE LA REYNIÈRE ET SON GROUPE [Gustave Desnoiresterres] 1877年
042　CORRESPONDANCE LITTERAIRE, PHILOSOPHIQUE ET CRITIQUE, Tome 11

[Friedrich Melchior Grimm] 1830年
043　MEMOIRES SÉCRETS, Tome 22 [Louis Petit de Bachaumont] 1784年
044　美食の社会史 [北山晴一] 1991年
045　STUMPS AND KNIVES [Olga Perla] 2001年
046　MANUEL DES AMPHITRYONS [Grimod de la Reynilère] 1808年
047　CODE GOURMAND: MANUEL COMPLET DE GASTRONOMIE
　　　[Horace Raisson] 1828年
048　GAIESTÉS ET CURIOUSITÉS GASTRONOMIQUES
　　　 [Curnonsky, Gaston Derys] 1933年
049　PHYSIOLOGIE DU GOÛT [Jean Anthelme Brillat-Savarin] 1825年
050　A SYSTEM OF CHEMISTRY FOR THE USE OF STUDENTS OF MEDICINE
　　　[Franklin Bache, Thomas Thomson] 1819年)
051　LES OUBLIÉS ET LES DÉDAIGNÉS [Charles Monselet] 1857年
052　DU VIN ET DU HASGHSIGH [Charles Baudelaire] 1851年
053　MONSIEUR NICOLAS [Rétif de la Bretonne] 1794年～1797年、全16巻
054　PÂTISSIER ROYAL PARISIENÐ[Antonin Carême] 1815年
055　DICTIONNAIRE PORTATIF DES ARTS ET MÉTIERS [Philippe Macquer] 1766年
056　OUVRIERS DE PARISÐ[Pièrre Vinçard] 1863年
057　CENT MERVEILLES DE LA CUISINE FRANÇAISE [Robert Courtine] 1971年
058　PÂTISSIER PITTORESQUE [Antonin Carême] 1815年
059　REGOLA DELLE CINQUE ORDINI D'ARCHITETTURA
　　　[Giacomo Barozzi da Vignola] 1562年
060　LE CRIME DE SYLVESTRE BONNARDÐ[Anatole France] 1881年
061　SOUVENIR ÉCRITS PAR LUI-MÊME [Antonin Carême], LES CLASSIQUES DE
　　　LA TABLE 1845年
062　UN M. CARÊME, QUI SE DIT
　　　[Le Journal des Arts, des Sciences et de la Littérature] 1810年 11月 10日
063　DICTIONNAIRE PORTATIF DES THÉÂTRES [Antoine de Léris] 1763年

064　LE TREMBLEMENT DE TERRE DE LISBONNE [M. André] 1756年

065　CHRONIQUE DE PARIS [Mercure de France] 1810年11月17日

066　LA MORT DE CARÊMED[Frédéric Fayot]ÐPARIS, OU LE LIVRE DES CENT-ET-UN, Tome12所収 1833年

067　COOKING FOR KING, THE LIFE OF ANTONIN CARÊME [Ian Kelly] 2003年

068　CRESCENDO OF THE VIRTUOSO [Paul Metzner] 1998年

069　ACCOUNTING FOR TAST [Priscilla Parkhurst Ferguson] 2004年

070　L'ART DE LA CUISINE FRANÇAISE AU DIX-NEUVIÈME SIÈCLE, TOME II [Antonin Carême] 1833年

071　LE MAÎTRE D'HÔTEL FRANÇAIS [Antonin Carême] 1822年

072　LE GRAND DICTIONNAIRE DE CUISINE [Alexandre Dumas] 1871年

073　L'ART DE LA CUISINE FRANÇAISE AU DIX-NEUVIÈME SIÈCLE, TOME 3 [Antonin Carême] 1833年

074　LE CUISINIER PARISIEN [Antonin Carême] 1828年

075　FRANCE IN 1829-30 [Lady Morgan] 1831年

076　QUELQUES JOURS À TAGANROG [Frédéric Fayot, Revue de Paris] 1829年

077　THE LIFE OF NICHOLAS I [Edward H. Michelsen] 1854年

078　MONSIEUR CARÊME, THE PRINCE OF COOKS [Court Journal, No. 203] 1833年

079　MODERN COOKS [Hogg's Weekly Instructor] 1847年

080　ENCYCLOPÉDIE DES GENS DU MONDE [Une Société] 1834年

081　BIOGRAPHIE UNIVERSELLE [Chez Louis-Gabriel Michaud] 1836年

082　LA RUMEUR DE RODEZ [Pierre Darmon] 1991年

083　パリの聖月曜日 [喜安朗] 1982年

084　LES GRANDES PESTES EN FRANCE [Monique Lucenet] 1985年

085　L'HYGIÈNE (LA VIE PRIVÉE D'AUTREFOIS) [Alfred Franklin] 1890年

086　NOUVEAU TRAITÉ DES PLANTES USUELLES [Joseph Roques] 1837年

087　LE JOURNAL DES DEBATS, 1838年1月14日

088　LE LIVRE DE PÂTISSERIE [Jules Gouffé] 1873年

- 089 LA CUISINE CLASSIQUE [Urbain Dubois, Émile Bernard] 1856年
- 090 VOYAGE AU PAYS DES MILLIARDS [Victor Tissot] 1875年
- 091 LA CUISINE ARTISTIQUE [Urbain Dubois] 1882年
- 092 HISTOIRE DE LA VIE PRIVÉE DES FRANÇAIS
  [P. J. B. Le Grand d'Aussy] 1782-1800年
- 093 LE GASTRONOME FRANÇAIS [Anonyme] 1828年
- 094 THE STEWARD'S HANDBOOK AND GUIDE TO PARTY CATERING
  [Jessup Whitehead] 1889年
- 095 LE PETIT PÂTISSIER [Charles Monselet] De Montmartre à Sévilles 1865年
- 096 TRAITE DES EXCITANTS MODERNES
  [Honoré de Balzac] Physiologie du Goût所収 1838年
- 097 デュマの生涯 [林田遼右] 「料理大辞典」日本語訳版所収 1993年
- 098 LE VENTRE DE PARIS [Émile Zola] 1873年
- 099 LES MISÉRABLES [Victor Hugo] 1862年
- 100 HAUTE CUISINE [Amy B. Trubek] 2000年
- 101 AUGUSTE ESCOFFIER, SOUVENIRS INÉDITS [Auguste Escoffier] 1985年
- 102 LE MAÎTRE DES SAVEURS, LA VIE D'AUGUSTE ESCOFFIER [Michel Gall] 2001年
- 103 LE GUIDE CULINAIRE(A GUIDE TO MODERN COOKERY)
  [Auguste Escoffier] 1902年
- 104 FRANCE GASTRONOMIQUE, PÉRIGORRD [Curnonsky, Marcel Rouff] 1921年

가스트로노미
프랑스 미식혁명의 역사

저자	나가오 켄지
번역	김상애
발행인	장상원
편집인	이명원

초판 1쇄	2012년 5월 21일
2쇄	2013년 4월 15일

발행처	(주)비앤씨월드
	출판등록 1994. 1. 21. 제16-818호
	주소 서울특별시 강남구 청담동 40-19 서원빌딩 3층
	전화 (02)547-5233 팩스 (02)549-5235
ISBN	978-89-88274-82-8 93590

ⓒ 長尾健二
ⓒ BnCWorld 2012 printed in korea
이 책은 신 저작권법에 의해 한국에서 보호받는 저작물이므로 저자와
(주)비앤씨월드의 동의 없이 무단전재와 무단복제를 할 수 없습니다.

http://www.bncworld.co.kr